精品课程新形态教材

21世纪应用型人才培养"十四五"规划教材

"双创"型人才培养优秀教材

大学生职业生涯规划与就业创业指导

修订版

主　编　易玉梅　易　华

副主编　张　丹　龚宗明

DAXUESHENG ZHIYE
SHENGYA GUIHUA YU
JIUYE CHUANGYE ZHIDAO

湖南师范大学出版社　国家一级出版社　全国百佳图书出版单位

·长沙·

图书在版编目（CIP）数据

大学生职业生涯规划与就业创业指导 / 易玉梅，易华主编. —长沙：湖南师范大学出版社，2019.1（2023.7重印）
ISBN 978-7-5648-3455-5

Ⅰ.①大… Ⅱ.①易…②易… Ⅲ.①大学生-职业选择 Ⅳ.①G647.38

中国版本图书馆 CIP 数据核字（2019）第 025631 号

大学生职业生涯规划与就业创业指导

DAXUESHENG ZHIYESHENGYAGUIHUA YU JIUYECHUANGYE ZHIDAO

易玉梅　易　华　主编

◇全程策划：王　强
◇组稿编辑：杨海云
◇责任编辑：黄　晴　黄　林
◇责任校对：刘　伟
◇出版发行：湖南师范大学出版社
　　　　　　地址/长沙市岳麓山　　邮编/410081
　　　　　　电话/0731-88872751　传真/0731-88872636
　　　　　　网址/https：//press.hunnu.edu.cn
◇经　　销：全国新华书店
◇印　　刷：北京俊林印刷有限公司

◇开　　本：787mm×1092mm　1/16
◇印　　张：15.5
◇字　　数：400 千字
◇印　　次：2023 年 7 月第 3 次印刷
◇书　　号：ISBN 978-7-5648-3455-5
◇定　　价：45.00 元

（教学资料包索取电话：刘老师 13269653338）

《大学生职业生涯规划与就业创业指导》
微课资源

 1. 职业生涯规划　P2

 2. 社会学习理论　P13

 3. 兴趣的含义　P31

 4. 价值观　P33

 5. 性格特征　P36

 6. 职业的特征　P54

 7. 企业的概念及类型　P59

 8. 职业素质的基本特征　P62

 9. 多元智能理论　P67

 10. 职业生涯决策与管理　P76

 11. SWOT 分析法　P84

 12. 职业生涯规划的具体步骤　P95

13. 职业环境分析　P96

14. 职业生涯规划书　P98

15. 就业心理　P114

16. 大学生就业常见心理问题分析　P117

17. 传销陷阱　P156

18. 网络陷阱　P157

19. 劳动合同　P162

前　言

当前大学生的就业问题和创新创业问题已成为公众关注的热点，如何提高大学生就业竞争力和创业成功率，也成为社会关注的焦点。为帮助大学生学习职业生涯规划和就业、创业的基本知识，了解和掌握当前的就业形势以及国家的政策法律法规，正确认识和评价自己，树立正确的职业观、就业观和创业观，提升就业能力与创业能力，从而走向理想的工作岗位，我们顺应新形势，编写出版了这本针对学生特点、能够帮助他们解决就业、创业过程中各种实际问题的实用性教材。

全面贯彻和落实党的二十大精神，要以党的二十大精神为指引，坚持以人民为中心发展教育，深入实施科教兴国战略，加快建设教育强国，全面提高人才自主培养质量，培养德智体美劳全面发展的社会主义建设者和接班人。

在编写过程中，本教材力求体现以下两大特点。

一、紧贴实际，注重实效

1. 紧贴学生实际。本教材严格按照教育特点和学生就业与创业的需要进行编写。在每章前面增加了导入案例，这些案例都是发生在大学生周围耳熟能详的事情，有助于启发学生思考，激发其阅读的兴趣。

2. 注意学生就业、择业与全面发展的需要，遵循从认知到实践的路径，每章后面增加了和章节内容配套的"思考与活动"方面的实践环节。学生可以在老师的指导下，以小组为单位，展开讨论或开展相应的实践活动。

3. 帮助学生掌握重要的内容，注重实效。本教材把相关知识和信息获取的网站链接附后，而且每章增加了与其内容相配套的小案例，以便学生更好地了解和掌握该知识点。

二、创新内容，注重实用

1. 注重应用性与实用性。本教材增加了"案例汇编"内容，就是坚持理论知识的"必需、够用"原则，少讲基础理论，多讲实用理论和操作技巧。同时突出能力为主线的原则，注重学生实践操作能力的培养和未来发展的需求。比如，在职业生涯管理部分增加了一些"实战派"职业生涯规划师常用的生涯决策模型和工具。

2. 注重对就业市场的了解。本教材融入了新形势下国家和地方出台的有关就业、创业方面的政策、法规和学生需要了解的就业市场的内容，便于帮助学生更好地了解当前经济形势下就业市场对大学生的需求。

3. 注重信息化在就业中的重要作用。本教材利用信息化就业平台和信息化手段，帮助学生掌握求职的策略和技能技巧，以及就业、创业方面的信息，内容具有鲜明的时代特征，兼具教育、援助两大功能，突出了"实"和"新"的特色。

本书第一章由李宋岚老师编写，第二章由张丹老师编写，第三章由李玉蕾老师编写，写。其中，第一章至第四章职业生涯规划部分由易华老师统筹负责，第五章至第九章就业指导部分由易玉梅老师统筹负责。

  本书的编写和出版得到了湖南师范大学出版社编辑部的大力支持，在编写过程中还借鉴和吸收了国内外专家和学者的大量研究成果，在此一并表示感谢。

  编者虽尽全力减少每一处谬误，但限于水平有限，不足之处在所难免，恳请不吝赐教指正。

编 者

CONTENTS 目录

第一章　职业生涯规划概念及发展理论 …… 1
第一节　认识职业生涯规划 …… 2
第二节　生涯发展理论 …… 6

第二章　认识自我 …… 17
第一节　自我的内涵 …… 18
第二节　认识自我的理论基础 …… 25
第三节　认识自我的途径与方法 …… 45

第三章　职业认知与职业选择 …… 53
第一节　职业的内涵 …… 54
第二节　认识职业 …… 56
第三节　职业选择 …… 65
第四节　职业变化 …… 69

第四章　职业生涯决策与管理 …… 76
第一节　职业生涯规划目标 …… 76
第二节　职业生涯规划的类型、特征与原则 …… 80
第三节　职业生涯规划目标的确立方法与步骤 …… 84
第四节　职业生涯规划书的撰写 …… 98

第五章　大学生就业准备 …… 102
第一节　就业形势与政策 …… 103
第二节　就业信息搜集 …… 107
第三节　就业心理 …… 114

第六章　大学生就业技巧 **126**

第一节　简历制作　126
第二节　笔试与面试　132
第三节　求职礼仪　140

第七章　就业权益 **145**

第一节　大学生就业的基本权利　145
第二节　求职陷阱应对策略　153
第三节　就业协议与劳动合同　160
第四节　社会保险　165

第八章　角色转换与职场成长 **170**

第一节　认知职场转换角色　171
第二节　适应职场谋求发展　181

第九章　大学生创业概述 **189**

第一节　大学生创业准备　190
第二节　大学生创业意识与能力培养　198
第三节　大学生创业流程　203

附　录　**217**

参考文献　**239**

后　记　**241**

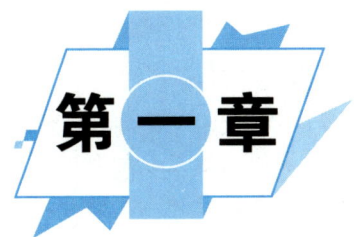

第一章

职业生涯规划概念及发展理论

【本章概述】

职业生涯发展与每个人的成长都息息相关。迈进大学校园的莘莘学子应该尽早开始思考和规划自身职业的发展。通过对本章的学习，同学们能够认识职业生涯的相关概念，理解职业生涯规划的意义，掌握职业生涯规划的实施步骤，系统地了解职业生涯发展的基本理论，树立起规划职业、积极进取的人生态度，学会用职业生涯相关理论来认识和理解生命发展历程中的事物变化。

【内容要点】

1. 了解职业生涯规划的概念、职业生涯规划的意义；
2. 理解职业生涯发展理论。

导入案例

新生的困惑

尊敬的老师：

您好！

我是一名大一的普通新生。经过十二年的寒窗苦读，我终于来到了无数人向往的大学。尽管这所大学不是我所梦想的天堂，但我还是告诉自己：既来之，则安之。我终于可以告别高中时代那"非人的学习生活"，再也不用为了考大学而拼命了，再也不会被老师和家长管束了，再也不用早起了……自由的时间里可以做自己想做的任何事情了，可以不受约束地去上网了，可以疯狂地看自己喜欢的小说了……可是，某次班会上学长说的"你知道为什么要上大学吗？你知道怎么当大学生吗？小心你本来是上大学的，却不小心被大学上了"，竟然让我有些目瞪口呆。老师您能帮我认识大学吗？为什么我们要上大学？

大一新生　陈××

大学生职业生涯规划与就业创业指导

> ××同学:
>
> 你好!
>
> 非常高兴收到你的来信。首先要恭喜你,你已经开始在思考自己的人生、自己的大学,你已经具备职业生涯的意识了,这点难能可贵。我思故我在,在大学期间你有充分的时间可以思考这些命题。大学之大乃大师之大,大学之学乃大师之学。大学毕竟只是你人生的一段求学经历,也有可能是你人生最后一段求学经历,责无旁贷,学习仍是首位,但是它和高中的学习又完全不一样。至于为什么要上大学,怎么上大学,却要从大学的起源、大学的使命(高职的作用)、高中到大学的角色转变和大学的学习方法几个方面去探索。
>
> ××老师
>
> 【思考与讨论】
>
> 你知道为什么要上大学吗?你知道应该怎样度过大学吗?

第一节 认识职业生涯规划

20世纪初,美国学者弗兰克·帕森斯(Frank Parsons)的著作《选择职业》问世,标志着职业生涯规划作为一门学科在西方国家萌芽。历经一个多世纪的发展,这门学科已具备较完备的内容框架、理论体系及实用工具,并在世界范围内影响着人们选择职业、规划人生和自我突破等种种行为。

一、职业生涯的概念

(1)职业生涯(career)是指个人通过从事工作所创造出的一种有目的的、延续不断的生活模式。

这个定义由美国国家职业生涯发展协会(National Career Development Association)提出,是职业生涯规划领域中使用最为广泛的一个定义。

(2)职业生涯发展(career development)是指那些共同塑造我们生涯的经济、社会、心理、教育、生理以及机遇等因素之总和。

职业生涯发展受资金和财政资源、团队关系和社会阶层、心理健康和个性、教育水平和经历、生理能力和特质以及各种机遇因素的影响。所有这些个人内在的和外在的因素结合起来会影响一个人职业生涯道路展开的方式。这些因素中的任何一个都无法单独决定一个人的职业生涯,但这些因素以复杂的方式结合起来就可以塑造一个人的整个职业生涯。

二、职业生涯规划

(一)职业生涯规划的概念

(1)职业生涯规划(career plan)是为个人职业生涯发展设定目标,并在人与社会环境互动过程中,积极地计划和安排工作、学习、生活等活动来实现其职业发展的目标,是

第一章 职业生涯规划概念及发展理论

伴随人的一生的过程。

(2) 著名的心理分析学家弗洛姆（Erich Fromm）认为"我们需要一个献身的目标，以便把力量整合到一个方向，超越我们孤独的生存状态，超越此状态所造成的一切疑虑与不安之感，并且满足我们企求生活之意义的需要"。职业生涯规划就是根据自身情况为个人生涯发展设定目标，并通过实际行动努力去实现它。树立目标才能明确个人发展的方向，汇集各方力量，更好地把握人生航向，推动职业生涯不断向前发展。

(二) 职业生涯规划的意义

(1) 增进自我了解：职业生涯规划是建立在个体充分自我认知的基础上，个体需要全面地审视自己、认识自己、做好自我评估。评估的内容包括自己的兴趣、性格、技能、价值观等方面。通过自我认知才能清楚地回答我想做什么，我能够做什么，我应该做什么。自我了解既是职业生涯规划的前提，也是职业生涯规划的开始。通过职业生涯规划，能帮助个体更好地认识自我，应对不同环境下的职业选择。

(2) 促进潜能开发：职业生涯规划帮助个体科学地设计适合自身特点的职业发展之路，有利于集中精力发展自身的优势领域和能够产生高回报的职业领域。心理学研究表明，人的行为通过强化作用能够不断地刺激其重复并产生更大的能量。一个良好的行为受到鼓励会进一步加强，做得更好。因此，科学的职业生涯规划能促进个体在职业生涯发展过程中不断地开发潜能，并走向成功。

(3) 适应社会需要：科学的职业生涯规划设计建立在对工作和社会理性认识的基础上，个体根据自身特点寻找满足社会需要并与自身匹配的职业。生涯规划是个体与社会环境互动的产物，从了解社会需求到满足社会需求是生涯规划的过程。例如当某一专业需求量迅速增加时，人们往往称其为热门专业，当大家了解到这一信息时，更多的人会选择从事这一专业，这就从客观上满足了这一专业的社会需求。

(4) 实现个体价值：职业生涯规划帮助人们设立目标，给他们带来希望，从而使其突破发展中的各种障碍。对于有自己生涯目标的人而言，即使是面对不理想的外部环境，也能积极应对，保持实现未来理想的希望，而不会被环境所左右，怨天尤人，随波逐流。尼采说："懂得为何而活的人，几乎任何痛苦都可以忍受。"在坚定地追求理想的过程中，不断实现个体价值的人生才是有意义的人生。

实践与应用

大学生职业生涯规划的实施策略

大学学制一般为3～5年，在每一学年中，大学生的学习重点与心理特征都有所不同。大学生可以以学年为阶段设置阶段目标，进行自己的职业生涯规划，并按照每个阶段的不同目标和自身成长特点，制订一些有针对性的实施方案。下面以本科四年制大学生的职业生涯规划实施方案为例进行说明，以供参考。

1. 大学一年级：探索期

【阶段目标】职业生涯认知和规划。

【实施方案】首先，要适应由高中生到大学生的角色转变，重新确定自己的学习目标和要求。其次，要开始接触职业和职业生涯的概念，特别是要重点了解自己未来所希望从事的职业或职业方向，以及与所学专业对口的职业，进行初步的职业生涯设计；熟悉环境，建立新的人际关系，提高人际沟通能力，在职业探知方面可以向高年级的学生尤其是大四的毕业生询问就业情况；积极参加各种社团活动；在学习方面，要学好专业基础知识，加强英语、计算机的学习，掌握现代职业者所应具备的基本技能；如果有必要，为可能的辅修、双学位、考研、留学计划做好资料收集及课程准备工作。

2. 大学二年级：定向期

【阶段目标】初步确定毕业方向以及相应能力与素质的培养。

【实施方案】认识自己的职业发展需要和职业兴趣，确定自己的价值观、动机和抱负。考虑未来的毕业方向（深造或就业），了解相关的活动，并以提高自身的基本素质为主，通过参加学生会或社团等组织，培养和锻炼自己的领导组织能力、团队协作精神，同时检验自己的知识技能。开始尝试兼职，并参与一定的社会实践活动；最好能在课余时间从事与自己未来职业或本专业有关的工作，提高自己的责任感、主动性和受挫能力，并从不断的总结分析中获得职业经验。增强英语口语和计算机应用的能力，通过英语和计算机的相关证书考试，并开始有选择地辅修其他专业的知识，以充实自己。

3. 大学三年级：准备期

【阶段目标】掌握求职技能，为择业做好准备。

【实施方案】加强专业知识学习的同时，考取与目标职业有关的职业资格证书或通过相应的职业技能鉴定。因为临近毕业，所以目标应锁定在提高求职技能、搜集公司信息上。参加与专业有关的暑假工作，和同学交流求职心得体会，学习写简历、求职信等求职技巧，了解搜集就业信息的渠道。如果有实习机会，要积极尝试，向已毕业的校友了解往年的求职情况；如果决定考研，要确定好报考的学校及专业，并做好复习准备；如果想出国留学，可多接触留学顾问，参与留学系列活动，准备相关考试，注意留学考试资讯，向相关教育部门查询招生简章。

4. 大学四年级：冲刺期

【阶段目标】成功就业。

【实施方案】这个阶段大学生的毕业方向已经确定，大部分学生的目标应该锁定在工作申请及成功就业上。这时，可先对前三年的准备做一个总结：首先，检验自己已确立的职业目标是否明确，前三年的准备是否已充分；其次，开始毕业后工作的申请，积极参加招聘活动，在实践中校验自己的积累和准备；最后，预习或模拟面试。积极利用学校提供的条件，了解就业指导中心提供的用人单位资料信息，强化求职技巧，进行模拟面试等训练，尽可能地在较为充分准备的情况下进行实战演练。另外，要重视实习机会，通过实习，从宏观上了解单位的工作方式、运转模式、工作流程，从微观上明确个人在岗位上的职责要求及规范，为正式走上工作岗位奠定良好的基础。

实践与应用

目标确定的方法

在确立个人职业生涯发展的目标时，应注意以下几点。

1. 目标的确立要符合社会和组织的需求。

职业生涯发展的目标如同一种"产品"。这种"产品"有市场，才有"生产"的必要。因此，在确定职业生涯目标的时候，要考虑内外环境的需要。有需求，才有存在的价值。

2. 目标的确立要适应自身的特点。

不同的人有不同的特点。这种特点就是你的性格、兴趣、特长等。要将目标建立在你的最优性格、最大兴趣、最佳特长上，这样才会更加得心应手、事半功倍。

3. 目标的确立要高低恰到好处。

职业生涯的目标是应该定得高一点，还是低一点呢？总体而言，应该是高一点好。有了远大的目标，才能起到激励作用。但目标过高，脱离了实际，反而会因好高骛远而导致失败。目标太低，不用努力就能实现，目标也同样会失去意义。

4. 目标的确立幅度不宜太宽。

奋斗目标有高有低，专业面有宽有窄。在确立目标时，是宽一点好，还是窄一点好呢？从科学的角度来看，专业面越窄，所需的力量相对越少。也就是说，用相同的力量应对不同的工作对象，专业面越窄，成功的概率越高。

5. 目标的确立要长短配合恰当。

目标的确立应该长短相结合。长期目标为人生指明方向，可鼓舞斗志，防止短期行为。短期目标是实现长期目标的保证，没有短期目标，长期目标也就不能实现。特别是在职业发展的过程中，通过短期目标的达成，能体验到达到目标的成就感和乐趣，鼓舞自己为了取得更大的成就，向更高的目标迈进。但是，只有短期目标，看不到远大的理想，也会失去奋进的动力，还会使人生发展左右摇摆，甚至偏离发展方向。

6. 同一时期目标不宜多。

就事业目标而言，同一时期目标不宜多，最好集中为一个。即应该把力量聚焦于一点，才能全力以赴。你见过同时追逐5只兔子的猎手吗？目标是追求的对象，目标太多，分散了精力，反而会一事无成。

7. 目标的确立要具体明确。

目标就像射击的靶子一样，应清清楚楚地摆在那里。如果目标含糊不清，就起不到目标的作用。例如，有人决心干一番事业，具体干什么却不知道，这样的情况，很容易导致自以为有目标，而实际上没有明确的目标。这样不仅起不到目标的作用，还可能造成假象。投入了时间、精力和资金，却起不到"击中目标"的作用，也许10年过去了还是一事无成。

8. 目标要留有余地。

确立职业生涯发展的目标要留有余地，也就是在实现目标的时间安排上，不要过急、过满或过于死板。如果过急，比如把需要五年才能达到的目标定为三年或两年，就会欲速则不达，不是计划落空，就是影响工作质量。如果安排过满，在同一时间里既做这个，又做那个，结果只会顾此失彼，身心疲累而无法坚持；如果安排过于死板，如规定某一时间内只能做某事，若遇到某些干扰，无法达成，就不知所措，不能灵活应变，也会导致目标无法实现。

总而言之，考虑到每个人的主客观条件不同，确立什么样的职业生涯发展目标要依据个人的实际情况而定。但是对每个人而言，确立个人职业生涯发展的目标，是为自己找到职业发展的方向，是将个人的优势和能量聚集和转化为职业成功的动力。

思考与活动

1. 案例分析。

【案例】 韩某同学从边远省份考到一个经济和教育相对发达的城市读大学。他在高中的时候一般都是班级前三名，深受老师喜爱。可是来到大学之后，他发现整个环境都变得很不一样。他学习非常努力，成绩在班上却只是中等水平，而周围的同学不需要花很多力气，成绩就比他好。尤其是数学和英语，上课听起来很吃力，英语听说更是完全跟不上老师的节奏。同学们都忙着参加各种社团，而他却很犹豫，一方面觉得自己学习时间都不够，如果参加社团活动，会更加影响成绩，另一方面，他内心非常不自信，觉得同学们都比他优秀。他觉得自己由原来的"尖子生"沦落为了"差生"，真的无脸见高中老师和同学，也不敢把内心的想法跟其他人说，只是觉得很无助。

【思考讨论】 你能帮助韩同学解决内心的困扰吗？

【案例点评】 不同省份的教育水平的确存在差异，这样的差异有时候会造成学生巨大的心理落差。有类似经历的同学应该积极地调整自己的心态，不能一味地沉浸于过去的"辉煌"，也不能把学习成绩看成评价的唯一标准。大学给同学们提供了一个全面发展的平台，知识学习固然重要，各种能力的培养、综合素质的提升也同样重要。同学们应该通过各种实践活动来发展个人多方面的能力，才能成长为一名有竞争力的"社会人"。

2. 参照本书附录"案例汇编1：石××同学职业规划书"，请思考：如果请你完成一份自己的职业规划书，你还需要学习哪些知识？搜集哪些信息？

第二节　生涯发展理论

生涯发展理论是职业心理学与生涯心理学领域应用研究的理论成果，在百余年的发展历程中，涌现出了许多颇有成就的学者以及有影响力的理论。如美国著名的生涯发展理论大师舒伯（D. Super，1910—1994）在83岁时认为，自己这个年龄的生涯发展还在一个不断创新的阶段；他期待自己在专业领域居于尖端的位置，能引领风潮。生涯发展理论犹如浩瀚大海，本单元只能择其一二进行介绍。对生涯发展理论的学习，能帮助人们深刻地理解生涯发展的过程，对理性地进行生涯选择起到指导作用。

一、生涯发展阶段理论

子曰:"吾十有五而志于学,三十而立,四十而不惑,五十而知天命,六十而耳顺,七十而随心所欲,不逾矩。"《论语》这段话描述了孔子生涯发展的历程,以及在不同的时期生涯发展的特点与关键点。在西方生涯发展理论当中,有一类理论是以生命发展阶段为依据,论述在人生的不同阶段生涯发展的核心任务分别是什么,并据此来描述生涯发展的规律。其中,最具代表性的是舒伯的生涯彩虹理论和金兹伯格的生涯发展理论。

(一)舒伯的生涯彩虹理论

舒伯生涯发展理论的核心是发展性的"自我概念"。他认为自我概念的发展过程,就是自我分化、角色扮演、探索及接受现实考验的一连串过程。他将"自我概念"界定为一个有结构的、多元维度的"自我概念系统"(self-concept systems),而非许多单一自我概念的集合。舒伯的生涯发展理论体现的是"生活广度与生活空间的发展观"(life-span, life-space career development)。除了发展阶段理论之外,舒伯还加入了角色理论。由这两者的决定因素以及彼此间交互的影响,绘成一个多重角色生涯发展的综合图形(图1-1)。

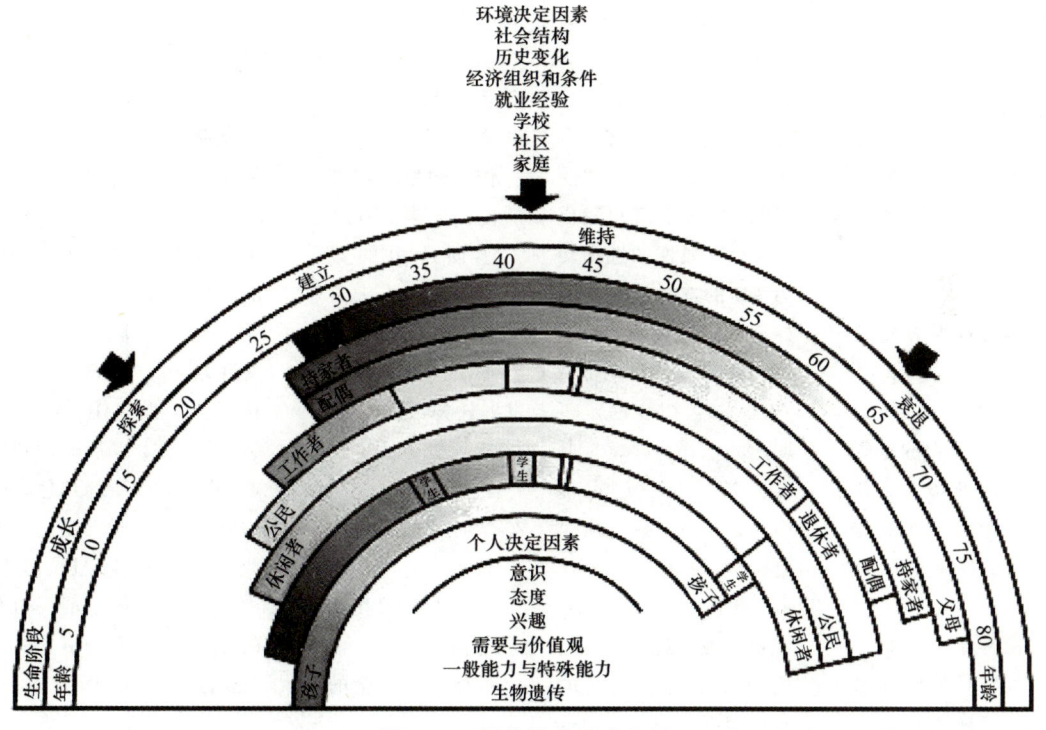

图1-1 舒伯的生涯彩虹图

1. 横贯一生的彩虹:生活广度

在生涯彩虹图中,第一个层面(相当于地球的经度)代表的是横跨一生的生活广度,根据人的年龄将生涯的成熟发展分为五个阶段,分别是成长期、探索期、建立期、维持期和衰退期。在每个阶段都有相应的生涯发展任务,这些任务反映出个体本身在生理与社会层面的成熟程度,也是社会期待他在生涯发展行为上应该达到的程度。有关生涯发展阶段以及各阶段的生涯发展任务,详见表1-1。

表1-1 舒伯的生涯发展阶段与发展任务汇总表

成长期 （0～14岁）	探索期 15～24岁	建立期 25～44岁	维持期 45～64岁	衰退期 65岁以后
在家庭或学校与重要他人的认同过程,逐渐发展自我概念。需求与幻想为这一时期最主要的特质。随着年龄的增长,学习行为的出现、社会参与程度与接受现实考验的强度逐渐增加,兴趣与能力也逐渐发展。 1. 幻想期（4～10岁）：需求支配一切；热衷于幻想游戏中的角色扮演。 2. 兴趣期（11～12岁）：兴趣嗜好为其行为方向的主要决定因素。 3. 能力期（13～14岁）：能力的重要性逐渐增加。开始考虑工作所需要的条件与训练。 发展任务： 1. 发展自我图像。 2. 发展对工作世界的正确态度,开始了解工作的意义。	在学校、休闲活动及打工的经验中,进行自我试探、角色探索与职业探索。 1. 试探期（15～17岁）：考虑需要、兴趣、能力与机会。有了暂时性的决定,这些决定在幻想、讨论、课业和工作中细加思量。考虑可能的职业领域和工作层次。职业偏好逐渐具体化。 2. 转换期（18～21岁）：进入就业市场或接受专业训练,更重视现实的考虑,企图实现自我概念。将一般性的选择转为特定的选择。职业偏好逐渐特定化。 3. 试验并初步承诺期（22～24岁）：初步确定了职业的选择,并试探其成为长期职业的可能性。必要时,会再次重复探索具体的过程。 发展任务： 1. 实现职业偏好。 2. 发展一个符合现实的自我概念。 3. 学习开创更多的机会。	确定适当的职业领域,逐步建立稳固的地位。职位可能升迁,但所从事的职业不太会改变。 1. 试验投入和建立期（25～30岁）：在已选定的职业中安步当车。可能因满意程度的差别略做调整。 2. 晋升期（31～44岁）：致力于工作上的稳固与安定。大多数人处于创造力的巅峰,身负重大责任,表现出胜任愉快。 发展任务： 1. 找到机会从事自己想做的事。 2. 学习和他人建立关系。 3. 寻求专业的扎实与精进。 4. 确保一个安全的职位。 5. 在一个稳固的位置上安定地发展。	在职场上崭露头角,全力稳固现有的成就与地位,逐渐减少创意的表现。面对新晋人员的挑战,全力应战。 发展任务： 1. 接受自身条件的限制。 2. 找出在工作上的新难题。 3. 发展新技巧。 4. 专注于本职工作。 5. 维持在专业领域中既有的地位与成就。	身心状态逐渐衰退,从原有的工作上退隐。发展新的角色,寻求不同的满足方式以弥补退休的失落。 1. 减速期（65～70岁）：工作速率减缓,工作内容或性质改变以符合逐渐衰退的身心状态。 2. 退休期（71岁以后）：停止原有的工作,转移精力至兼职、义工或休闲等活动。 发展任务： 1. 发展非职业性质的角色。 2. 学习适合于退休人士的运动。 3. 做以前一直想做的事。 4. 减少工作时数。

2. 纵贯上下的彩虹：生活空间

舒伯认为人在一生当中必须扮演9种主要的角色，依次是：①孩子；②学生；③休闲者；④公民；⑤工作者；⑥配偶；⑦持家者；⑧父母；⑨退休者（见图1-1）。这些角色活跃于4种主要的人生舞台：家庭、社区、学校和工作场所。这些角色的消长盛衰在图1-1中以阴影深浅表示。除了受到年龄增长和社会对个人发展任务的期待等因素影响外，还为个人在各个角色上所花的时间和情绪涉入的程度所左右。因此，生涯彩虹图同时也揭示了人生中角色凸显的变化程度。每个弧形代表人生中的某个角色，弧形中的阴影越多，就表示投入的精神越多，在这个阶段，这个角色越重要。如成长阶段最凸显的角色是孩子；探索阶段在15~20岁是学生；建立阶段在25岁左右是工作者，30岁左右是持家者、配偶。角色凸显的组合可以使我们看出一个人在生涯发展过程中，工作、家庭、休闲、学习及社会活动对个人的重要程度，以及在不同发展阶段所具有的特殊意义。

（二）金兹伯格的生涯发展理论

金兹伯格（Ginzberg）是美国著名的职业指导专家、职业生涯发展理论的先驱者。他认为，个人成长是一个持续不断的历程，在不同的阶段，个体在外在社会环境、个人的身心发展、人格特质、价值观念、教育机会和工作成就等因素的影响下表现出不同的职业成熟度。金兹伯格研究的重点是童年到青少年阶段的职业心理成熟过程，通过比较美国人从童年到成年有关职业选择的想法和行为，将职业发展分为幻想期、尝试期和现实期三个阶段。

1. 幻想期（11岁以前）

这一时期的职业需求的特点是：单纯由自己的兴趣爱好决定，以少年儿童"长大后想做什么"的幻想为特征。这种幻想不受个人能力与现实的社会职业机会所限制，这种职业想象完全是幼儿的一种模仿行为。

2. 尝试期（11~17岁）

这一时期的青少年在职业需求上不仅关注自己的职业兴趣，而且还能比较客观地审视自身各方面的条件、能力和价值观，同时开始注意职业角色的社会地位、社会意义以及社会对该职业的需要。因此这一阶段的个体已经脱离了儿童时期的盲目性、随意性的幻想，真正考虑现实的职业选择，体现出更为成熟的职业选择观。

3. 现实期（17岁以后）

这一阶段才是正式的职业选择决策阶段。上两个时期的"选择"是主观的选择，而这一时期的选择是将主观选择与个人客观条件、外界社会环境及社会需求相结合的选择。这一阶段已有具体的、现实的职业目标，表现出的特点是客观性、现实性和讲求实际。现实期又可分为三个阶段：①探索阶段，个体试图把自己个人的选择与社会的职业岗位需要等现实条件联系起来。②结晶阶段，个体对职业目标有所专注，并努力推进这一选择。③特定化阶段，个体为了特定的职业目的，进入更高一级学校接受专业训练，已有工作但不满意者，重修进修、再找工作也属于这个阶段。

职业生涯阶段的划分有助于人们明确职业生涯发展各阶段的重点，进而逐步实现职业生涯规划目标。生涯发展阶段理论具有重要的理论价值与现实意义。无论是舒伯的生涯彩虹理论还是金兹伯格的生涯发展理论，以及其他一大批职业生涯理论研究学者提出的相关理论，都向人们揭示了生涯发展是一个动态的影响一生的过程，需要人们结合不同阶段的特征进行有意识的设计与规划。

二、生涯选择理论

（一）帕森斯的生涯选择理论

1908年，弗兰克·帕森斯（Frank Parsons）在波士顿一个街道的住宅楼里创建了职业局。他指导求职者（尤其是新来的移民）去审视自己的个性特点，调查当地的就业状况，然后选择可能的最佳机会。在当时，帕森斯的理论极为盛行，他在著作《选择一份职业》（Choosing a Vocation）中界定了明智的职业选择的三个步骤：

（1）对自身的兴趣、技能、价值观、目标、背景和资源进行认真的自我评估。

（2）针对学校、业余培训、就业和各种职业，考察所有可供选择的机会。

（3）根据前两个阶段所发掘的信息，仔细推断何为最佳选择。

帕森斯的生涯选择理论是一个能帮助人们解决生涯问题和进行职业决策的合乎逻辑而理智的办法。迄今，帕森斯理论的影响力依然存在，他的工作成果是对以往有关生涯选择的思考方式的重大突破，他也是进行系统的职业生涯选择研究和辅导的第一人。

（二）认知信息加工理论（CIP理论）

1991年，盖瑞·彼得森（Gary Peterson）、詹姆斯·桑普森（James Sampson）和罗伯特·里尔登（Robert Reardon）合著了《生涯发展和服务：一种认知的方法》（Career Development and Services: A Cognitive Approach）一书。书中阐述了思考生涯发展的新方法——认知信息加工（cognitive information process，CIP），这种方法基于以下八种假设：

（1）生涯选择以我们如何思考和感受为基础。

（2）进行生涯选择是一种问题解决活动。

（3）作为生涯问题解决者，我们的能力以我们了解什么和如何思考为基础。

（4）生涯决策要求良好的记忆。

（5）生涯决策要求有动机。

（6）持续进行的生涯发展是我们毕生学习和成长的一部分。

（7）我们的生涯很大程度上取决于我们思维的内容和我们思维的方式。

（8）我们生涯的质量取决于我们对生涯决策和生涯问题解决了解的程度。

这些假设的核心内容解释见表1-2。

第一章 职业生涯规划概念及发展理论

表 1-2 认知信息加工（CIP）观点所基于的假设解释

假设	解释
1. 生涯选择源于认知过程和情感过程的交互作用	CIP 理论强调生涯决策制订的认知领域，但它也承认其中存在一种信息的情感资源。从根本上说，投身于实现一种生涯目标的奋斗会涉及情感过程和认知过程的交互作用
2. 进行生涯选择是一个问题解决的过程	个人能学会解决生涯问题（如选择一份职业），正如他能学习解决数学、物理和化学问题。生涯问题和数学或科学之间的主要差别在于刺激的复杂性和矛盾性，以及在正确解决问题方面更大的不确定性
3. 生涯问题解决者的能力取决于知识和认知操作的有效性	作为生涯问题解决者，一个人的能力取决于他的自我知识和职业知识。这种能力还取决于认知操作，人们能利用这种认知操作来了解这两个领域之间的关系
4. 生涯问题解决是一项记忆负担很重的任务	自我领域的知识是很复杂的，工作领域的知识同样如此。了解这两个领域的关系需要同时关注这两个领域。这样一种任务也许很容易增加工作记忆的存储负荷
5. 动机	成为一个更好的生涯问题解决者的动机，源于个体渴望通过更好地理解自我和工作领域从而做出令人满意的生涯选择
6. 生涯发展包括知识结构方面的持续发展和变化	自我知识和职业知识由一些在个人生命过程中不断发展的、有组织的记忆结构（又叫"图式"）组成。工作领域和我们自己都在不断变化，因此，发展和整合这些领域的需要从未停止过
7. 生涯认同取决于自我知识	用 CIP 的术语说，生涯认同被定义为自我知识的记忆结构的发展水平。生涯认同是自我知识领域的图式之复杂性、整合性和稳定性相互作用的结果
8. 生涯成熟取决于个人解决生涯问题的能力	从 CIP 的观点看，生涯成熟被定义为独立和负责任地制订生涯决策的能力。这种能力以对自我和职业领域可供选择的最佳信息的深入整合为基础
9. 生涯咨询的最后目标是通过促进信息加工技能的发展而达到的	从 CIP 的观点看，生涯咨询的目标是提供促进记忆结构和认知技能发展的学习条件，以便改善来访者加工信息的能力
10. 生涯咨询的最终目的是增加来访者作为生涯问题解决者和决策制订者的能力	从 CIP 的观点看，生涯咨询的目的是通过发展信息加工的技能来增加来访者生涯决策制订的能力

CIP 理论基于这样的理念，生涯问题的解决和决策制订的过程就是大脑接收、编码、储存和利用信息知识的过程，也就是认知信息加工的过程。我们头脑的长时记忆中保存着不同种类与生涯决策有关的知识结构，我们需要利用这些知识结构来处理有关职业、工作、专业等事实和概念，我们还需要有成套的法则、指导原则和策略来处理这些知识结构，来寻找问题的解决方法。因此归纳起来主要有两个问题：

（1）为了更好地解决生涯问题和进行生涯决策，我们应该形成哪些认知？

（2）我们该如何对这些认知的信息进行加工？生涯的信息加工金字塔模型较好地回答

了这两个问题（图1-2）。

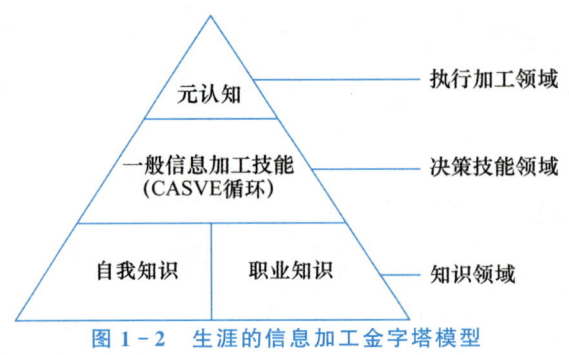

图1-2 生涯的信息加工金字塔模型

图1-2显示的金字塔包含了作出一个生涯选择所涉及的各种成分。金字塔底部的两部分称为知识领域（the knowledge domain）。知识领域包括了解自我（自我知识）和了解自己的各种选择（职业知识）。自我知识包括了解自己的兴趣、性格、技能和价值观。职业知识包括理解特定的职业、学校专业及组织方式。金字塔底部的知识领域可以比作储存于计算机记忆中的各种数据文件，是我们处理和加工生涯问题所需要的信息。比如，在职业知识领域，我们对会计知识学习和掌握得越多，就会对会计工作有更全面、系统的了解。同样，在自我知识领域，如果我们做过一份兴趣测量量表，我们就会对自己的兴趣类型有更清晰的认识。当我们进行生涯决策时，这两方面的信息都会发挥作用。

金字塔的第二级水平——知道我如何进行决策（决策技能领域）——包含进行理性决策的五个步骤，也称为CASVE循环（图1-3）。金字塔的这部分可以被比作各种计算机程序，用于将事实和数据存储在计算机文件中。解决生涯问题需占用我们大脑中大量的记忆空间，并要求大脑有很强的信息加工能力，掌握一定的决策技能，才能更有效地对这些信息进行加工处理。

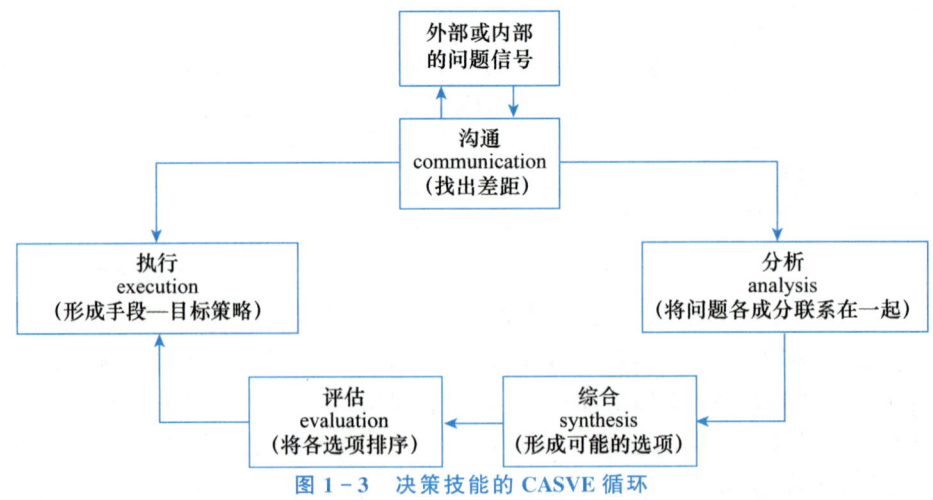

图1-3 决策技能的CASVE循环

在金字塔的顶端，我们要思考决策制订过程（执行加工领域）。金字塔的这部分类似于某种工作控制职能，它告诉计算机在金字塔第二级水平上的程序将按照何种顺序运作。

比如，在你关注各种职业和工作组织之前，你可能会着手解决有关专业选择的问题，或者，你可能看重自己喜欢的生活方式，然后进行职业选择。这些思考主宰了我们决定为实现自己的目标而工作的时间和方式，以及我们将采取何种途径来解决生涯问题。并且，这种思考有助于我们知道自己何时达到了目标。

CIP 方法是帮助我们学会如何解决生涯问题和进行生涯决策的一种简单而有效的方法。它有助于改善生涯发展，因为它强调在决策制订中如何定位、储存和使用信息。它帮助我们认识可能干扰和搅乱信息加工的各种过失、错误和问题。我们应学会运用 CIP 方法来思考和解决所遇到的生涯问题，建立理性思考的思维模式，学会在充分的自我认知和职业认知的基础上分析和解决各种生涯难题。这既有利于我们积极地面对困难和挑战，又能帮助我们树立解决生涯问题的信心。生涯决策是一项解决问题的活动，如何思考和行动是可以习得的技能，只要不断地学习和运用，我们就可以掌握好这一技能，更好地解决生涯发展中的问题。这也是生涯规划作为一门学科得以存在和发展的价值。

三、社会学习理论

（一）班杜拉的自我效能理论

在班杜拉（Bandura）的理论中，个体对自己能够成功地执行某一既定任务或行为的知觉判断能力称为自我效能感，也称自我效能期望。这种现象居于人们感觉的中心，锻炼人们对影响他们的生活的事件的个人控制能力。

如图 1-4 所示，自我效能感的信息来源于行为成就、替代性经验、情绪唤醒、言语劝说四个方面，而通过产生自我效能感引出的行为结果包括选择趋近或回避某些人或事，在某些情境中表现出积极的行为和能力，或在困难面前选择坚持。

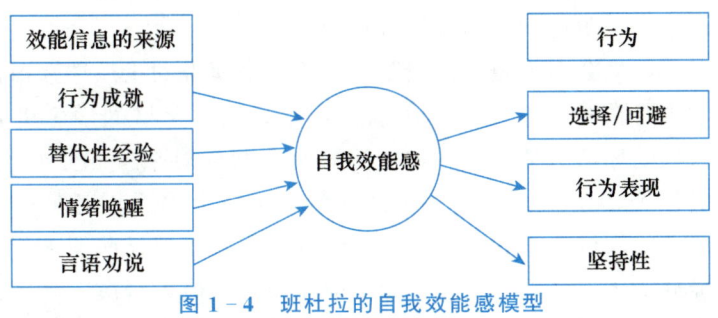

图 1-4　班杜拉的自我效能感模型

行为成就基于个体的成功经验。成功会提高自我效能感，屡屡成功会产生强烈的效能期望，并减少由偶尔失败所带来的消极影响。失败，尤其是早期的反复失败，会降低自我效能感。替代性经验依赖于从社会比较中得到的推断，并由现实中的象征性榜样所导致。人们依靠情绪唤醒来判断对焦虑的自我知觉和对压力的承受力，在没有紧张、焦虑等消极情绪唤醒的情况下，效能期望就能提高。

自我效能期望是后天习得的，在很多领域都能学习和改变。例如，运动员在比赛前，都要花费时间在其头脑中精确地想象和演练比赛进行的过程，这种心理训练对运动员在比赛中获得好成绩大有裨益。同样，在面对职业生涯选择问题时，求职产生的压力会带来失意、内疚、烦闷、焦虑、厌倦、自暴自弃等负面情绪，如果不能较好地处理和化解这些负面情绪，就会降低自我效能感，从而导致回避求职、厌倦职场、不思进取等不利于个人职业发展的行为产生。相反，如果能够通过自身努力，如自我激励，或者外界有利的干预措施，如教师劝导，来帮助学生提升自我效能感，就能对个人的职业发展起到积极的促进作用。

（二）克朗伯兹的社会学习理论

社会学习理论关注职业心理学中那些被人们带入其工作环境中的遗传及社会传承的特质。这些特质与环境因素互相作用形成了一些自我看法，进而影响个体与工作有关的行为。约翰·克朗伯兹（John Krumboltz）的社会学习理论关注职业咨询的自我系统，并强调职业生涯决策中的行为认知。

克朗伯兹提出了对职业选择和生涯决策的四种影响因素。一是基因特征（种族、性别、外形、身体残疾），它可以拓展或限制你的职业偏好和能力，如智力、音乐艺术才华、肌肉、协调性等。二是环境条件，如只能在某些地域找到某些工作、雇主或政府官员限定了任职要求、劳动法规和行业协会的规定、自然灾害、自然资源的供需情况、技术的新发展等。三是过去的学习经验。克朗伯兹指出了两种学习经验——你作用于环境的与环境作用于你的。四是个人处理新任务、新问题时所形成的技能、绩效标准和价值观。

克朗伯兹认为，职业生涯发展是一个了解我们自身和我们的各种选择可能性的过程。他的理论解释了职业生涯选择的来源。过去的学习以多种方式影响着个人的生涯决策，你对某些职业的偏好折射了你所习得的反应。假如我们曾在某些科目上有过积极的体验，那么我们会倾向于更多地了解这些领域。另一方面，消极的体验会使我们回避它们。我们也通过观察别人和想象自己在那些情境中会如何行动来学习。角色榜样和良师益友为我们提供了多种途径来学习有关职业和生涯规划过程的知识。

研究发现，有些学生会因为做与某项职业有关的事而得到正反馈，由此对该职业有所偏好。比如，某学生曾在中学时化学得了满分，他会比不及格的学生更有可能成为化学家。当你敬仰的人鼓励你从事某项职业时，更容易激起你对某项职业的正面评价和想象。没有反馈或因你的偏好、技能、行动受罚会减弱甚至完全消除你对某一职业的偏好，例如，看到他人在所选的领域找不到工作、听到父母或他人贬损某些职业、看到电影中把从事某职业的人的境遇描述得很艰难、自己做的职业规划被他人否决、看到他人职业发展受挫而得出结论认为自己也无法掌控自己的未来、某些职业一定是不会成功的等关于职业选择的非理性想法。学习和应用社会学习理论，能够帮助我们采取更为理性和建设性的思维方式来重新建构一些不利于职业规划的想法，以克服影响你职业规划的非理性信念。

> **相关链接**

趣味生涯规划小故事

有两兄弟一起住在一幢公寓楼里。一天，他们一起去郊外爬山。傍晚时分，他们爬山回来，回到公寓楼的时候发现：大厦停电了！这真是一件令人沮丧的事情。因为这两兄弟是住在大厦的顶楼——八十楼。虽然两兄弟都背着大大的登山包，但也别无选择，哥哥对弟弟说："我们爬楼梯上去吧。"于是，他们就背着一大包行李开始往上爬。到了二十楼的时候，他们觉得累了。于是弟弟提议说："哥哥，行李太重了，不如这样吧，我们把它放在二十楼，我们先上去，等大厦恢复电力，我们再坐电梯下来拿吧。"哥哥一听，觉得这主意不错："好啊，弟弟，你真聪明呀！"于是，他们就把行李放在二十楼，继续往上爬。卸下了沉重的包袱之后，两个人觉得轻松多了。他们一路有说有笑地往上爬。但好景不长，到了四十楼，两人又觉得累了。想到只爬了一半，往上一看，竟然还有四十楼要爬，两人就开始互相埋怨，指责对方不注意停电公告，才会落到如此下场。他们边吵边爬，就这样一路爬到了六十楼。到了六十楼，两人筋疲力尽，累得连吵架的力气也没有了。哥哥对弟弟说："算了，只剩下最后二十楼，我们就不要再吵了。"于是，他们一路无言，安静地继续往上爬。终于，八十楼到了。到了家门口，哥哥长吁一口气，摆了一个很酷的姿势："弟弟，拿钥匙来！"弟弟说："有没有搞错？钥匙不是在你那里吗？"原来，钥匙还留在二十楼的登山包里！

这个故事其实是在反映我们的人生。二十岁之前，我们活在家人、老师的期望之下，背负着很多压力，不停地学习、考试、升学，就好像是背着一个很重的登山包，加上自己也不够成熟和有能力，所以走得很辛苦。二十岁以后，从学校毕业出来，踏上工作岗位，开始自己的职业生涯，自己喜欢做什么就做什么，想怎么做就怎么做，就好像是卸下了沉重的包袱。所以说，从二十岁到四十岁，是一生中最愉快的二十年。到了四十岁，人到中年，发现青春早已逝去，但又有很多遗憾，于是开始抱怨，骂老板不识货，怪家人不体恤，埋怨政府，埋怨国家，埋怨社会……就这样，在抱怨遗憾中又过了二十年。到了六十岁，发现人生所剩不多，于是告诉自己，不要再埋怨了，就珍惜剩下的日子吧。于是，就默默走完了自己的最后岁月。到了生命的尽头，突然想起：好像有什么忘记了，是什么呢？是你的钥匙，是你人生的关键。你把你的理想、抱负、关键都留在了二十岁，没有完成。

正如舒伯、金兹伯格等学者的理论所论及的，人生分为不同的阶段，每一个阶段都有特定的生涯发展任务，而且人生的前一阶段必定会影响着后一阶段的发展。就如同你在学校的学习情况会影响职业选择，职业发展质量会影响生活质量。人生不能重来，所以不能总是活在后悔、遗憾和埋怨中。只有澄清个人生涯发展目标，积极面对人生，合理地进行自身的生涯设计和规划，才能把握人生，生涯无悔。

思考与活动

反思与计划

参照舒伯的生涯彩虹理论，反思自己已经历的阶段和计划未来阶段职业发展的主要任务。

一、成长期的反思（0～14岁）

1. 幻想期（4～10岁）

在这一时期，我常常幻想自己成为＿＿＿＿＿＿＿＿＿＿、＿＿＿＿＿＿＿＿＿＿、

_____。

2. 兴趣期（11～12 岁）

在这一时期，我最感兴趣的事情是_____、_____、_____。

3. 能力期（13～14 岁）

在这一时期，我学会做_____、_____、_____。

在这一时期，我认为很酷的工作是_____、_____、_____。

二、探索期的反思与计划（15～24 岁）

1. 探索期的反思（15～17 岁）

在这一时期，我认为理想的职业是_____。

我为之做出的努力有_____

_____。

我对这个职业还存在的困惑有_____。

2. 转换期的反思与计划（18～21 岁）

在这一时期，我认为的理想职业是_____。

假如能从事这一职业，评估自己，我已具备的条件有_____

_____。

我暂时不具备的条件有_____

_____。

在这一时期，我计划为更好地胜任这一工作，将要做的努力有_____

_____。

3. 试验并初步承诺期的计划（22～24 岁）

在这一时期，我的职业发展计划是_____

_____

_____。

第二章 认识自我

【本章概述】

正确认识自我，意味着了解自身的优势和缺陷，理解自身的需要和兴趣，明确自身的角色和责任。对自我的认识是解决职业问题和制订职业决策的前提和基础。那么，怎样认识自身的特征和属性？个人生理特征与心理属性与职业选择存在什么关系？通过哪些途径和方法可以认识自我？又怎样实现自我与职业发展的统一呢？本章将在分析这些问题的基础上，帮助同学们系统地认识自我、选择职业、树立职业目标。

【内容要点】

1. 了解自我认识的概念和结构，从生理、心理和社会等层面探索自我；
2. 理解自我认识与职业决策之间的关系，理解相关理论对自我成分的解释；
3. 掌握自我认识的方法，能够综合运用自我评估方法；在自我认识的基础上选择职业并做出相关的职业决策。

导入案例

进入3月，突然很失落，不想离开安逸熟悉的校园，一直觉得自己的大学生活过得不错，该学习学习，该活动活动，基础打得牢，朋友处得好。没想到临近毕业，忽然发现自己什么都没准备好。

本来之前打算留学英国攻读硕士，所以没有参加学校秋招，也没有报考国内研究生，但因为雅思考试准备晚，英语底子不太好，成绩最终卡在单项上，错过了国外大学的申请时间。

年后返校，准备专业证书考试，3月份去考，却只过了一半。考完以后陷入纠结，不知该继续申请留学还是工作或者其他。经同学介绍，3月底去了一家房地产国企，其实也并不了解房地产行业，只是想先工作试试看，把出国的事情搁一搁。

部门里和我一届的都是研究生，其他部门配置还有同济、武大之类的985毕业生。

听他们说公司一年比一年忙,根本没有时间考证或者进修。家里人觉得这个工作很耽误事,因为完全没时间学习和提升,无法为将来的职业生涯增加筹码。而且他们觉得我还小,这么早就工作太辛苦,希望我辞职。

昨天返校交三方协议,辅导员拉我聊了一会儿,说我在学校各方面表现还行,就是这个毕业去向吧,比起其他人来说实在不算突出。心累……现在跟家里人一打电话就要吵架,怎么毕业后找个工作这么难啊……说到底,还是自己太容易受别人影响,没有主见,不知道自己的梦想或者说根本没有梦想,才会搞成这个样子,没有坚持过,没有拼搏过,什么都想拥有,什么都不愿放弃,害怕失去害怕失败。

——2014级财会专业本科生

【思考与讨论】
1. 留学、考研、就业,你的大学学习目标是什么?
2. 你制订大学目标的依据是什么?

第一节　自我的内涵

一、自我的界定

(一)自我

自我又叫自我意识,是一个人对自己的认识和评价,即自己对自己身心活动的觉察。具体涉及三个方面,其一是生理自我的认识,即认识自己的生理状况,如身高、体重、体态等;其二是心理自我的认识,即认识自己的心理特征,如兴趣、能力、气质、性格等;其三是社会自我的认识,即认识自己与他人的关系,如自己与周围人们相处的关系,自己在集体中的位置与作用等。心理学家认为,自我意识的内容包括对自己心理倾向、个性心理特征和心理过程的认识与评价。

1. 生理自我

生理自我指的是个体对自身生理结构、身体机能、健康状况、体力体能等生理特征的认识和体验。由于生理特征的外显性和易量化的特点,日常生活中,人们可以借助于定期体检,获得对自身身高、体重、视力、听力、三围、血压、血糖、骨密度等生理指标的实时检测,实现对生理自我的动态认识。但是如果要科学系统地认识生理自我,仅仅依靠体检结果是不够的,必须借助专业人士,如医生的专业判断和解读,才能全面深入地了解自身的健康状况以及工作、生活对身体的影响。除了少数特殊岗位之外,大多数职业都需要健康的身体才能胜任,所以,大学生应该从年轻时就养成良好的学习、工作、生活习惯,定期体检,保持工作、生活与健康之间的动态平衡关系。

2. 心理自我

心理自我指的是个体对自身的需求、兴趣、价值观、气质、性格与能力等心理属性的认识和体验。心理属性的潜在性和难以量化的特点，决定其是自我认识过程中的重点和难点，往往需要借助间接的心理测量工具，如智力测验、人格测验、行为事件分析等，从不同角度收集相关数据，才能得到相对科学的认识结果。近年来，美国心理学家麦克利兰的胜任特征模型（图2-1）理论让人们日益认识到，心理属性在事业发展和工作成就中发挥着关键作用，相对于外显的知识和技能，一个人的需求和动机水平、人格特质和自我认知、目标定位和价值观等更能有效预测其在职业发展中获得成就的可能性。该理论的研究结论意味着，如果希望获得事业的成功，大学生不但需要掌握专业知识和技能，更需要对自身需求层次、动机水平、人格特质、目标设定与价值理想等进行持续的监控和投入，才能不断认识自我、完善自我，追求卓越。

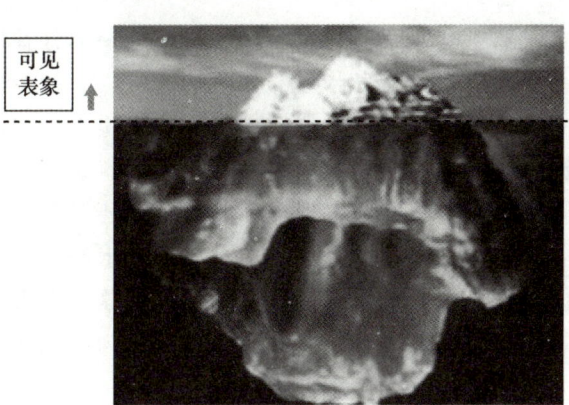

图2-1 胜任特征模型

3. 社会自我

社会自我指的是个体对自身所处的社会环境、所拥有的社会资源的认识。社会自我在职业选择和事业发展初期有着特殊的重要的意义。在某种程度上，个体所处的家庭环境直接决定其职业选择的范围和事业发展的机会。国外有关研究发现，家庭的社会阶层和社会网络具有继承性，中国也有"龙生龙、凤生凤、老鼠生来会打洞"的俗语。对大学生群体而言，充分了解和利用自己的社会资源，无疑是职业发展的捷径，但是对于社会资源匮乏的寒门子弟，也不必气馁，因为除了家庭资源之外，同学、师长、朋友、同事等社会资源对长远的职业拓展有着更深远的意义。

（二）自我的特点

1. 独特性

每个人的社会存在方式和个体属性都是不同的。从存在方式上看，每个人的家庭背景、所属社会阶层以及扮演的社会角色存在着巨大差异；而从个体的属性上看，无论是生理特征、心理素质，还是能力水平、人格特质，人与人之间也相去甚远。再加上每个人认识自己、评价自己的角度是不一致的，在人生态度上是多样性的，所以每个人在认识自我的过程中做出的努力也不尽相同，从而使每个人的自我形象呈现出与他人的巨大差异。

2. 稳定性

根据社会心理学的理论，人从出生的最初阶段就可以观察到某些气质特点。例如，有的婴儿活泼好动，不怕生，对外界刺激反应灵敏；有的婴儿安详文静，胆小怕生，对外界刺激反应迟缓。这些特点会稳定地存在于个体的人格系统之中，是后天经验所难以改变的。俗话说"江山易改，禀性难移"，说的就是自我的相对稳定性。

3. 复杂性

自我概念是由自我中的多个不同方面（自我面，self-aspects）组成的，而个体在自我复杂性上的差异主要通过两个维度来体现：①组成自我概念的自我面数量，数量越大，自我复杂性程度越高；②各个自我面相互重叠的程度（即一个自我面中是否包含其他自我面也包含的成分），重叠的程度越低，则自我复杂性程度越高。

4. 隐蔽性

我思故我在。我们仅仅能意识到自己所察觉的大脑活动，而这一部分在所有大脑活动中仅占很小一部分。你的每一个想法，大脑向身体各部分下达的每一个指令，背后都有一个庞大的系统在运作，而你根本就意识不到这背后的大量工作。事实上，你的大部分行为都是由这些幕后工作完成的。比如，推门进屋后，你会发现并没有意识到是怎么掏出钥匙开了家门的；如果你是一名优秀的棒球手，你会发现自己能在意识还没有觉察到棒球的情况下准确击中它；如果你是一名梦游者，你会发现自己在客厅沙发上醒来，而不是睡意来袭时你所躺的那张床。如果说你就是自己所有意识的集合的话，那这些无意识的行为又该如何归类呢？如果认为这些无意识行为也是你的一部分，那么法律为什么又对精神病犯罪另眼相待呢？

5. 发展性

每个人的自我，都经历着发展、演进的动态过程，是个体逐步实现自我目标，并不断判定和实施新目标的过程。这个发展过程有两种形式：一种是年龄成长带来的发展，另一种是环境改变造成的改变。发展性指的是人的自我虽然有一定的稳定成分，但是整个自我结构是在不断发展变化的，因为环境和教育的影响，伴随着个体的成熟，反映客观事物的人的心理活动也会随之不断地发展变化，这就导致自我的内在结构会有相当程度的改变。从这个意义上说，每个人都要依据客观环境和自身的发展变化来认识、分析和评价自我，切不可用僵化的、静止的观点去研究动态变化的自我结构和内容。

（三）自我认识

1. 自我认识、自我评价与自我体验

自我认识是主观自我对客观自我的认识与评价过程，这个过程内在地包含两个阶段，即自我体验和自我评价。自我体验是个体对自身状况的认识和评价而引发的内心情感体验，是主观自我对客观自我所持有的一种态度，如自信、自卑、自尊、自满、内疚、羞耻等都是自我体验。自我体验与自我认知、自我评价直接相关，也与个体对社会的规范、价值标准的认识有关，良好的自我体验有助于人们保持健康、积极的人生态度，更好地应对生活、学习中的压力和挫折，从而更有效地适应社会的变化和职业发展的需要。即将步入社会的大学生群体，面对来自工作环境和生活环境的巨大变化，需要加强自我体验训练，以便拥有高度的自尊感、自信感和自豪感，不自卑，不自傲，不自满，随着年龄的增长和

经验的增加，学会处理各种负面情绪，例如因做错事而感到的内疚感，因做坏事而产生的羞耻感等，才能在职业发展过程中以更成熟的心态应对各种不确定性。

自我评价是在自我认识的基础上对自身身心状况作出的某种判断。自我评价是自我的核心成分，是自我成长和发展的主要任务和标志，是个体在认识自身行为和活动的基础上通过与他人的比较而产生和实现的，直接决定了人们的自我体验。大多数人由于自我评价能力的发展水平不高，往往存在对自己身心状况高估或低估的情况。例如，很多驾驶员高估自己的控制力，疲劳驾驶导致车毁人亡；很多大学生低估自己的能力，不愿意面对考试压力而放弃考研。因而，正确的自我评价对个人的内在心理活动和外在行为表现具有重要影响。一个自信、坚定的人往往在求职就业过程中更能承受压力，更善于调整情绪和行为，从而具有更大的竞争力。因此，大学生需要学会与同伴进行客观比较，提高自我评价能力，同时学会借助别人的评价来间接评价自己，学会用一分为二的观点评价自己。

2. 概念的辨析

第一，自我认识内在地包含了自我评价和自我体验，后者是前者的主要成分。自我认识既包含对自我的描述，例如我现在在微笑，又包含对自我的评价，例如我的心情很不错，也包含对自我的体验，例如我是个积极的人。

第二，自我评价是自我体验的前提，自我体验是自我评价的结果。当个体意识到自己在某方面的属性超越其他个体或优于身边同伴时，就容易体验到骄傲、自豪、自信和自尊。反之，在个体意识到自身情况存在缺陷，明显技不如人或者处于下风时，往往伴随着负面情绪的产生，如自卑、懦弱、逃避等。所以，客观公正的自我评价是决定积极自我体验的前提条件，片面主观的自我评价是消极自我体验的来源。

二、认识自我的意义

（一）认识自我的作用

认识自我在个体职业发展中有十分重要的作用，对自我的认识是思考职业问题的起点和制订职业决策的基础。自我认识越清晰，越能积极正确地思考自身的职业定位，做出符合客观实际相对理性的职业决策。某种意义上，对自我的认识程度，决定了个体职业生涯发展的方向和达到事业成就的高度。正如作家余华在《活着》的中文版序言中所说，认识了自己也就认识了世界。但是，认识自己并不是一件简单的事，很多人认为我们对自身的了解会超过他人，自己会比父母、师长、朋友更熟悉自己，而且自己对自己最坦白诚实。但现实是，自己往往成为我们最熟悉的陌生人。所以大学生在进入社会之前，有必要从自我的概念出发，看看应该从哪些角度入手，全面、系统而客观地认识自我、规划适合自身特点的职业发展方向和人生成长路径。

1. 认识自己是完成职业规划的前提和基础

每个人都有自己的能力、爱好、性格和信仰，对自己感兴趣的事物我们会给予优先关注和积极探索，并在活动中表现得全神贯注、心驰神往。然而，同学们有没有想过这样一个问题：如果对待工作可以像看电影、玩游戏那样投入，从事的职业可以像吃饭、睡觉那样出于本能，完成工作就可以实现自己的社会价值和人生理想，那会是一种什么样的体验？反之，如果被迫长时间做一件不感兴趣的事，待在一个毫无价值的岗位，或者从事一份缺乏专业技能的工作，又会是一种什么处境呢？

了解自己的需求、目标、理想，知道自己喜欢什么、讨厌什么、发自内心需要什么，都是自我认知的一部分。只有当个体对自身的优势与劣势以及外部环境中的机会与挑战进行综合分析和评价，才能从纷繁复杂的外部世界中找到适合自己发展的道路，也才能在充分理解自己的需求、兴趣、个性和能力的基础上，完成自身职业发展路径的规划。缺乏对自我的认识，就好像自己开车在陌生的地方旅游，没有地图，哪里有路就往哪里走，到了最后自己能不能继续旅程，或者能够去到哪里都完全没有意识。现实生活中，通过个人需求、性格与职业的统一，很多人获得了事业的成功与心理的满足，而也有很多人，因为缺乏兴趣与能力的支撑，在工作中遭遇失意与挫败。

2. 认识自己是树立自信和提升自控水平的必要条件

自信心的获得来自对自身的肯定、信任和接纳。一定的经验对于个人具有怎样的意义，是由个体对自我的认识所决定的。每一种经验对于特定个体的意义也是特定的。不同的人面对完全相同的经验，可能会产生完全不同的理解和体验。如某次考试学生A和学生B都考了95分。学生A平时认为自己能力一般，对这门功课学习有些困难，对于这次考95分感到欣喜，鼓励自己继续努力争取更好成绩。而学生B平时对这门功课很感兴趣，学习也很有信心，一般都取得好成绩，这次考试却由于粗心只考了95分，认为是失败和挫折，感到懊恼、沮丧，决心再努力，决不再考这样的成绩。所以说，自我认识的过程就像一个过滤过程，决定了个体如何解释各种经验对于自身的意义和价值。换句话说，每个人的自我满足水平并不简单取决于他所获得的成功大小，在本质上取决于他的自我认识水平。

自控力的产生同样建立在自我认识的基础上，只有了解自己是什么样的人，在不同的情况下会有什么样的想法和行为，人们才会容易形成对自己行为的控制力。因为人们只能控制了解的事物，对情绪、需求、观念的控制均来源于对自身状况的了解和把握。如果一个人不能正确地认识自我，看不到自己的潜在能力，就会觉得处处不如别人。在身陷不确定的学习和工作情境中时，他们往往因缺乏对自身潜力的认识和对自身情绪、行为的确信而焦虑、失控、丧失信心且畏缩不前。例如有大学生备考半年，却在考研前夜因焦虑而放弃赴考。当然，过高地估计自己，也会导致骄傲自大、盲目乐观、缺乏风险意识等。因此，正确而全面地认识自己才能在职业规划过程中克服焦虑，自信地面对就业市场上的机遇与挑战。

3. 认识自己是维持心理平衡、保持积极心态的重要途径

了解自己的人会更清楚地知道出现问题和挫折的时候，自己做了些什么，哪些行为对事情的结果有影响。现实生活中，有些人脾气不好，自我认知能力低下，意识不到自己的外在语言和行为可能导致的后果，所以在群体环境中总是会与他人产生矛盾，在工作和生活中承受巨大的人际压力。当这样的状况反复出现时，个体就极容易出现心理失衡或者失调，而缺乏自我认识的人很难意识到人际矛盾的焦点和根源，从而会经历艰难的社会适应过程，甚至会觉得整个世界都与自己为敌。而另一方面，人们往往喜欢指责不是特别熟悉的人，给他们贴标签，但对于自己非常熟悉的人，比如父母，却总会多一份宽容，比如用"他就是这样的人"来安慰自己。同样的情况发生在我们自己身上也是如此。如果不了解自己，就会很容易自责和产生负罪感，但如果你知道自己的优势、弱点，接纳自己的不完美和不足，就不会时刻感到挫败了。

（二）认识自我的难点

1. 对自我的认识受限于自身的认知视角

此时此刻你的背部有什么？你能想象一下自己身上有哪些部分是时刻与你相伴，而你却从来不曾真正了解的吗？人们的生理结构决定了人类的视野被局限于一个非常狭隘的范围，不借助工具或他人，任何人都很难了解自己的方方面面。所以，自我认识是从多角度进行的，既有自己的认识与评价，也有他人的认识与评价。全面而正确的自我认知是进行科学职业规划的基础。我们不但要经常客观地描述和评价自己，也要借助他人对自己的描述和评价，了解父母眼中的我、同学眼中的我、老师眼中的我、恋人眼中的我、兄弟姐妹眼中的我，再从这些描述中寻找共同的品质特性进行归类。总之，对自我的描述和评价维度越多，就越接近真实准确的自我。

2. 对自我的认识受限于自身意识层次的控制

你刚才注意到自己脚心的感觉了吗？你现在注意到了吗？当读完了这句话之后你一定清楚地感觉到脚心的存在。我们的意识就像手电筒，我们注意到的永远是它照射到的地方，而未被照射之处则会被"选择性地忽略"。人类复杂的内心世界就像一个漆黑的房间，永远无法同一时间照亮每一个角落。心理学研究认为，人类的意识存在层次性，分别是无意识、潜意识、前意识和意识，人们在清醒状态下，只能在特定时间选择性地注意到当前的意识层次，而忽略其他的意识层次。所以，人们不可能一次完成对自我的认识，而是需要反复多次地探索和验证。

3. 对自我的认识受限于自身的认知能力

试想一下，你对自己身体健康程度的认识与专业的内科医生相比会有什么区别？你对自己外貌的评价与一位人体艺术大师的评价有什么不同？很多情况下，人类自身属性和特征的潜在性，决定了认识自己是一件需要借助专业知识和能力才能胜任的工作。为了实现对自我的科学认识，必要时需要借助科学的测量工具和专家的专业意见。

所以，我们常常借助"自我认知程度"这一概念来描述人们对自己的认识和了解程度的高低。自我认知程度高的人，懂得借助工具从不同视角对自身情况进行探索，因而会表现得比其他人更熟悉自己，更接受自己，同时产生更高的自知、自制、自信。就好像自己身处熟悉的房间，哪怕有时漆黑一片，也能大致了解房间的布局和事物的空间方位，不至于因莽撞、无知而冒险或受伤。而自我认知程度低的人，不了解自身，也不懂得借助外力更好地认识自身情况，对自身的陌生常常导致迷茫、失控、自卑。就好比身处陌生的房间，哪怕有光线存在，也常常会因为不熟悉环境而遭遇意外碰撞或伤害。

三、认识自我的层次与维度

自我是一个多维度、多层次的有组织的结构,自我认识与多学科研究对象相关,它是哲学、心理学、社会心理学、社会学、教育学、文化学等许多学科所关注的对象:心理学侧重于对个体差异性的研究;社会学侧重于社会对个体的影响或者社会结构本身;教育学更关心自我评价在教育过程中的运用;等等。要全面展示自我评价的本质和过程,需要借助交叉学科的研究。

(一)生理自我、心理自我与社会自我

生理自我指个体对自己躯体、性别、形体、容貌、年龄、健康状况等生理特质的意识。有时候人们也将个体对某些与身体密切联系的衣着、打扮以及外部物质世界中与个体紧密联系并属于"我的"人和物(如家属和财产等)的意识和生理自我一起统称为物质自我。生理自我在情感体验上表现为自豪或自卑;在意向上表现为对身体健康、外在美的追求,对物质欲望的满足,或者对自己所有物的维护。

心理自我指个体对自己智能、兴趣、爱好、气质、性格等诸方面心理特点的认识。在情感体验上表现为自豪、自尊或自卑、自贱;在意向上表现为追求智慧、能力的发展和追求理想、信仰,注意符合社会行为规范等。

社会自我在宏观方面指个体对隶属于某一时代、国家、民族、阶级、阶层的意识,在微观方面指对自己在群体中的地位、名望、受人尊敬、接纳的程度,拥有的家庭、亲友以及经济、政治地位的意识。在情感体验上表现为自豪或自卑;在意向上表现为追求名誉地位,与人交往,与人竞争,争取得到他人的好感和认同。

(二)公开自我、隐蔽自我与潜在自我

"约哈里窗"是社会学家约瑟夫·卢福特和哈里·伊阿那设计的一种交流模型。根据"约哈里窗"的原理,人自身储存的信息有四种形态,或者说有四种区域:其一,开放区(open area),即包括本人和其他人都知道的有关本人的信息,例如:你的名字、发色,以及你有一只宠物狗的事实;其二,盲目区(blind spot),包含其他人了解而本人却没有意识到(或不了解)的有关本人的信息,例如:你的处事方式、别人对你的感受;其三,隐蔽区(hidden area),包含本人了解而其他人不了解的有关本人的信息,例如:你的秘密、希望、心愿,以及你的好恶;其四,未知区(unknown area),包含本人不了解,其他人也不了解的有关本人的信息,未知区是尚待挖掘的黑洞,它对其他区域有潜在影响。该理论的具体使用会在本章第三节详细论述。

(三)现实自我与理想自我

每个人都有现实自我和理想自我。就正常人而言,二者是有机联系在一起的:现实自我决定了个体如何选择理想自我,而理想自我又给现实自我的发展提供指导和动力。现实自我常被人称为"真实自我",与"理想自我"相对,是指个体对自己在与环境相互作用中表现出的综合现实状况和实际行为的意识,指个体实际拥有的自我概念,即现在是什么样的人。

理想自我代表个体最希望拥有的自我概念、理想概念,即他人为我们设定的或我们为

自己设定的特征。它包括潜在的、与自我有关的、且被个人高度评价的感知和意义。而现实自我包括对已存在的感知、对自己意识流的意识。通过对自己体验的无偏见的反映及对自我的客观观察和评价，个人可以认识现实自我。

思考与活动

20个有关自我的问题探讨

请思考下列问题，相信你回答了这二十个问题之后会对自己有更进一步的了解。

Who are you?

1. 让你与众不同的一件事情或一个事物是什么？
2. 你觉得人们如何看待你？
3. 如果金钱不是约束条件，你会选择做什么工作？
4. 你这一生靠什么支撑下去？
5. 让你最为感激的是什么？
6. 如果你明天将会死去，你对现在的生活满意吗？
7. 有没有一部你看了一遍又一遍的电影或者书籍？
8. 如果以你的经历来拍一部电影，这部电影将会是怎样的？

Who are your friends and foes?

9. 如果你和你认识的人坐在一条将要沉没的船上，你会选择救哪十个人？
10. 如果你将要死去，谁将会是你最想念的人？
11. 你死后，人们会怎样评价你？
12. 如果可以让一个人消失，你会选择谁？
13. 如果在明天的报纸上写着"××（你的名字）被枪杀"，你认为谁会是杀你的凶手？

Who will you become?

14. 你和去年的这个时候比起来有什么进步？
15. 你上一次帮助人的时候做了什么？
16. 你每天花几个小时在无谓的娱乐活动上？比如看电视、刷微博等。
17. 如果你一无所有了，你会怎么办？
18. 谁在你的人生中有决定性的作用？你自己，你的家人，还是周边的人？
19. 如果你老了，你最害怕的一件事情是什么？
20. 你有被采访过或者是进行演讲过吗？

第二节　认识自我的理论基础

以就业为导向的自我认识不同于心理学意义上的自我认识，它们在目标和内容上存在差异。心理学意义上的自我认识通常以发现潜在自我、理解自身存在意义为目标，通常涉及个人兴趣、价值观、气质、性格的探索；职业发展意义上的自我认识则以开发个人潜能、明确职业方向、发现工作机会为目的，更多的是从个体－工作匹配的角度来审视自身的条件，涉及个人求职需求与动机、职业兴趣、职业价值观、人格特质和专业知识技能储备等方面的考察，并以此确定个体所能胜任的职业、岗位范围。为了系统地理解以就业为导向的自我认识，有必要从理论角度认识工作岗位对个体素质有哪些方面的要求，而胜任力模型理论是目前职业发展和生涯管理领域最具代表性和影响力的理论。

一、胜任力模型理论

（一）胜任力与胜任力模型的内涵

胜任力（competence）是指能将某一群体（或组织、文化、工作）中表现平凡者与表现突出者区分开来的潜在或深层特征，可以是兴趣爱好、某领域的学习技能、态度或者价值观且可被计量或计数，并能区分优秀绩效与一般绩效的个体特征。胜任力主要包括三个方面：一是个人特质，包括知识与技能，与学习成效密切相关，可以预测学生未来的学习成效；二是可验证的，可以与任务情景相联系，具有动态性特征；三是产生绩效的可能性，着眼现在的表现，更注重未来的绩效。

胜任力模型（competence model）是指承担某一特定的职位角色所应具备的胜任特征要素的总和，其基本原理是辨别优秀员工与一般员工在知识、技能、社会角色、自我认知、特质、动机等方面的差异。胜任力模型涉及承担某一特定职位角色所需具备胜任力要素的总和，可以依据学生所在专业需要相似知识、技能等或学生自身兴趣爱好、创新意识而设置。胜任特征模型在行为指标方面，从基本合格的行为等级水平到最优秀的表现等级水平，都有详尽的描述。这样，我们就能清楚地知道，在某种职位上表现平平者和表现优异者在行为水平上的差异究竟根源于什么。这就为我们的选拔、培训、行为评价和反馈工作，以及后来的职业生涯发展提供了准确的依据。

> **相关链接**
>
> ### 冰山理论
>
> 麦克利兰提出了一个著名的模型——冰山模型（图2-2），即按人员个体素质的不同表现表式划分为表面的"冰山以上部分"和深藏的"冰山以下部分"。其中，"冰山以上部分"包括基本知识、基本技能，是外在表现，是容易了解与测量的部分，也相对比较容易通过培训来改变和发展。而"冰山以下部分"包括社会角色、自我形象、特质和动机，是人内在的、难以测量的部分。它们不太容易通过外界的影响而得到改变，却对人员的行为与表现起着关键性的作用。冰山理论主要包括以下6个层次。
>
> （1）知识，指个人在某一特定领域拥有的事实型与经验型信息。
>
> （2）技能，指结构化地运用知识完成某项具体工作的能力，即对某一特定领域所需技术与知识的掌握情况。
>
> （3）社会角色，指一个人基于态度和价值观的行为方式与风格。

（4）自我概念，指一个人的态度、价值观和自我印象。

（5）人格特质（性格），指个性、身体特征对环境和各种信息所表现出来的持续反应。品质与动机可以预测个人在长期无人监督下的工作状态。

（6）动机，指在一个特定领域的自然而持续的想法和偏好（如兴趣、爱好等），它们将驱动、引导和决定一个人的外在行动。

其中第1、2项多与工作所要求的直接资质相关，我们能够在比较短的时间内使用一定的手段进行测量，既可以通过考察资质证书、考试、面谈、简历等具体形式来测量冰山模型，也可以通过培训、锻炼等手段来提高这些素质。

第3、4、5、6项往往很难度量和准确表述，又很少与工作内容直接关联。只有其主观能动性变化影响到工作时，其对工作的影响才会体现出来。考察这些方面的情况时，每个管理者都有自己独特的思维方式和理念，但往往因其偏好而有所局限。管理学及心理学界有着一些测量手段，但往往复杂不易采用或效果不够准确。

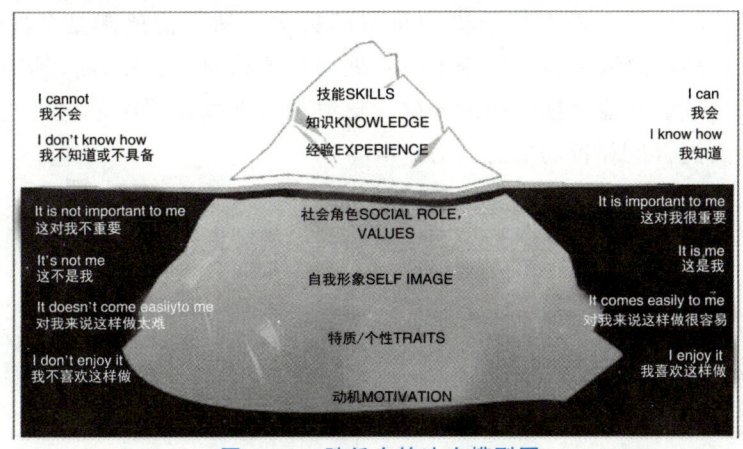

图 2-2　胜任力的冰山模型图

（二）胜任力模型涉及的内容

根据胜任力理论，如果要针对个体的职业选择和就业方向进行规划，就应该从胜任力的角度对大学生自身素质进行判断和评价，而胜任力的具体内容则涉及表2-1所概括的主要心理概念。

表 2-1　工作胜任力的内容

序号	胜任力名称	内容
1	工作动机与需求	个性倾向性
2	价值观	个性倾向性
3	自我	性格特征
4	人格特征	性格特征
5	知识与技能	能力

1. 个性倾向性

个性倾向性是指一个人对现实的态度和行为倾向。它是个性结构当中的动机系统，是个体进行求职活动的基本动力。它决定着每个人对现实的态度，决定着人们对职业目标的趋向和选择。个性倾向作为个性结构中最活跃的成分，主要包括需要、动机、兴趣、理想、信念和价值观等。

这些成分相互影响、相互制约，是人脑对生理和社会的需求的反映。人是一个生物实体，又是一个社会的成员。人为了求得个体的生存和社会的发展，必然产生一定的需求，如食物、睡眠、交往、配偶、理解等，这些要求反映在个体头脑中，就形成了他的需要。需要是个体在生活中感到某种欠缺而力求获得满足的一种内心状态，它是有机体自身或外部生活条件的要求在脑中的反映。兴趣就是对其环境中喜爱的人、事、物所产生的带有积极情绪色彩的认知和活动倾向。在实践活动中，兴趣使人们工作目标明确、积极主动，从而能自觉克服各种艰难困苦，获取工作的最大成就，并在活动过程中不断体验成功的愉悦。价值观是信念的体系，即个体对事物价值的根本看法。价值观是个性倾向的最高层次，它是个人行为的最高调节器，影响个体发展的整体趋向和稳定性。其中，需要是最基本的个性倾向，是形成其他个性倾向的基础。价值观居于最高层次，它决定着一个人的总的思想倾向，是人们言论和行动的总动力。

个性倾向性在职业选择过程中发挥着驱动作用，制约着求职活动的方方面面。科学有效的职业规划必须建立在准确完整地把握个体倾向的基础上。

2. 性格特征

个性是决定每个人心理和行为的普遍性和差异性的那些特征和倾向的较稳定的有机组合。个体的性格特征主要包括气质和性格两个方面。气质是与个人神经过程的特性相联系的行为特征。气质类型一般划分为多血质（活泼型）、胆汁质（兴奋型）、黏液质（安静型）、抑郁质（抑制型）四种。这四种类型为典型的气质类型，属于这些类型的人极少，多数人为中间气质型，即以某一气质型为主，结合着另一气质型的一些行为特征。人们的气质存在着相当大的差异，对自己的气质类型做出评判，选择适于自己的工作，对每个人都是十分必要的。

3. 能力

能力是个体在完成任务或达成目标时所体现出来的素质。不同个体在同一活动中表现出来的能力有所不同，能力高低直接影响活动效率，决定活动能否顺利完成。一个人所具备的能力类型及各类能力的有机组合就是他的能力结构。能力的类型多种多样，至少包括记忆能力、理解能力、分析能力、综合能力、口头表达能力、文字表达能力、推理能力、机械工作能力、环境适应能力、反应能力与应变能力、人际关系能力、组织管理能力、想象能力、创新能力、判断能力等。从不同角度或不同层面，可以划分为不同的能力类型，每个人所具备的能力结构是不同的，甲和乙可能会有不同的能力，即使共同具有一种能力，其能力的大小也会有所差别。

二、基于胜任力模型理论的自我认知框架

（一）动机与需求

动机与需求属于个性倾向性的范畴，指的是一个人对现实的态度和行为倾向，在职业选择过程中发挥着驱动作用，制约着求职活动的方方面面。它是整个人格结构当中的动力系统，是个性结构中最活跃的成分，是个体进行求职活动的基本动力，决定着每个人对现实的态度，决定着人们对职业目标的趋向和选择。个体的活动不管是简单的还是复杂的，都要受到动机的调节和支配。科学有效的职业规划必须建立在准确完整地把握个体倾向的基础上。

1. 动机（intention）

动机是由一种目标或对象所引导、激发和维持的个体活动的内在心理过程或内部动力，是促使人从事某种活动的念头，也是人类大部分行为的基础。动机为名词，在作动词时则多释为"激励"。在组织行为学中，动机主要是指激发人的行为的心理过程，即通过激发和鼓励，使人们产生一种内在驱动力，使之朝着所期望的目标前进的过程。动机是引起并维持人们从事某项活动以达到一定目标的内部动力，也是实现一定目的而行动的原因。人从事任何活动都是有一定原因的，这个原因就是人的行为动机，从一举手、一投足到科学上的发明创造，无一不是人在动机驱使下进行的活动。动机作为一个解释性的概念，用来说明个体为什么有这样或那样的行为。

2. 需求（need）

需求是人脑对生理和社会的需要的反映。人既是一个生物实体，又是一个社会的成员。人为了求得个体的生存和社会的发展，必然产生一定的需求，如食物、睡眠、交往、配偶、理解等，这些要求反映在个体头脑中，就形成了他的需求。需求是个体在生活中感到某种欠缺而力求获得满足的一种内心状态，它是有机体自身或外部生活条件的要求在脑中的反映。动机是指由特定需要引起的、欲满足各种需要的特殊心理状态和意愿。

> **相关链接**

需求层次理论

马斯洛需求层次理论是行为科学的理论之一，由美国心理学家亚伯拉罕·马斯洛于1943年在论文《人类激励理论》中提出。文章中马斯洛将人类需求像阶梯一样从低到高按层次分为五种，分别是：生理需求、安全需求、情感需求、尊重需求和自我实现需求，依次由较低层次到较高层次（图2-3）。马斯洛认为，人的内心潜藏着五种不同层次的需求，但在不同的时期表现出来的各种需求的迫切程度是不同的。人的最迫切的需求才是激励人行动的主要原因和动力。人的需求逐渐从外部得来的满足向内在得到的满足转化。低层次的需求基本得到满足以后，它的激励作用就会降低，其优势地位将不再保持下去，高层次的需求会取代它成为推动行为的主要原因。有的需求一经满足，便不再能激发人们的

行为，于是被其他需求取而代之。高层次的需求比低层次的需求具有更大的价值。热情是由高层次的需求激发的。人的最高需求即自我实现就是以最有效和最完整的方式表现他自己的潜力，唯有如此，才能使人得到高峰体验。人的五种基本需求在一般人身上往往是无意识的。对于个体来说，无意识的动机比有意识的动机更重要。有丰富经验的人可以通过适当的技巧，把无意识的需求转变为有意识的需求。

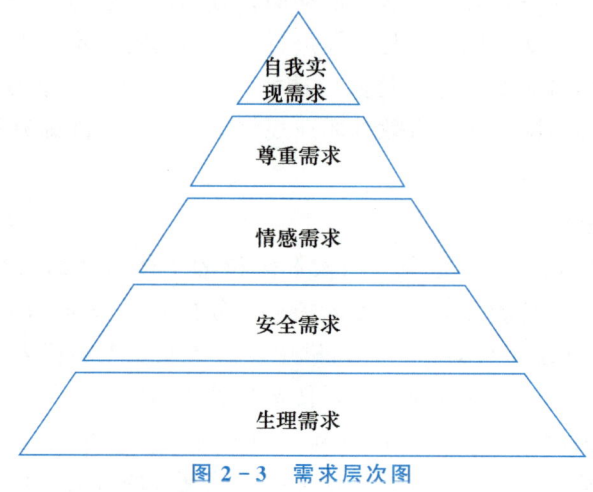

图 2-3　需求层次图

其中，各层次需求的基本含义如下：

生理需求。这是人类维持自身生存的最基本要求，包括饥、渴、衣、住、行等方面的要求。如果这些需求得不到满足，人类的生存就成了问题。在这个意义上说，生理需求是推动人们行动的最强大的动力。马斯洛认为，只有这些最基本的需求满足到维持生存所必需的程度后，其他的需求才能成为新的激励因素，而到了此时，这些已相对满足的需求也就不再成为激励因素了。

安全需求。这是人类要求保障自身安全、摆脱事业和丧失财产威胁、避免职业病的侵袭、接触严酷的监督等方面的需求。马斯洛认为，整个有机体是一个追求安全的机制，人的感受器官、效应器官、智能和其他能量主要是寻求安全的工具，甚至可以把科学和人生观都看成是满足安全需求的一部分。当然，当这种需求一旦相对满足后，它也就不再成为激励因素了。

情感需求。这一层次的需求包括两个方面的内容。一是友爱的需求，即人人都希望伙伴之间、同事之间的关系融洽或保持友谊和忠诚；人人都希望得到爱情，希望爱别人，也渴望接受别人的爱。二是归属的需求，即人都有一种归属于一个群体的情感，希望成为群体中的一员，并相互关心和照顾。情感需求比生理需求来得细致，它和一个人的生理特性、经历、教育、宗教信仰都有关系。

尊重需求。人人都希望自己有稳定的社会地位，要求个人的能力和成就得到社会的承认。尊重需求又可分为内部尊重和外部尊重。内部尊重是指一个人希望在各种不同情境中有实力、能胜任、充满信心、能独立自主。总而言之，内部尊重就是人的自尊。外部尊重是指一个人希望有地位、有威信，受到别人的尊重、信赖和高度评价。马斯洛认为，尊重需求得到满足，能使人对自己充满信心，对社会充满热情，能体验到自己活着的用处和价值。

自我实现需求。这是最高层次的需求，它是指实现个人理想、抱负，发挥个人的能力到最大程度，完成与自己的能力相称的一切事情的需求。也就是说，人必须干称职的工作，这样才会使他们感到最大的快乐。马斯洛提出，为满足自我实现需求所采取的途径是因人而异的。自我实现的需求是努力实现自己的潜力，使自己越来越成为自己所期望的人物。

（二）兴趣与价值观

兴趣是人认识某种事物或从事某种活动的心理倾向，是内心的动力和快乐的最终来源。当个人对某事物有兴趣时，会对它产生特别的注意力，对该事物感知敏锐、记忆牢固、思维活跃、情感浓厚、意志坚强。兴趣是人们行为的重要动力之一，是获得成功的重要条件，每个人都会对他感兴趣的事物给予优先注意和进行积极的探索，并表现出心驰神往的态度。而价值观是个性倾向的最高层次，它是个人行为的最高调节器，影响个体发展的整体趋向和稳定性。价值观是信念的体系，即个体对事物价值的根本看法。

1. 兴趣（interest）

兴趣是指个体对某种活动具有比较稳定而持久的心理倾向，是对其环境中喜爱的人、事、物所产生的带有积极情绪色彩的认知和活动倾向。在实践活动中，兴趣使人们工作目标明确、积极主动，从而能自觉克服各种艰难困苦，获取工作的最大成就，并能在活动过程中不断体验成功的愉悦。

由于兴趣爱好不同，人的职业兴趣也有很大的差异：有人喜欢具体的工作，如室内装饰、园林、美容、机械维修等；有人喜欢抽象和创造性的工作，如经济分析、新产品开发、社会调查和科学研究等。职业兴趣能决定一个人对待工作的态度和对工作的适应能力，多表现为有从事相关工作的愿望和兴趣。拥有职业兴趣将增加个人的工作满意度、职业稳定性和职业成就感。

相关链接

职业兴趣类型理论

约翰·霍兰德（John Holland）是美国约翰·霍普金斯大学的心理学教授，著名的职业指导专家。他于1959年提出了具有广泛社会影响的职业兴趣理论，认为人的人格类型、兴趣与职业密切相关。兴趣是人们行为的巨大动力，从事有职业兴趣的职业，可以提高人们的积极性，促使人们积极地、愉快地从事该职业，且职业兴趣与人格之间存在很高的相关性。Holland认为职业兴趣可以分为现实型、研究型、艺术型、社会型、企业型和常规型六种类型（表2-2）。

表 2-2 职业兴趣的类型与主要特点

兴趣类型	主要表现	对应职业
现实型（R）realistic	用手、工具、机器制造或修理东西，愿意从事针对实物的工作、体力活动，喜欢户外活动或操作机器，而不喜欢在办公室工作	园艺师、木匠、汽车修理工、工程师、军官、外科医生
研究型（I）investigative	喜欢探索和理解事物，学习研究那些需要分析、思考的抽象问题，喜欢阅读和讨论有关科学性的论题，喜欢独立工作，对未知问题的挑战充满兴趣	实验室工作人员、生物学家、化学家、心理学家、工程设计师、大学教授
艺术型（A）artistic	喜欢自我表达，喜欢文学、音乐、艺术和表演等具有创造性、变化性的工作，重视作品的原创性和创意性（创新性）	作家、编辑、音乐家、摄影师、厨师、漫画家、导演、室内装潢设计师
社会型（S）social	喜欢与人合作，热情关心他人的幸福，愿意帮助别人成长或解决困难、为他人提供服务	教师、社会工作者、牧师、心理咨询师、护士
企业型（E）enterprising	喜欢领导和支配别人，通过领导、劝说他人或推销自己的观念、产品而达到个人或组织的目标，希望成就一番事业	律师、政治运动领袖、营销商、市场部经理、电视制片、保险经纪
常规型（C）conventional	喜欢规律的、有秩序的工作，希望确切知道工作的要求和标准，愿意在大机构中处于从属地位，对文字、数据和事物进行细致、有序、系统地处理以达到标准	文字编辑、会计师、银行家、簿记员、办事员、税务员和计算机操作员

然而，大多数人都并非只具有一种兴趣类型。比如，一个人的兴趣类型中很可能同时包含着社会型、现实型和研究型这三种。霍兰德认为，一个人所具有的几种兴趣类型越相似，相容性越强，则一个人在选择职业时所面临的内在冲突和犹豫就会越少。为了帮助描述这种情况，霍兰德将这六种兴趣类型分别放在一个正六边形的每一个角上，构建了兴趣类型图（图2-4）。

根据图2-4，每一种类型与其他类型之间都存在不同程度的关系，大体可描述为三类。

（1）相邻关系，如RI、IR、IA、AI、AS、SA、SE、ES、EC、CE、RC及CR。属于相邻关系的两种类型的个体之间共同点较多，如现实型R、研究型I的人都不太偏好人际交往，在这两种职业环境中的人也都较少有机会与人接触。

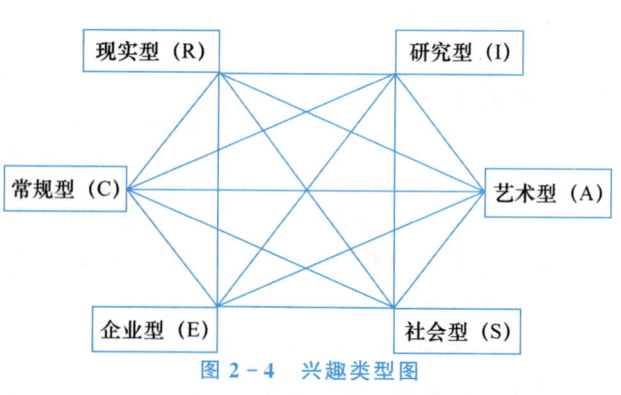

图 2-4 兴趣类型图

（2）相隔关系，如RA、RE、IC、IS、AR、AE、SI、SC、EA、ER、CI及CS。属于相隔关系的两种类型的个体之间共同点较相邻关系少。

（3）相对关系，在六边形上处于对角位置的类型之间即为相对关系，如 RS、IE、AC、SR、EI 及 CA。属于相对关系的两种类型的个体之间共同点少。因此，一个人同时对处于相对关系的两种职业环境都兴趣很浓的情况较为少见。

人们通常倾向选择与自我兴趣类型相匹配的职业环境，以便最好地发挥个人的潜能。但在实际的职业选择中，个体并非一定要选择与自己兴趣完全对应的职业环境。一方面是因为个体本身就是具有多种兴趣类型的综合体，单一类型显著突出的情况并不多见，因此，在评价个体的兴趣类型时，往往要综合考虑其在六大类型中得分居前三位的类型。组合时可以根据分数的高低依次排列字母，构成其兴趣组型，如 RCA、AIS 等。另一方面是因为影响职业选择的因素是多方面的，不能完全依据兴趣类型，还要参照社会的职业需求及个体获得职业的现实可能性，因此，人们在做出职业选择时会不断妥协，寻求与相邻职业环境甚至与相隔职业环境类似或相近的环境。而在这种环境中，个体需要逐步调整、不断适应工作环境。但如果个体寻找的是相对的职业环境，则意味着所进入的是与自我兴趣完全不同的职业环境，从而使我们工作起来可能难以适应，或者难以做到工作时获得快乐与成就感，甚至可能会使人每天工作在痛苦与纠结之中。

根据霍兰德的职业兴趣类型理论，人的职业兴趣是指人们对某种职业活动具有的比较稳定而持久的心理倾向。它是一个人探究某种职业或从事某种职业活动所表现出来的特殊个性倾向，是个人对某种职业给予优先的注意，并具有向往的情感。

兴趣对职业选择和职业发展都有一定的影响，但是个人兴趣不会在职业中得到百分之百的满足，而且兴趣虽然是我们动力和快乐的来源，但是工作并不是体现兴趣的唯一途径。个人能力的提升会影响职业兴趣的变化，当职业与兴趣不匹配时，人们可以重新选择或适应，达到个人平衡。

2. 价值观（sense of worth）

价值观是人用于区别好坏、分辨是非及其重要性的心理倾向体系。价值观是个体对客观事物及对自己的行为结果的意义、作用、效果和重要性的总体评价，是人们生活和工作中所看重的原则、标准或品质。价值观决定、调节、制约人的需求、动机、愿望等，它是人的动机和行为模式的统帅。人的价值观建立在需求的基础上，一旦确定，则会反过来影响调节人进一步的需求活动。人们对各种事物，如学习、劳动、享受、贡献、成就等，在心目中存在主次之分，对这些事物的轻重排序和优劣排序构成了一个人的价值观体系。价值观体系是决定一个人行为及态度的基础。

由于个人的身心条件、年龄阅历、教育状况、家庭影响、兴趣爱好等方面的不同，人们对各种职业有着不同的主观评价。从社会层面来讲，由于社会分工的发展和生产力水平发展的差距，各种职业在劳动性质的内容上，在劳动难度和强度上，在劳动条件和待遇上，在所有制形式和稳定性等诸多方面，都存在着差别。再加上传统的思想观念等的影响，各类职业在人们心目中的声望地位便也有好坏高低之见，这些评价都形成了人的职业价值观，并影响着人们对就业方向和具体职业岗位的选择。舒伯认为，职业价值观是个人追求的与工作有关的目标，亦即个人在从事满足自己内在需求的活动时所追求的工作特质或属性,它是个体价值观在职业问题上的反映(表2-3)。

表2-3 职业价值观的具体表现

价值观	价值观的具体内涵
利他助人	工作的价值在于提供机会让个人为社会大众的福利尽一份心力
美的追求	致力于使这个世界更美好,增加艺术的气氛
创造性	能让个人发明新事物,设计新产品或发展新观念
智性激发	提供了独立思考、学习与分析事理的机会
独立性	能允许个人以自己的方式或步调来进行
成就感	能看到自己工作具体成果,因此获得精神上的满足
声望地位	能提高个人身份或名望,但此声望是来自于他人对自己的敬佩,而非来自权力与地位
管理权力	能赋予个人权力来策划并分配工作给其他人
经济报酬	获得优厚的报酬,有能力购置自己所梦想的东西
安全感	提供安定生活的保障,即使经济不景气也不受影响
工作环境	工作能在不冷、不热、不脏的宜人环境下进行
上司关系	能与主管平等且融洽相处
同事关系	能与志同道合的伙伴愉快工作
变异性	工作之价值在于富于变化,能让人尝试不同内容的事情
生活方式	工作的目的或价值在于能让人选择自己的生活方式,并实现自己的理想

相关链接

职业价值观理论——职业锚理论

职业锚理论产生于在职业生涯规划领域具有"教父"级地位的美国麻省理工学院斯隆商学院、美国著名的职业指导专家埃德加·H.施恩(Edgar H. Schein)教授领导的专门研究小组,是在对该学院毕业生的职业生涯研究中逐渐演绎而成的。斯隆管理学院的44名MBA毕业生,自愿形成一个小组接受施恩教授长达12年的职业生涯研究,包括面谈、跟踪调查、公司调查、人才测评、问卷等多种方式,最终分析总结出了职业锚(又称职业定位)理论。

所谓职业锚,又称职业系留点。锚,是使船只停泊定位用的铁制器具。职业锚,是指当一个人不得不做出选择的时候,他无论如何都不会放弃的职业中的那种至关重要的东西或价值观,实际就是人们选择和发展自己的职业时所围绕的中心。职业锚,也是自我意向的一个习得部分。个人进入早期工作情境后,由习得的实际工作经验所决定,与在经验中自省的动机、价值观、才干相符合,达到自我满足和补偿的一种稳定的职业定位。职业锚强调个人能力、动机和价值观三方面的相互作用与整合。职业锚是个人同工作环境互动作用的产物,在实际工作中是不断调整的,主要包括以下8种类型。

技术/职能型(technical functional competence)职业锚:技术/职能型的人,追求在

技术/职能领域的成长和技能的不断提高，以及应用这种技术/职能的机会。他们对自己的认可来自他们的专业水平，他们喜欢面对来自专业领域的挑战。他们一般不喜欢从事一般的管理工作，因为这将意味着放弃自己在技术/职能领域的成就。

管理型（general managerial competence）职业锚：管理型的人追求并致力于工作晋升，倾心于全面管理、独自负责一个部分，可以跨部门整合其他人的努力成果，他们想去承担整个部分的责任，并将公司的成功与否看成自己的工作。具体的技术/功能工作仅仅被看作是通向更高、更全面管理层的必经之路。

自主/独立型（autonomy independence）职业锚：自主/独立型的人希望随心所欲安排自己的工作方式、工作习惯和生活方式。追求能施展个人能力的工作环境，最大限度地摆脱组织的限制和制约。他们宁愿放弃提升或工作扩展机会，也不愿意放弃自由与独立。

安全/稳定型（security stability）职业锚：安全/稳定型的人追求工作中的安全与稳定。他们因可以预测将来的成功而感到放松。他们关心财务安全，如退休金和退休计划。稳定感包括诚信、忠诚以及完成老板交待的工作。尽管有时他们可以达到一个高的职位，但他们并不关心具体的职位和具体的工作内容。

创业型（entrepreneurial creativity）职业锚：创业型的人希望使用自己的能力去创建属于自己的公司或创建完全属于自己的产品（或服务），而且愿意去冒风险，并克服面临的障碍。他们想向世界证明公司是他们靠自己的努力创建的。他们可能正在别人的公司工作，但同时他们在学习并评估将来的机会。一旦他们感觉时机到了，他们便会自己走出去创建自己的事业。

服务型（service dedication to a cause）职业锚：服务型的人一直追求他们认可的核心价值，例如：帮助改善人们的安全、通过新的产品消除疾病等。他们一直追寻实现这种价值的机会，并且不会接受不允许他们实现这种价值的工作变换或工作提升。

挑战型（pure challenge）职业锚：挑战型的人喜欢解决看上去无法解决的问题，战胜强硬的对手，克服无法克服的困难障碍等。对他们而言，参加工作或职业的原因是工作允许他们去战胜各种不可能。新奇、变化和困难是他们的终极目标。如果事情非常容易，它马上变得非常令人厌烦。

生活型（lifestyle）职业锚：生活型的人是喜欢允许他们平衡并结合个人的需要、家庭的需要和职业的需要的工作环境。他们希望将生活的各个主要方面整合为一个整体。正因为如此，他们需要一个能够提供足够的弹性让他们实现这一目标的职业环境，甚至可以牺牲他们职业的一些方面，如：提升带来的职业转换，他们将成功定义得比职业成功更广泛。他们认为自己在如何生活、在哪里居住、如何处理家庭事情以及在组织中的发展方面的道路是与众不同的。

价值观是人们在考虑问题时所看重的原则和标准，在人们的生涯发展中起到极其重要的、决定性的作用，直接影响个人的生涯抉择。比如，香港演员陈锦鸿为了陪伴患自闭症的儿子，放弃了演员的身份，举家迁到郊区，给儿子创造更接近大自然的环境。在这一刻，他认为家人更需要他，陪伴家人是更值得去做的事情。人们往往把精力投入到自己认

为更值得的事情上，如金钱、社会地位、个人发展、挑战性、安全稳定等。每个人看重的价值观是不一样的，但这种价值取向将成为个体工作的内驱力，直接影响工作表现和个人的生涯发展轨迹。

因此，个人在进行职业规划和定位时，可以运用职业锚思考自己所具有的能力，确定自己的发展方向，审视自己的价值观是否与当前的工作相匹配。只有个人的定位和要从事的职业相匹配，才能在工作中发挥自己的长处，实现自己的价值。尝试各种具有挑战性的工作，在不同的专业和领域中进行工作转换，对自己的资质、能力、偏好进行客观的评价，是使个人的职业锚具体化的有效途径。

（三）性格特征

个性是决定每个人心理和行为的普遍性和差异性的那些特征和倾向的较稳定的有机组合。个体的性格特征主要包括气质和性格两个方面。生活中有的人急躁，有的人稳重，有的人敏感，有的人率直。这就是人们常说的不同的人有不同的气质和性格。气质和性格是一种相对稳定又极具个人特色的心理特质。不同的气质和性格适合不同的职业类型。人们需要全面、客观地认识和了解自己的气质和性格特点，才能在不断完善自己的基础上，选择适合自己的生涯发展方向。

1. 气质（temper）

气质是与个人神经过程的特性相联系的行为特征。气质是指人典型的、稳定的心理特点，包括心理活动的速度（如语言、感知及思维的速度等）、强度（如情绪体验的强弱、意志的强弱等）、稳定性（如注意力集中时间的长短等）和指向性（如内向性、外向性等）。这些特征的不同组合，便构成了个人的气质类型，人的气质差异是先天形成的，受神经系统活动过程的特性所制约。气质类型一般划分为多血质（活泼型）、胆汁质（兴奋型）、黏液质（安静型）、抑郁质（抑制型）四种类型。然而，属于这四种典型的气质类型的人极少，大多数人都为中间气质型，即以某一气质型为主，结合着另一气质型的一些行为特征。孩子刚一出生时，最先表现出来的差异就是气质差异，有的孩子爱哭好动，有的孩子平稳安静。气质使人的全部心理活动都染上了个性化的色彩，例如，有的人脾气暴躁，易动感情；有的人则沉着冷静，不动声色；有的人反应迅速敏捷，活泼好动；有的人反应较迟钝，行动缓慢稳重。气质也就是我们常说的"脾气""秉性"，属于人的性格特征之一。由于人们的气质存在着相当大的差异，对自己的气质类型做出评判，选择适合自己的工作，对每个大学生都是十分必要的。

相关链接

气质的神经活动类型理论

根据俄国生理学家巴甫洛夫提出的人和动物的高级神经活动分型理论，人的气质类型分为多血质、胆汁质、黏液质、抑郁质四种。高级神经活动类型见表2-4。

表 2-4　高级神经活动类型

高级神经活动类型	强度	平衡性	灵活性	气质类型
兴奋型	强	不平衡		胆汁质
活泼型	强	平衡	灵活	多血质
安静型	强	平衡	不灵活	黏液质
抑制型	弱			抑郁质

（1）强、平衡而灵活的类型（多血质）。这是一种健康、坚强、充满活力的神经活动类型。巴甫洛夫认为这是一种最完善的类型，这种类型的个体比其他类型的个体能较好地与环境维持平衡。这种类型的个体受刺激时表现出活泼、灵敏，没有受刺激时则表现得普普通通。他们很容易建立抑制性条件反射。即使生活在不良的环境中，这种类型的个体也难以出现神经性疾病。

（2）强、平衡而不灵活的类型（黏液质）。这种类型与前一种类型的特点一样，能够良好地适应环境。这种类型的个体兴奋过程和抑制过程强而平衡，很容易建立阳性与阴性的条件反射，而且一旦建立就比较稳定、不易改造。这是一种坚韧而行动迟缓的类型。由于神经过程不灵活，这种类型的个体很难适应快速变化的环境。这种类型的个体即使生活在不良的环境中，也很难出现神经性疾病。

（3）强而不平衡的类型（胆汁质）。这种类型的个体兴奋过程强于抑制过程，容易建立阳性条件反射，但很难建立阴性条件反射，在必要的情况下，也很难阻碍这种类型个体的活动。这是一种容易兴奋、不受约束的类型，所以也称为不可遏制型。在特定的要求个体强抑制的情境中，这种类型的个体倾向于抑郁，或者产生难以遏制的行为或攻击性行为。

（4）弱型（抑郁质）。这种类型的个体需要特殊的环境才能生存，他们难以建立条件反射。这种类型的个体神经细胞很弱，所以正常强度的刺激也会引起他们的保护性抑制，在刺激作用下，会产生错乱，甚至衰竭。这种类型的个体中常见神经官能症，他们也很难对抑制性刺激作出反应。环境中的快速性、经常性变化会引起行为错乱。弱型具有一定的保护性。他们只有在特定的环境中生活才有价值。

气质反映一个人的自然属性，只表明一个人心理活动的动力特征，不涉及心理活动的方向和内容，没有好坏之分，每一种气质类型都有积极和消极的方面。如胆汁质的人既有情感丰富、热情、勇敢、朝气蓬勃等积极方面，又有暴躁、任性等消极方面。多血质的人既有灵活、机警、热情开朗、情感丰富等积极方面，又有轻浮多变、精力分散等消极方面。黏液质的人既有自制力较强、坚毅、冷静等积极方面，又有呆板、冷淡、动作迟缓等消极方面。抑郁质的人既有情感体验深刻而稳定、细心、认真、观察细致、敏锐等积极方面，又有缄默、孤僻、多疑等消极方面。人应当学会掌握和控制自己的气质和行为，发扬积极的一面，克服消极的一面，使自己成为具有优良个性品质的人。

实践研究表明，某些气质类型为一个人从事某种工作或职业活动提供了可能性和有利条件，也就是说，气质具有一定的职业适应性。例如，胆汁质、多血质的人环境适应能力较强，较易适应迅速灵活的工作；黏液质、抑郁质的人沉稳认真，则较易适应持久而细致的工作。因此，在选择职业时，应考虑气质特征的影响，扬长避短，找到更适合个人气质特征的职业或工作。另外，由于不同的职业和工作对人的气质有着不同的要求，因此在选择和安置人员，尤其是在选拔和训练特种职业的工作人员时，应当特别注意个人的气质特征，并适当进行气质特征的测定（表2-5）。

表 2-5 气质类型与职业匹配

类型	心理特点	适合职业
多血质	活泼好动；善于交际；思维敏捷；容易接受新鲜事物，情绪情感容易产生也容易变化和消失，容易外露；体验不深刻	导游、推销员、节目主持人、演讲者、外事接待人员、演员、市场调查员、监督员等
胆汁质	坦率热情；精力旺盛，容易冲动；脾气暴躁；思维敏捷但准确性差；情感外露，但持续时间不长	管理工作、外交工作、驾驶员、服装纺织业、餐饮服务业、医生、律师、运动员、冒险家、新闻记者、演员、军人、公安干警等
黏液质	稳重，考虑问题全面；安静，沉默，善于克制自己；善于忍耐。情绪不易外露；注意力稳定而不容易转移；外部动作少而缓慢	外科医生、法官、管理人员、出纳员、会计、播音员、话务员、调解员、教师、人力人事管理主管等
抑郁质	稳重，考虑问题全面；安静，沉默，善于克制自己；善于忍耐。情绪不易外露；注意力稳定而不容易转移，外部动作少而缓慢	校对、打字、排版、检察员、雕刻工作、刺绣工作、保管员、机要秘书、艺术工作者、哲学家、科学家等

2. 性格（personal trait）

性格又叫人格特质，是指个体对事物稳定的态度以及与之相适应的习惯化了的行为方式。与气质相比，人们的性格差异更是多样而复杂的。性格决定着个人的活动方向，是个人区别于他人的最主要特征。性格的形成既有先天的遗传因素，也受到后天生活环境的影响。心理学家认为，虽然家庭、学校、社会都会对人的性格产生影响，但家庭是个人性格形成的最重要因素。因为在6岁之前，是人的性格基本定型的重要阶段，而孩子的这段时间通常是在家庭中度过的，接触最多的是父母，父母对孩子性格的形成起着关键作用。

一般来说，个性没有绝对的优劣之分，从理论上说，每个人皆有机会找到适合自己性格特征的职业，因而在职业规划过程中应该遵循真实自我的性格特征，选择和寻找适合自己的职业与岗位。如果已经明确了解目标职位所要求的性格特征，或当明确知道主考官所期望的性格特征时，个体也可以适当进行印象整饰，使自己的外显行为表现出适于工作需要和主考官期望的属性或特征。

了解自己的性格倾向，可以更好地理解自己的优点、缺点，找到与自己优点相适应的环境与职业。在这样的环境下工作，会感觉工作"得心应手"。性格认知能帮助我们做出符合自己情况的职业选择，从而使我们更容易成为有效的工作者。了解他人的性格倾向，可以更好地理解和接受他人，能使我们理解为什么人与人之间在思维、行为、观念、表现等方面存在差异，有助于我们在工作、生活中更好地利用这种差异，接受其他观点的合理性，避免固执己见或者简单地判定某种做法是正确或错误，有利于我们在职场上更好地与人沟通，改善人际关系，加强团队合作，也有利于个人的职业发展。

> **相关链接**

MBTI 性格理论

MBTI（Myers-Briggs type indicator）的理论基础来源于瑞典的心理学家荣格（Carl Jung）。1921 年，荣格发表了他经典的心理学类型学说。他设计了一套性格差异理论，认为性格差异同时会决定并限制一个人的判断。他把这种差异分为内向型/外向型、直觉型/感觉型和思维型/情感型。20 世纪 40 年代，美国一对母女——伊莎贝尔·迈尔斯（Isabel Myers）和凯瑟琳·布里格斯（Katharine Briggs）在荣格的心理学类型理论的基础上提出了一套性格测验模型，并把这套理论模型以她们的名字命名为 Myers-Briggs 类型指标，即 MBTI。她们在荣格的两种态度类型和四种功能类型的基础上，增加了判断和知觉两种类型，由此组成了性格的四维八极模型，各类型和功能彼此结合，构成了 16 种个性类型。MBTI 性格理论用以描述人们在能量来源、获取信息、作出决策和生活方式四个维度（每个维度有两个方向）的差异。

MBTI 性格理论共有四个维度，每个维度有两个方向，共计八个方面，一是驱动力的来源：外倾（E）—内倾（I）；二是接收信息的方式：感觉（S）—直觉（N）；三是决策的方式：思维（T）—情感（F）；四是对待不确定性的态度：判断（J）—知觉（P）。每个人的性格都落足于四个维度每一个中点的这一边或那一边，我们把每个维度的两端称作"偏好"。例如：如果你落在外向的这一边，那么就可以说你具有外向的偏好；如果你落在内向的那一边，那么就可以说你具有内向的偏好。四个维度两两组合，共计 16 种类型。

（1）外倾（E）—内倾（I）维度。该维度用以表示个体心理能量的获得途径和与外界相互作用的程度。如果个体的注意较多地指向外部的客观环境，则属于外倾型（extroversion）；如果个体的注意较多地指向内部的概念建构和思想观念，则属于内倾型（introversion）。

外倾型态度表现为主体的注意力和精力指向于客体，即在外部世界中获得支持并依赖于外在环境中发生的信息，这是一种从主体到客体的兴趣向外的转移。外倾型个体需要通过经历来了解世界，所以他们更喜欢大量的活动，并偏好于通过谈话的方式来思考，在语言的交流中对信息予以加工。而内倾型态度表现为主体的注意力和精力指向于内部的精神世界，其心理能量通过内部的思想、情绪等而获得。内倾型个体在内部世界中获得支持并看重发生的事件的概念、意义等，因此他们的许多活动都是精神性的，他们倾向于在头脑内安静地思考和加工信息。

（2）感觉（S）—直觉（N）维度。该维度又被称为非理性维度或知觉维度，表示个体在收集信息时注意力的指向。感觉型（sensing）倾向于通过各种感官去注意现实的、直接的、实际的、可观察的事件。直觉型（intuition）注意力指向事件将来的各种可能性和事件背后隐含的意义及符号，倾向于对理论感兴趣。

感觉型的个体倾向于接受能够衡量或有证据的任何事物，关注真实而有形的事件。他们相信感官能告诉他们关于外界的准确信息，也相信自己的经验。他们重现在，关心某一刻发生的所有的事情。而直觉型的个体自然地去辨认和寻找一切事物的含义，他们重视想象力，更注重将来，重视努力改变事物而不是维持它们的现状。直觉型的个体看到一个环境就想知道它的含义和结果可能如何。在解决问题的过程中，感觉型的个体被视为较具有实际意识，而直觉型的个体被视为较有改革意识。

（3）思维（T）—情感（F）维度。该维度又被称为理性维度或判断维度。该维度用于表示个体在做决定时的判断依据，即做决定和下结论的方法。判断的依据是客观的逻辑推理的，属于思维型（thinking）；是主观的情感和价值的，则属于情感型（feeling）。

思维型的个体通过对情境客观的、非个人的逻辑分析来做决定，他们注重因果关系并寻求事实的客观尺度，因此较少受个人感情的影响。而情感型的个体期望自己的情感与他人保持一致，他们做决定的基石是何者对他们自己和他人是重要的，其理性判断的依据是个人的价值观。

（4）判断（J）—知觉（P）维度。该维度用以描述个体在与外界发生关系的过程中是如何做决定的。这一维度是一种态度维度。判断型（judging）的态度意味着个人倾向于通过思考和情感去阻止、计划和调控生活。而知觉型（perceiving）的态度意味着个人倾向于用感觉和直觉的方式去对事物做决定，他们的态度通常是灵活的、开放的。虽然每个个体都能够使用知觉和判断，但是这两极不能够同时被运用。多数个体会自然地发现采用某种生活方式时总是比另一种更加轻松，因此总是在和外部世界打交道时采用这种生活态度。

判断型个体倾向于以一种有序的、有计划的方式对其生活加以控制，他们期望看到问题被解决，习惯于并喜欢做决定。而知觉型个体偏好于知觉经验，他们不断地收集信息以使其生活保持弹性和自然。他们努力使事件保持开放性，让其自然地变化，以便出现更好的结果。

列举类型见表2-6，性格类型与职业匹配见表2-7。

表2-6 列举类型

类型名称	英文简称	类型名称	英文简称
内倾感觉思维判断	ISTJ	内倾感觉情感判断	ISFJ
内倾直觉情感判断	INFJ	内倾直觉思维判断	INTJ
内倾感觉思维知觉	ISTP	内倾感觉情感知觉	ISFP
内倾直觉情感知觉	INFP	内倾直觉思维知觉	INTP
外倾感觉思维判断	ESTJ	外倾感觉情感判断	ESFJ
外倾直觉情感判断	ENFJ	外倾直觉思维判断	ENTJ
外倾感觉思维知觉	ESTP	外倾感觉情感知觉	ESFP
外倾直觉情感知觉	ENFP	外倾直觉思维知觉	ENTP

表 2-7　性格类型与职业匹配

ISTJ 会计、警察、工程师	ISFJ 护士、教师、宗教、心理	INFJ 艺术、宗教、音乐、心理、作家	INFP 艺术、娱乐、编辑、心理、作家
ESTJ 行政管理、财务管理、经理	ESFJ 美容业、健康护理、办公、秘书	ENFJ 宗教、艺术、教师、督导	ENFP 演员、营销、记者、公关
ISTP 手工、建筑、机械、统计	ISFP 建筑、音乐、户外工作	INTJ 教师、规划、系统分析、法官	INTP 软件开发、系统分析、工程师
ESTP 投资营销、服务业、系统开发	ESFP 幼儿教师、教练、督导	ENTJ 行政人员、律师、演讲家	ENTP 演员、记者、艺术、产品开发

MBTI 理论模型中，四个维度的每个维度都被分为相对应的两种倾向。每个维度上的一个人只能是一种偏好，也就是在这个维度上个体更倾向于哪一边，如一个人是内倾的就不能是外倾的，是知觉型的就不会是判断型的，但这并不表示他不能同时表现出外倾的特征和判断型的特征，这与测评结果并不矛盾。一个人如果是内倾型性格，就意味着在绝大多数情况下起自然反应是内倾的，但是也有外倾的时候和表现。有些人在某些维度上的倾向性表现得特别明显，而有些人在某些维度上的倾向性表现得不太明显，这都是正常现象，因为人的性格是复杂的，理论模型的分类只是帮助我们更好地去理解和认识性格特征。

（四）知识与能力

进行职业规划时，对自己的能力结构进行判断分析是必要的，不同的职业、不同的职位需要不同的能力结构。发挥自己能力方面的优势，避开能力方面的欠缺，是获得事业成功一个十分有利的条件。那么，如何来分析评价自己的能力结构呢？一是凭自己的直觉来判断，二是凭经验来判断，三是根据同别人的比较来判断，四是从别人对自己的评价来判断，五是借助能力倾向测验来判断，等等。对于一个没有很多社会经验的人来说，评价自己的能力结构是件很困难的事情，往往失之偏颇，自信心强的人往往过高评价自己，自信心差的人往往过低评价自己。能力倾向测验一般比较客观，是很好的评价工具。标准化了的能力倾向测验具有两种功能：一是判断一个人具有什么样的能力优势，即所谓的诊断功能；二是测定在所从事的工作中，成功和适应的可能性，包括发展的潜能，即所谓的预测功能。在西方各工业发达国家中，能力倾向测验被广泛运用于职业决策和人员甄选录用中，经实践检验，其具有较强的科学性。所以，可以用一些标准化了的能力倾向测验来进行自我评价和指导。

> **相关链接**

一般能力理论——多元智力理论

多元智能理论（也叫多元智力理论）是指美国心理学教授霍华德·加德纳（Howard Gardner）提出的一种关于智力的新理论。

传统智力理论存在两大派别。一是心理计量学派，他们认为，可以通过因素分析找出个体在智力活动中表现的差异决定因素；二是信息加工学派，他们用信息加工构成成分或单元来了解和刻画个体的智力。这两派虽然对智力研究的角度不同，但他们均认为，智力是以语言能力和数理—逻辑能力为核心的、以整合的方式存在的一种能力，这种能力是可以通过智力测验评价的。

加德纳反驳了传统智力理论的观念，他认为，智力测验的频繁使用，使得它把人进行了分类并贴上了标签，用来判断人的弱项和短处而非长处。智力并不是一个容易"被测量"的东西，目前所能够测量的东西仅仅是语言和数理逻辑，如果一定要去测量智力，那么应当侧重于该智力所要解决的问题或在运用该智力时所表现出来的创造性的能力。智力总是以组合的方式来进行的，每个人都是具有多种能力组合的个体。由此加德纳提出了智力多元论的观点。在1983年出版的《智力的结构：多元智能理论》一书中，加德纳把智力定义为"是在某种社会和文化环境的价值标准下，个体用以解决自己遇到的真正难题或生产及创造出某种产品所需要的能力"。他认为，一方面，智力不是一种能力而是一组能力，另一方面，智力不是以整合的方式存在的，而是以相互独立的方式存在的。在此基础上，他阐述了他的关于智力的种类及其基本性质的多元智能理论。在该书中，加德纳提出了他所谓的多元智力框架中相对独立存在着的7种智力，分别是：

（1）言语—语言智力。指个体听、说、读、写的能力，表现为个人能够顺利而高效地利用语言描述事件、表达思想并与人交流的能力，在记者、编辑、作家、演讲家等人身上有比较突出的表现。

（2）音乐—节奏智力。指个体感受、辨别、记忆、改变和表达音乐的能力，表现为个人对节奏、音调、音色和旋律的敏感以及通过作曲、演奏和歌唱等表达自己思想和情感的能力，在作曲家、指挥家、歌唱家、演奏家、乐器制造者和乐器调音师等人身上有比较突出的表现。

（3）逻辑—数理智力。指个体运算和推理的能力，表现为个人对事物间各种关系如类比、对比、因果和逻辑等关系的敏感以及通过数理运算和逻辑推理等进行思维的能力，在侦探、律师、工程师、科学家和数学家等人身上有比较突出的表现。

（4）视觉—空间智力。指个体感觉、辨别、记忆、改变物体的空间关系并借此表达自己思想和情感的能力，表现为个人对线条、形状、结构、色彩和空间关系的敏感以及通过平面图形和立体造型将它们表现出来的能力，在画家、雕塑家、建筑师、航海家、博物学家等人身上有比较突出的表现。

（5）身体—动觉智力。指个体运用四肢和躯干的能力，表现为个人能够较好地控制自己的身体，对事件能够做出恰当的反应以及善于利用身体语言来表达自己思想和情感的能力，在运动员、舞蹈家、外科医生、赛车手和发明家等人身上有比较突出的表现。

（6）自知—自省智力。指个体认识、洞察和反省自身的能力，表现为个人能够正确地意识和评价自身的情绪、动机、欲望、个性、意志，并在正确的自我意识和自我评价的基础上形成自尊、自律和自制的能力，在哲学家、小说家、律师等人身上有比较突出的表现。

（7）交往—交流智力。指个体与人相处和交往的能力，表现为个人觉察、体验他人情绪、情感和意图并据此做出适宜反应的能力，在教师、律师、推销员、公关人员、谈话节目主持人、管理者和政治家等人身上有比较突出的表现。

根据加德纳的多元智力理论，作为个体，我们每个人都同时拥有上述相对独立的7种智力，我们每个人身上的这7种相对独立的智力在现实生活中错综复杂地、有机地以不同方式不同程度地组合在一起。个体身上存在的7种智力的不同组合使得每一个人的智力都有独特的表现方式，而正是这7种智力在每个人身上以不同方式、不同程度的组合，使得每个人的智力各具特点。同时，即便是同一种智力，其表现形式也是不一样的。如同样具有较高的逻辑—数理智力的两个人，其中一个可能是数学家，而另一个可能是文盲，但他有很好的心算能力；同理，两个同样具有较高的身体—动觉智力的人，其中一个可能在运动场上有出色的表现，另一个则可能因为动作不协调而根本上不了运动场，但他在棋艺室里却有着上佳的表现。由于每个人的智力都有独特的表现方式，每一种智力又都有多种表现方式，我们很难找到一个适用于所有人的统一的评价标准来评价一个人聪明与否。

由此，在回答著名人物如丘吉尔、莫扎特、爱因斯坦、毕加索、麦克尔·乔丹、柏拉图和马丁·路德·金谁更聪明这样的问题时，我们有了与以往认为丘吉尔和爱因斯坦最聪明的传统智力观截然不同的全新视角——根据加德纳的多元智力理论，我们不能说上述7种智力哪一种重要，哪一种不重要，我们只能说7种智力在个体的智力结构中都占有重要的位置，处于同等重要的地位，它们在每一个个体身上都有自己独特的表现形式，相应地，我们不能说上述人物谁更聪明，我们只能说他们各自在哪个方面聪明，以及他们各自怎样聪明。换句话说，我们必须清醒地认识到，智力是多方面的，智力的表现形式是各不相同的，我们判断一个人聪明与否的标准当然也应该是多种多样的。

思考与活动

发现我的兴趣

假如你获得了一次免费度假旅游的机会，有机会去以下六个岛屿中的一个。这次免费旅游的唯一要求是，你必须要在这个岛上待满至少三个月的时间。现在，请不要考虑其他因素，仅凭自己的喜好或偏爱挑选出你最想前往的岛屿。

1号岛屿：自然原始的岛屿。岛上自然生态保持得很好，有各种野生动物。岛上居民以手工见长，自己种植花果蔬菜、修缮房屋、打造器物、制作工具，喜欢户外运动与野外劳作。类似"非洲地区的热带雨林"。

2号岛屿：深思冥想的岛屿。岛上遍布天文馆、科技展览馆、历史博览馆及各种图书馆。岛上居民喜好观察、学习，崇尚和追求真知，有大量机会与来自世界各地的哲学家、科学家、生物学家、心理学家等交流思想、交换心得。类似"中欧地区的德国哥本哈根"。

3号岛屿：美丽浪漫的岛屿。岛上充满了各类美术馆、音乐厅，街头雕塑和街边艺人星罗棋布，到处都弥漫着浓厚的艺术文化气息。岛上居民保留了传统的舞蹈、音乐与绘画技艺，世界各地的文艺界大师和学者都喜欢来这里找寻灵感和创意。类似"西欧地区的法国巴黎"。

4号岛屿：友善亲切的岛屿。岛上居民个性温和、友善、乐于助人，各个社区均自成一个密切互动的服务网络，人们重视互助合作，重视教育，关怀他人，处处体现着温和的人文气息。类似"东南亚地区的泰国清迈"。

5号岛屿：显赫富庶的岛屿。岛上居民能言善道，善于企业经营和对外贸易。社会经济高度发展，随处可见高级饭店、豪华酒店、高尔夫球场和各种俱乐部。往来岛上的人多是企业家、经理人、政治家、律师等。类似"阿拉伯地区的迪拜"。

6号岛屿：现代的、井然有序的岛屿。岛上建筑十分现代化，呈现出进步的都市形态，社会以完善的户政管理、地政管理、金融管理见长。岛民们个性冷静保守，处事有条不紊，善于组织规划，细心高效，整个岛屿秩序井然。类似"东南亚地区的新加坡"。

（1）根据自己做出的选择，按照意愿的强烈程度排序，你最想去的三个岛屿依次是：_____、_____、_____。

（2）请做出相同选择的同学自由组合，以3～5人为一个团队进行讨论，解释和说明决定自己做出以上选择的关键点或关键词包括：_____、_____、_____、_____……

（3）请每个小组准备60秒发言，向其他小组介绍与推广自己的岛屿。

表2-8中注明了每个岛屿在职业兴趣领域中代表的相关类型，具体的职业兴趣内涵参见"职业兴趣类型理论"。

表 2-8　兴趣岛屿的参考类型

	岛屿编号	兴趣类型
1	1号岛屿（R）	实用性（realistic）
2	2号岛屿（I）	研究型（investigative）
3	3号岛屿（A）	艺术型（artistic）
4	4号岛屿（S）	社会型（social）
5	5号岛屿（E）	企业型（enterprising）
6	6号岛屿（C）	事务型（conventional）

第三节　认识自我的途径与方法

一、认识自我的途径

（一）通过自己认识自己

认识自己意味着：首先，要熟悉自己的自然条件，包括健康情况、心理状态、情感特点、爱好倾向、知识水准、专业特长、智力情况、能力特点，还可以测定一下自己的生物节律周期、智商指数、气质类型、性格类型等作为参考。其次，是对自己在不同领域的实践中（如对各个科目的学习）取得的不同成绩进行比较，以发现自己的优点，确定奋斗的目标。回顾以往的个人经历，是否取得了一些可以量化的业绩。如："期末考试专业排名第三""连续三年获得一等奖学金""在兼职期间，完成销售额的110％"，这些数据可以具体翔实地说明你的成绩，成绩的取得离不开个人能力，这是个人能力的具体例证。另外，记日记就是一种常见的自我暴露、自我交流的手段，也是自我分析、自我认识、自我监督的手段。

同时，人们也可以通过自己与自己的比较来获得对自身状况更为动态的认识。这种与自己的比较包括两方面：一是将目前的"自我"与过去的或将来的"自我"作比较；二是将自己的期望与实际获得的成就相比较。这两方面都是客观、正确地认识自我不可缺少的。个体的自尊、自信、自大、自卑等主要取决于个体内在状态与自我期望等主观因素。往往是这些因素决定着个体对自己的感情、态度的判断和评估。我们往往依据自己在一定活动中的成败，对自己的学识、素养和才能作出判断。生活中常有这样的事情：有的同学期望获得第一名，视屈居第二为奇耻大辱，而有的同学却成绩及格而兴高采烈；有的年轻人因条件较差的工作而愁眉不展，自叹苦不堪言，而老工人在相同的条件下却"以苦为乐"，干劲十足……如此种种，都反映了人们的判断水平。每一个年轻朋友，都是将自己心目中形成的理想的"我"的形象与现在的"我"进行比较，这往往就是我们生活的动力。要追求、寻找这个理想的"我"，就需要坚定、忍耐、专心致志和顽强地自我进取，就得克服懒惰、懈怠、消极、怯懦等习性。

当然，由于个体的自我认识过程受到多方面的影响，其中个体的认识能力水平、价值观念、个人抱负等因素，导致人们的自我评价不可避免地带有主观性，正确的内省必须遵循现行社会中通行的社会文化价值观念、普遍的社会文化准则和行为规范，否则不可能对自己进行客观公允的认识。一个能够正确对待自己的人，不会因为别人的过高评价而沾沾自喜，也不会因为别人不切合实际的指责而垂头丧气。

（二）借助他人来了解自己

比较评价是指通过与同学等同龄人和先进人物相比较而认识自我。有比较才有鉴别，有鉴别才能更好地认识自己的长处和短处。

一方面，当局者迷，旁观者清。当面对"你是个怎样的人"时，一般人都会认为自己准备的自我评价是冷静分析后的结果，而事实上，人们往往要通过他人对自己的评价，且与他人进行比较之后才能形成结论。了解你的人（老师、同学、家人、上级、同事、客户）会如何评价你？他们是否总是依靠你才能完成某件事情？是否认为你更擅长做这件事或者是你做事情更负责任？当你离开某个岗位时，周围的人是否会因为你的离去而感到有什么不适或困难？对这些问题的回答，都可能反映出你个人所擅长的、为人称道的能力和品质。我们可以通过直接与周围的人谈谈，让他们来帮助你认识自己。

在具体的实践中，我们可以借助他人对我们的评价去认识自己。正如我们需要借助镜子来认识自己的五官样貌，我们对自己的言行品格特征的认识，也需要依靠他人对我们的态度和反应。这正如心理学家库里所指出的，别人对自己的评价是自我评价的一面镜子。在与他人交往的社会生活中，我们借自己的外显行为将自己展示在他人面前，他人对我们的看法和评价反过来也会影响我们对自己的认识。因此，个体对自己的认识在很大程度上取决于周围的人对自己的评价和态度，特别是家人对自我认识的影响尤其深远。当然，他人的评价并非都很准确，正如镜子会因凹凸不平而歪曲人的形象一样。倘若我们能多和人交往，注意倾听多数人的意见或反映，善于从周围的人的一系列评价中，概括出一些较稳定的评价作为自我评价的基础，将大大有助于自我了解。

另一方面，对自我的认识很大程度上受"社会比较"的影响。也就是说，选择的参照物不同，自我认识的结果就可能相去甚远。在这里，与他人比较被称为"社会比较"，是一个社会心理学术语，指的是个体就自己的信念、态度、意见等与其他人的信念、态度、意见等作比较。在社会比较过程中，人们出于自尊，往往会选择背景不同的人作比较，以得出合乎己意而有偏差的结论。例如两个人性格能力完全一样，其中一个人和爱热闹、开朗乐观的人生活在一起，他对自己的评价很可能是"一丝不苟，过于严肃"；而另外一个人和严肃认真、追求完美的人生活在一起，他对自己的评价则可能是"生性随意，追求自由"。可见，对自我的认识极易受他人影响，为了提高准确性，选择正确比较对象是关键。所以应放宽视野，扩大比较范围，从不同角度进行社会比较。此外，不要做过一次自我评价就认为评价结果会一成不变，而应当根据环境变化，多做几次比较。

在具体操作中，我们可以通过和别人比较认识自己。社会心理学家费斯廷格的社会比较理论认为，人有一种评估自己的内驱力，在缺乏客观的、非社会标准的情况下，人们将通过与他人的比较来评估自己。社会实践证实了这个观点。每当我们怀疑自己的能力，反躬自问自己"我在某方面的能力到底如何"时，就很自然地想到和别人进行比较，以判定自己在社会生活中的位置和形象。这就好比自己跑步的速度是在与他人的比赛中比较得出来的；身高高矮是通过"按个头排序"确定的；人们评价自己的品质、能力和性格特征等都是如此。大学生总是需要通过和自己地位、条件相类似的人的对比来估计和判断自己的能力等级和相对竞争地位。

（三）借助工具认识自己

借助工具，我们可以实现对自身内在属性和特征更为清晰和准确的认识。一方面，我们可以使用体重秤、身高仪、血压计和体温表对人体的生理属性和物理特征进行精准的度量，帮助我们了解和判断自身身体状况和健康水平。这一类度量对于选拔一些特殊职业从业人员是必不可少的。例如，飞行员的选拔、运动员的挑选以及宇航员的培养等。因为这些职业工作性质的特殊性，决定了其对从业者的身体素质和体格状态有着超出一般标准的要求。另一方面，我们也可以借助各种心理测量工具，对个体的心理素质，包括能力水平和人格特征，进行广泛的度量。这里的所谓心理素质，主要指那些完成特定工作或活动所需要或与之相关的感知、技能、能力、气质、性格、兴趣、动机等个人特征，他们是以一定的质量和速度完成工作或活动的必要基础。心理测量（psychological assessment）是用来检测人们的能力、行为和个性特质的特殊的测验程序。心理测量通常是指对个体差异的测量，因为多数测量都是确定在某个固定的维度上，某人与其他人如何不同或相似。广义的心理测量不仅包括以心理测验为工具的测量，也包括用观察法、访谈法、问卷法、实验法、心理物理法等方法进行的测量。狭义的心理测量是通过科学、客观、标准的测量手段对人的特定素质进行测量、分析、评价。通常心理测量依据测验的功能，可以分为能力测验、智力测验和人格测验。常用的智力测验量表有韦氏量表和瑞文高级推理测验，而人格测验主要有 MMPI、16PF、EPQ 等。

二、认识自我的方法

认识自我的方法根据标准化程度可以分为非标准化评估方法和标准化评估方法，前者主要包括自我反省法、橱窗分析法和行为事件法等；后者涉及统计分析法、心理测验法、专家咨询法等。每一种方法在认识自我的过程中发挥的作用不同，认识自我的角度也存在差异，需要在灵活应用不同方法的基础上实现对自我的系统化认知。下面分别就主要方法的内涵与使用范围进行介绍。

（一）自我反省法

自我反省法是通过自己对自身言行思想的反省和分析来了解自我、认识自我的方法。反省意指反思自己的思想行为，检查其中的错误，也是"反省心理学"中的专业词汇，指对自身过往心理活动的追溯和回忆。从本质上看，反省法是一个自我归因的过程，是通过对自身外显行为和内隐行为的观察分析，找到行为背后隐含的态度、偏好、动机和信念的过程。个体关于自己的情感、个性和信念的认识，主要来源于对自身内心状态的觉察和认知；对自身外显行为的观察；对于自身行为相关环境的认知；等等。

在认识自我的过程中，反省法的优势在于操作简单，成本低廉，且对外在环境和条件的依赖性弱，可由个体独立完成整个反省过程，并且个体可以根据自身情况和认识需要决定分析的次数和频率。而且，一个善于自我反省的人，往往对自己的优点和缺点有着更为清醒的认知，能够在生活和工作中扬长避短，选择和顺应自我发展的方向。而不善于自我反省的人，往往由于缺乏自知之明，无法顺应自我发展的需要，陷入自我迷失之中。当然，自我反省法的缺陷也不能忽略，具体表现为自我反省过程的主观性和自我分析视角的局限性，容易导致个体对自我的认识不够客观、不够全面。例如，过于夸大自己的能力而导致"刚愎自用"，或者过于低估自己的潜力而导致"自我怀疑"，都会制约和阻碍个体获得事业上的成就。

那么，如何运用和提高自身的反省能力呢？

学会接受批评。每一个人都喜欢受到表扬，而不喜欢受到批评。法国心理学家高顿教授通过一项专题研究证实，那些难以接受批评的孩子长大后，大多会对批评持"避而远之"或"拒之门外"的态度。久而久之，就失去了自我发展和改进的机会。面对他人的批评，要认真倾听，持有平和的心态，有则改之，无则加勉。

学会总结经验教训。总结经验教训事实上就是对自我行为的一种反省。例如，一个孩子用打架来解决与同学之间的矛盾，如果他在打架上吃了亏，他会想："上次我感到生气的时候是用打架来表达我的愤怒的，结果我被别人打了。那么下次发生这样的情况时，我该怎么办呢？我不用打架来解决可以吗？是不是有更好的解决方法呢？"当人们直接感受到行动与结果之间有某种关系后，他们往往会先想一想再采取行动。

在具体操作过程中，可以通过撰写自我反省记录，帮助个体发展自我反省能力。表2-9是某大一学生在自我反省训练过程中撰写的自我反省记录。

表2-9 自我反省记录范例

事实描述	时间：某日下午 地点：实验室 事件：所有的同学都在做解剖实验，我因为讨厌见到血，不敢做，于是照旧请同组要好的男生帮忙做。但是他却坚持要我去做，我一生气，实验也没有做就离开了教室。事后那个男生找到我，表示他其实是希望我能逐渐学会面对自己的恐惧，他会在一旁配合我完成昨天的实验。
主观分析	为什么这样做：我觉得害怕，想请求帮助，但作为要好的朋友，他都不帮忙，觉得非常生气，所以离开了实验室。 是否存在不合理？认为害怕就可以逃避；认为作为好朋友碰见什么问题都应该立即帮我解决；在我生气的任何场合，我都可以发脾气离开。 还有其他选择吗？了解其不愿帮忙的原因；向专业老师、心理辅导老师寻求解决害怕血的毛病。 以后同等情形下的反应方式：尝试去克服害怕血的毛病；即使不能完成实验也可见习完成对实验的部分了解。

（二）橱窗分析法

橱窗分析法是一种借助直角坐标系不同象限来表示人的不同部分的分析方法。社会学家约瑟夫·卢福特和哈里·伊阿那设计的自我认识模型"约哈里窗"（约哈里即Johari，Joseph ＆ Harry=Johari）就是采用的橱窗分析法。根据"约哈里窗"的原理，自我的存在形态分为四种，或者可以理解为"自我"存在于四类区域之中：其一，开放区，即自己和他人都知道的有关自我的信息，这通常被视为一个人公开的自我形象，属于个人展现在外部环境中的自我部分；其二，盲目区，包含他人了解，而本人却没有意识到（或不了解）的有关自我的信息，好比自己的背影，别人看得清清楚楚，而自己却一无所知；其三，隐蔽区，包含本人了解，而他人不了解的有关自我的信息，这是每个人内心中都存在的"隐私面"；其四，未知区，包含本人不了解、他人也不了解的自我的信息，属于个体潜在的、尚未开发的自我。该模型把自我分成四个部分，即开放的自我、盲目的自我、隐藏的自我和未知的自我，并认为这四个区域的大小是随着个体的发展和成长而不断变化的。其具体结构如图2-5所示。

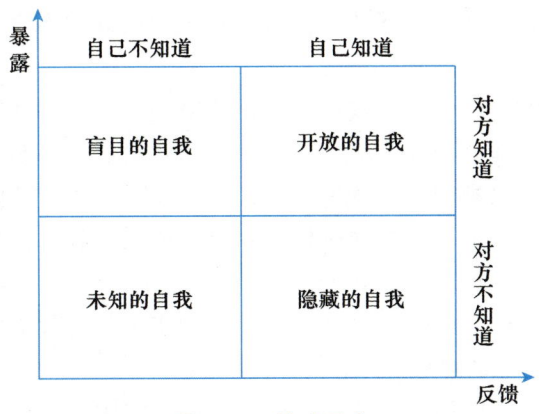

图 2-5 约哈里窗

(1) 开放的自我，也称"公众我"。比如，我们的性别、外貌、婚否、职业、工作生活所在地、能力、爱好、特长、成就等。这是自己清楚别人也知道的自我。"开放的自我"是自我最基本的信息，也是了解自我、评价自我的基本依据。这个区域的大小受个体思想开放程度、个性张扬程度、人际交往范围、获得关注的程度以及信息开放程度等因素的共同影响。例如，通过广泛社交、主动沟通，大学生可以扩大"开放的自我"的范围。

(2) 盲目的自我，也称"盲点我"。比如，我们不经意的一些小动作或下意识的行为习惯，一个得意的微笑或不耐烦的神态，往往自己意识不到，而别人却明察秋毫，即所谓当局者迷，旁观者清。"盲点我"的区域大小与个体的自我反省的能力有关，而善于接受他人意见的人也往往更能发现自身的局限。所以，学会反思，重视他人回馈，保持开放思维，不固执，是大学生认识自己、理解自己的重要方法。

(3) 隐藏的自我，也称"隐私我"。比如，人们常说的个人隐私、个人秘密，多指埋藏于心底，不愿意或不能让他人获知的想法或情感等，属于自己知道而别人不知道的部分。任何人都需要适度的隐私，给自我保留一个私密空间，这是维持心理健康的需要。但是如果隐私太多，则无法与外界进行有效的交流，会导致心理压抑，引发周围环境的误解和错判，不利于促进积极的人际交往，从而限制个体扩大社交圈的机会。

(4) 未知的自我，也称为"潜在我"。通常是指人们潜在的能力或特质，比如一个人经过特定的训练或学习后，可能获得何种体验和认知，这是自己或他人都无法事先获知的。所谓"师傅领进门，修行在个人"，说的就是这种现象。由于这一部分的自我是自己和他人都不知道的部分，对这一部分自我的认识，依赖于持续的自我探索和发现。对于尚未成熟的大学生，如果经常学着尝试一些全新的领域，挖掘自身潜力，就会有机会收获惊喜。所以，那些勇于自我探索者，往往更善于发展自我、超越自我。

（三）行为事件法

行为事件法，又被称为关键事件法，是指自己或他人，将成长过程中的重要行为事件根据要求加以记录，在大量收集信息的基础上，完成对个体自身个性特征、能力水平和兴趣偏好的分析和评价。所谓关键事件，指的是在个体成长过程中，给自己造成显著影响的事件，通常关键事件对个体人生轨迹有着决定性的影响，关键事件基本决定了个体在某个阶段的成功与失败、赢利与亏损、高效与低效。对大学生群体而言，通常建议通过撰写成就故事，达到搜集关键事件、分析自我的目的。

所谓成就故事就是生活中令你有成就感的具体事件，这些"成就事件"既可以是工作或学习上的，也可以是课外活动或家庭生活中发生的。它们不必是惊天动地的大事，只要符合以下两条标准，就可以被视为"成就"：①你喜欢做这件事时体验到的感受；②你为完成它所带来的结果感到自豪。如果同时你还获得了他人的认可和表扬那就更好了，不过这并不重要。在撰写成就故事时，需要严格按照"TSAR"原则，即每个故事都应包含以下要素：①你想达到的目标（target），即需要完成的事情。②你面临的障碍、限制或困难（situation）。③你的具体行动步骤（action），即你是如何一步步克服障碍、达成目标的。④描述行为结果（result），即你取得了什么成就，最好能够量化评估（用某种方法衡量或以数据说明）。其具体使用过程如下。

（1）人生阶段的划分。可以将自己的人生划分为4个阶段，即学前阶段、小学阶段、中学阶段、大学阶段。每一个阶段用一个重要的事件或者时间点来界定。第一个阶段从出生开始，最后一个阶段一直持续到当下。

（2）重要事件的列举。每个阶段里找出1～3件对你而言意义重大的成就事件，这些事件涉及你的情感、性格、生活轨迹、人际关系等。例如，发生重大变化的生活转折点、个人取得的重大成功、个人做出的重要决定、承受过的重大情感打击、记忆深刻的经历等，完整记录关键事件是一个巨大的挑战，大多数情况下需要通过努力回忆，甚至需要询问他人。

（3）对重要事件的分析。针对每一个成就事件，你需要思考并试图回答这些问题：这个事件给你的认知和想法带来了哪些冲击？这个事件给你的情感带来了哪些影响？这个事件对于现在的你有什么意义或者联系？

案例

成就故事举例

这学期，作为师范生的必要培训内容之一，我们的教学技能培训课要求我们在学期当中必须自选题目并用PPT进行一次演示讲解。在此之前，我没有学过如何制作PPT。我请同宿舍的一位同学用了大约20分钟的时间教我PowerPoint软件的基本使用方法，我自己又在学校的电脑机房内琢磨了一下，并向机房的管理人员请教了几个不明白的问题。选定了我要讲的题目以后，我上网搜索了相关的资料和图片，然后制作了十分钟课程的辅助教学PPT。在课堂讲解演示中，由于我制作的PPT图片精美、文字与内容搭配得宜，我获得了95分的高分，并得到了老师和同学的称赞。

在这个成就故事中，可以发现的可迁移技能有：快速学习、善于利用人际资源、寻求帮助、清晰地沟通、搜索信息、图片文字的处理、编辑和组织。可以发现的自我管理技能有：面对新情况，表现出灵活性和很强的适应能力；敢于迎接挑战；积极主动；耐心；关注细节；克服压力。可以发现的知识技能有PPT的制作方法等。

同学们可以在课后多写几个自己的成就故事，看看在这些故事中是否有重复出现的个性特征或能力，它们就是你的个性特点和能力优势。

（四）统计分析法

统计就是有关收集、整理、分析和解释统计数据，并对其所反映的问题作出一定结论的方法。它是一种从微观结构上来研究物质的宏观性质及其规律的独特的方法。统计分析指通过对研究对象的规模、速度、范围、程度等数量关系的分析研究，认识和揭示事物间的相互关系、变化规律和发展趋势，借以达到对事物的正确解释和预测的一种研究方法。运用统计分析法认识自我，就是运用数学方式，对自身各方面的生理、心理属性进行量化数据的收集和分析，通过对各种数据及资料进行数理统计和分析，对自身的属性和特征形成定量的结论。统计分析方法是目前广泛使用的现代科学方法，是一种比较科学、精确和客观的测评方法。其具体应用方法有很多，在实践中使用较多的是指标评分法和图表测评法。

（五）心理测验法

心理测验方法主要有以下四种。

（1）纸笔测验。纸笔测验简称笔试，即要求被试者根据项目的内容，把答案写在纸上，以了解被试者心理活动的一种方法。纸笔测验的形式主要有七种：单向选择题、多项选择题、是非题、匹配题、填空题、简答题、小论文，纸笔测验在员工招聘中有很大的作用，尤其是在大规模的员工招聘中，它能很快把员工的基本活动了解清楚，然后可以划分出一个基本符合需要的界限。

（2）量表法。量表（scale）是一种比纸笔测验更严格的测量工具，它们可以被看作一把尺子，用这把尺子对被试者的属性进行测量，一般的心理测验都由一个或几个量表组成，它们的建构程序更严格，客观化的程度更高，往往有常模可以参照。例如韦克斯勒智力测验量表。

（3）投射测验。有些心理特征是很难直接观察和测量的，例如人们的欲望、动机、需要等，就需要用投射的测量方法。所谓透射法，就是让被试通过一定的媒介，建立自己的想象世界，在无拘束的情景中，不自觉地表露出其个性特征的研究方法。它可以适合各种目的、用途。其主要方法有以下几种：①联想技术。为被试呈现一些刺激，请被试报告对这些刺激的反应，根据被试的反应做出分析。常用的有各种墨渍投射测验、各种字词的联想测验等。②构成技术。指的是被试需要根据一个或一组图形或文字材料讲述一个完整的故事。这种测验主要测量被试的组织信息的能力，从测验的结果分析被试的深层心理。比较著名的有：主题统觉测验、麦克莱兰的成就测验，其他的还有测量人们信念、宗教信仰、价值观等的测验，这种技术主要侧重于对被试产出的分析。③词句完成法。把一些没有完成的句子呈现给被试，请被试根据自己的想法把句子完成，例如，"我觉得我们的企业……"被试可以做出各种反应，这种方法比上述两种都简单，但却很说明问题。④排序技术。请被试把一组目标、愿望、需要等按某种标准加以排序。许多价值观、成就动机、态度的测量都用这种技术。⑤表现技术。这是一种侧重过程性分析的技术，不大注意被试的产出。要求被试参加一些活动，通过这些活动可表现出他们的需要、愿望、情绪或动机，他们处理事务和人际交往的方式无不带有个人的独特特征。这些活动设计要求符合实际生活的场景，如做游戏、演一出戏、角色扮演、画一幅画等都可以。⑥个案分析技术。这是一种综合性技术，既有表现的成分，又有投射的成分。个案设计需贴近实际，请被试根据文中提供的线索做出自己的判断和评价，被试在操作时要付出一定的努力，充分发挥想象力，所以这种方法能引起被试的很大兴趣。

（4）仪器测量法。这是指通过科学的仪器对被试进行测试，以了解被试心理活动的一种科学方法。随着科学技术的发展，测量心理活动的仪器越来越多，如多导仪、眼动仪、动作稳定仪等，这些仪器在测量人的兴趣、动机、技能等方面起到了举足轻重的作用。

思考与活动

相关心理测验推荐内容见表2-10。

表2-10 相关心理测验推荐

序号	测验类型	测验名称
1	动机测验	个人成就动机测验
2	兴趣测验	霍兰德职业兴趣测试
3	价值观测验	职业锚测试
4	人格测验	MBTI职业性格测试；卡特尔16PF测试；大五人格测验；九型人格测试；哈佛性向测试
5	智力测验	情绪智力测试；空间能力测试；瑞文高级推理测验

中国心理网 https://www.psy.com.cn/

易测网 http://www.weiceyan.com/home/search.html?key=专业测评

第三章

职业认知与职业选择

【本章概述】

理解职业的定义、特性及要素；了解职业分类，在自我认知的基础上，结合"工作世界地图"和 ACT 六边形选择职位类型，并据此了解具体岗位；区分不同类型的企业及其偏好，理解职业素质，从而有针对性地求职；理解职业选择的类型、要素、原则，借助职业生涯选择理论进行职业选择；了解未来职业变化及经济新常态对求职的影响。

【内容要点】

1. 理解职业的内涵、分类及不同类型企业的偏好，有意识地提高职业素质；
2. 了解未来职业发展的趋势，运用专业知识、职业测评等应对职业选择。

导入案例

"我本科的专业是法学，读研时专业还是法学。求职时，我先对法学相关职位进行了解，锁定了重点目标后，就通过各种渠道搜集信息。"李涛从重庆一所知名高校毕业后，顺利考取了某市检察院的公务员。李涛说，从一开始找工作，他就有很清晰的自我认知，确定了自己的目标，不随波逐流。

邹露也有同样的看法，她毕业于长沙一所高校，所学专业为人力资源管理，现就职于某知名物流公司，从事人力资源管理工作。"从大三开始，进入什么类型的组织工作一直困扰着我，外企、国企、私营企业，如何取舍呢？经过对自己职业素质和企业特点的分析，结合兴趣爱好，我决定放弃外企和国企。我想趁年轻的时候挑战一下自我。"

龚洁从长沙一所高校的行政管理专业本科毕业后直升同专业研究生。一年之后，颇有前瞻意识的她便开始考虑自己的就业问题。首先，她积极与自己的导师、同学交流，请他们分析自己有什么优缺点，适合从事什么样的工作。其次，她充分重视社会实践活动。从研二开始，龚洁先后进入政府机关和企业实习。实习的好处显而易见——直接帮助龚洁筛选出了大致的就业方向。"本来，与行政管理专业最对口的职业应该是公务员，可在人社厅实习了3个月之后,我感到自己实在不适合在政府工作。"接着,她进入一家美资公司实习半年,通过这段愉快的实习经历,她坚定了一个信念:去企业工作。

上述三位求职者的共同特点是:在自我认知的基础上,主动进行职业认知,求职前都进行了相关的信息搜集,从而获得了求职的成功。在职业认知的基础上进行职业选择是同学们比较容易忽略的细节,这个细节的考虑应该是全面细致的,是带有前瞻性的综合评估过程。

(资料来源:通过人物访谈和网络资料整理获得)

【思考与讨论】
1. 你对未来的职业有过思考吗?
2. 在求职前,你应该做好哪些准备工作?

第一节　职业的内涵

一、职业的定义

"职业"一词在《现代汉语词典》里被解释为:个人在社会中所从事的作为主要生活来源的工作。对于职业的学术定义,不同学派的学者从各自的研究视角阐述了对"职业"的不同理解,具有代表性的是社会学家和经济学家的观点。如美国社会学家泰勒指出:"职业的社会学概念,可以解释为一套成为模式的与特殊工作经验有关的人群。这套成为模式的工作关系的结合,促进了职业结构的发展和职业意识形态的显现。"美国社会学家塞尔兹认为,职业是一个人为了不断取得个人收入而从事的具有市场价值的特殊活动,这种活动决定着从业者的社会地位。我国学者吴国存综合以上观点,将社会学的职业含义概括为:①职业首先是一种社会位置,个人取得这种位置的途径可能是通过社会资源的继承或社会资源的获取。②职业是已经成为模式的工作关系的结合。它是从事某种相同工作内容的职业群体。③职业同权力密切相连。权力有两种,一种是垄断权,一种是经济收益权。④职业是国家规定的。从经济学的角度来看,日本劳动问题专家保谷六郎认为,职业是有劳动能力的人为了生活而连续从事的活动。职业是人的社会角色的一个极为重要的方面(姚裕群、朱启臻,1991)。另有学者给职业以如下定义:职业是劳动者足够稳定地从事某项有酬工作而获得的劳动角色(潘锦堂,1991)。经济学上的职业概念更强调职业的经济特性。我们从事某种职业,必然要从中取得经济收入。没有经济报酬的工作,即使其劳动活动较为稳固,也并非职业。经济学家们同时也认为职业是一种社会活动,是社会分工体系中劳动者所获得的一种社会劳动角色。

从以上的叙述中,我们可以看到,社会学家和经济学家对职业的定义各不相同,但都涉及了职业的三种基本特性:①社会性。职业是个人参与社会分工的途径。社会分工是社会进步、生产效率提高的标志,因为一个人没有时间和精力什么都做。比如某个人想要穿亚麻衬衫，不可能独自完成种植亚麻、收割亚麻、纺纱、织布、设计衬衫、制作等整个流程，而需要他人的参与。一种需求产生一种社会分工，对不同需求的社会分工，正是个人和社会的关系。②经济性。我们从事特定的职业为社会创造物质财富和精神财富，从而获得合理报酬，这也是个人获得经济收入的来源，同时为社会的存在和发展奠定物质基础。③技术性。每一种职业都有相应的岗位职责，需要相应的知识和技能方能完成。只有达到职业岗位的起点要求，才能上岗。

可见，职业是指具备劳动能力的个体，参与到社会分工当中，运用自身的知识、技能，为社会创造物质财富和精神财富，为自身获取经济报酬，并实现个人社会价值的持续性行为。判断一种人类活动是不是一种职业，主要看这种活动能否体现上述三种基本特性。

二、职业的要素

职业的要素可以帮助我们更好地理解职业，而对于同学们来说，在求职的时候更为关注的还是职业所涉及的工作环境、工作待遇、晋升渠道等信息。

我们可以借助一种叫作"PLACE"的方法来完整地获取一种职业包含的所有信息。

（1）P——职位（position）：一个人选择一种职业，最终要落实到具体岗位之中，因此了解一种职业首先要评估一下该职业在社会中具体包含哪些职位。职位不同，工作内容、职责和任职资格都会有很大的差异。比如，"会计从业人员"按照职位和岗位分，一般有会计部门负责人、主管会计、会计、出纳等；按照专业技术职务分，一般有高级会计师、会计师、助理会计师、会计员等。

（2）L——工作地点（location）：包括地理位置、物理环境、工作地点的变化性、安全性等。比如，人力资源从业人员一般都在室内工作，地点比较固定。

（3）A——升迁状况（advancement）：包括工作的晋升通道、晋升速度等。财务人员在企业里的典型晋升通道为：会计→财务主管→财务经理→财务总监。而在会计师事务所里，职业发展蓝图主要是从审计做起：审计助理→审计员→项目经理→高级项目经理→最终合伙人。

（4）C——雇佣状况（condition of employment）：包括薪水、福利、进修机会、工作稳定性、工作保障等。比如，通过英才网行业薪酬查询了解到，广东建筑行业的项目经理平均月薪为16599元，项目助理平均月薪为6946元。

（5）E——雇佣条件（entry requirements）：包括所需要的教育程度、资格证书、培训经历、专业能力、职业兴趣、职业价值观等。比如，从事普通高校教学工作需要硕士及以上的学历，受过相关专业的教育，有教师资格证书，有较好的语言表达和沟通理解能力，善于倾听、认真负责。

相关链接

国家职业资格证书

国家职业资格证书是国家证书制度的一个组成部分，它是通过国家法律、法令和行政条规的形式，以政府的力量来推行，由政府认定和授权机构来实施，在全国范围内通用的、对劳动者的从业资格进行认定的国家证书。它是表明劳动者具有从事某一职业所必须具备的学识和技能的证明，是对劳动者具有和达到某一职业所要求的知识和技能标准，通过职业技能鉴定的凭证，是职业标准在社会劳动者身上的体现和定位。

实行国家职业资格证书制度就是要对"从事技术复杂以及涉及国家财产、人民生命财产安全和消费者利益的工种（职业）"实行准入控制。未经过职业培训或未取得相应职业资格证书的人员，不得在国家规定的就业准入工种（职业）范围内就业，职业介绍机构和用人单位也不得介绍和招用此类人员。对违反规定的，劳动保障监察机构要依法进行行政处罚。

2017年，人力资源和社会保障部印发了《关于公布国家职业资格目录的通知》，公布了国家职业资格目录。国家职业资格目录共包括了140项职业资格。其中，专业技术人员职业资格59项，含准入类36项，水平评价类23项；技能人员职业资格81项，含准入类5项，水平评价类76项。这些职业资格基本涵盖了经济、教育、卫生、司法、环保、建设、交通等国家重要的行业领域，符合国家职业资格设置的条件和要求。准入类职业资格关系公共利益或涉及国家安全、公共安全、人身健康、生命财产安全，均有法律法规或国务院决定作为依据；水平评价类职业资格具有较强的专业性和社会通用性，技术技能要求较高，行业管理和人才队伍建设确实需要。总的来说，国家职业资格目录接受社会监督，保持相对稳定，实行动态调整，对提高职业资格设置管理的科学化、规范化水平，持续激发市场主体创造活力，推进供给侧结构性改革具有重要意义。

（资料来源：人力资源和社会保障部网站、百度百科）

第二节　认识职业

一、职业分类

国家职业分类大典修订工作委员会审议并颁布的2015版《中华人民共和国职业分类大典》是我国对职业进行科学分类的权威性文献。该书将我国目前的社会职业分为1976个，并归为8个大类、75个中类、434个小类、1481个细类。细类是最小的类别，也就是职业。其中8个大类分别为：

- 党的机关、国家机关、群众团体和社会组织、企事业单位负责人；
- 专业技术人员；
- 办事人员和有关人员；
- 商业、服务业人员；
- 农、林、牧、渔业生产及辅助人员；
- 生产制造及有关人员；
- 军人；
- 不便分类的其他从业人员。

> **相关链接**

《中华人民共和国职业分类大典》修订史

1986年，我国首次颁发了《职业分类与代码》（GB 6565—86），并启动了编制国家统一职业分类标准工程。1992年，原劳动部组织编制了《中华人民共和国工种分类目录》。这个目录将我国当时近万个工种归并为46个大类的4700多个工种，初步建立起了行业齐全、层次分明、结构合理的工种分类体系。

1999年，劳动和社会保障部、国家质量技术监督局、国家统计局联合编制了我国第一部《中华人民共和国职业分类大典》。2005年后连续三年对1999年版《大典》进行了增补，但对职业领域的变化反映都不够准确客观。2010年底，人社部会同国家质检总局、国家统计局成立了国家职业分类大典修订工作委员会，启动修订工作，于2015年形成了新版《中华人民共和国职业分类大典》。

新版大典与1999年版大典相比，维持8个大类不变，增加了9个中类、21个小类，减少了547个职业（新增347个职业，取消894个职业）。取消的职业集中于"生产制造及有关人员"类以及"农、林、牧、渔业生产及辅助人员"类，如"收购员""平炉炼钢工""凸版和凹版制版工"等；而增加的职业则以"社会生产服务和生活服务人员"类为主，如"网络与信息安全管理员""快递员""文化经纪人""动车组机械师""风电机组制造工"等。

此次职业分类首次尝试将部分社会认知度较高、具有显著绿色特征的职业标示为绿色职业，并统一以"绿色职业"的汉语拼音首字母"L"标识，如环境监测员、太阳能利用工、轮胎翻修工等职业，共计127个。"绿色职业"的提出和划分旨在注重人类生产生活与生态环境的可持续发展，推动绿色职业发展，促进绿色就业。

二、职位类型

在正式求职之前，应该对目标行业的工作有个基本的认识。然而，要做到这一点，对于同学们来说是有一定难度的。"职场中究竟有一些什么样的职位呢？"或许大家都知道一些，但没有几个人能完全说清楚。因此，我们应该提前展开调查，有针对性地了解职位类型。我们可借助"ACT六边形潜在的二元维度模式图"和"工作世界地图"从理论上认识这个问题。

普利蒂奇（Prediger，1993）在美国大学考试中心（American College Testing，ACT）的一连串职业研究计划中，以霍兰德理论为蓝本，发现在霍兰德这个六边形的兴趣结构下，隐藏着两个双极维度：一个维度为"事务处理"（data）和"心智思考"（ideas），另一个维度为"与物接触"（things）和"与人接触"（people）。于是他在霍兰德六边形模型的基础上做了部分调整，增加了人—事务、资料—概念两个维度（图3-1）。人—事务维度表示与人相关的工作，例如为人们提供服务、帮助等；也表示与具体学科相关的工作，例如机械、生物、材料等。资料—概念维度分别表示与具体事实、数字、计算机打交道的工作以及用理论、文字、音乐等新方式表达或运作的工作。

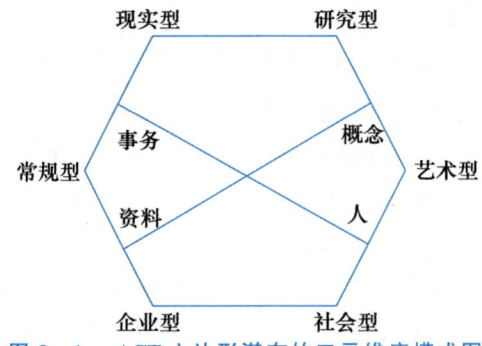

图 3-1　ACT 六边形潜在的二元维度模式图

美国大学考试中心（ACT）把普利蒂奇的研究进一步深入化，该中心在兴趣的二维基础上，将职业群体的具体位置标定在坐标图上，从而得到工作世界地图（图 3-2）。该图共分为 12 个区域，共有 20 个职业群被标定在图中。学生可根据自己的兴趣找到在该图中的位置，通过与不同职业群体的远近位置比较，进一步扩展与自己职业兴趣相关的工作搜寻范围。"工作世界地图"可以与自我认知理论结合起来，帮助我们做出具体职位类型的选择。

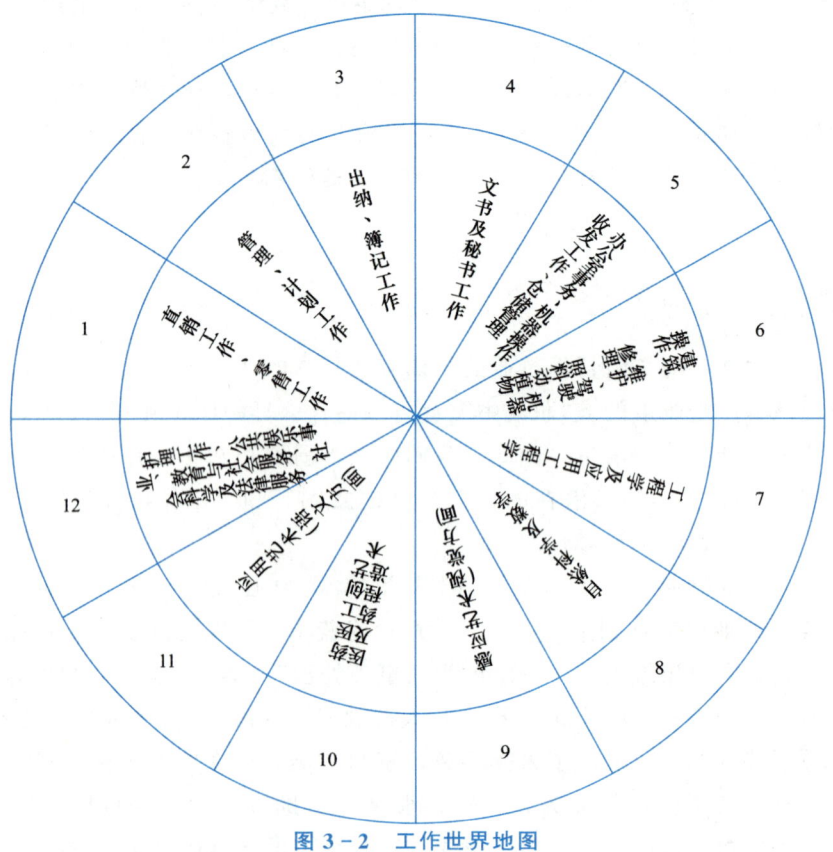

图 3-2　工作世界地图

> **思考与活动**
>
> 结合 ACT 六边形二元维度模式图和工作世界地图选择你感兴趣的职位类型，调查这类职位有哪些具体的岗位。

三、企业类型

我国已颁布《中华人民共和国公司法》《中华人民共和国合伙企业法》和《中华人民共和国独资企业法》，将公司、合伙企业和独资企业作为我国企业的基本法定分类。法律对这三种企业划分的内涵作了基本概括，即企业的资本构成、企业的责任形式和企业在法律上的地位。

此外，在我国还可以按照经济类型对企业进行分类。1998年9月，国家统计局制定了《关于统计上划分经济成分的规定》，对我国的经济类型进行了重新划分。其主要内容包括我国的经济成分划分为两大类别、五种类型。第一大类为公有经济，包括国有经济和集体经济两种成分类型；第二大类为非公有经济，包括私有经济、港澳台经济、外商经济三种成分类型。在具体确定企业经济成分时的推算方法是根据企业实收资本中的国家资本、集体资本、个人资本、港澳台资本和外商资本确定经济成分，即实收资本中的国家资本作为国有经济成分，集体资本作为集体经济成分，个人资本作为私人经济成分，港澳台资本作为港澳台经济成分，外商资本作为外商经济成分。

以下为大学生求职时面临的主要选择：

（1）国有企业。这是指企业的全部财产属于国家，由国家出资兴办的企业。国有企业的范围包括中央和地方各级国家机关、事业单位和社会团体使用国有资产投资所举办的企业，也包括实行企业化经营、国家不再核拨经费或核发部分经费的事业单位及从事生产经营性活动的社会团体，还包括上述企业、事业单位、社会团体使用国有资产投资所举办的企业。比如，国务院直属企业（中国铁路总公司、中国投资责任有限公司）、中央企业（国家电网有限公司、中国移动通信集团有限公司等）、国有银行（国家开发银行、中国进出口银行等）。

（2）私营企业。私营企业是指由自然人投资设立或由自然人控股，以雇佣劳动为基础的营利性经济组织。即企业的资产属于私人所有，有法定数额以上的雇工的营利性经济组织，在我国，这类企业由公民个人出资兴办并由其所有和支配，而且其生产经营方式是以雇佣劳动为基础的，雇工数额应在8人以上。这类企业原以经营第三产业为主，现已涉足第一、第二产业，向科技型、生产型、外向型方向发展。比如，华为技术有限公司、苏宁易购集团股份有限公司、大连万达集团股份有限公司等。

（3）外资企业。这类企业包括中外合营者在中国境内经过中国政府批准成立的，中外合营者共同投资、共同经营、共享利润、共担风险的中外合资经营企业，也包括由外国企业、其他经济组织按照平等互利的原则，按照我国法律以合作协议约定双方权利和义务，经中国有关机关批准而设立的中外合作经营企业，还包括依照中国法律在中国境内设立的、全部资本由外国企业、其他经济组织或个人单独投资、独立经营、自负盈亏的外资企业。比如，联合利华公司、西门子股份公司、飞利浦电子公司等。

（4）港、澳、台企业。这是指港、澳、台投资者依照中华人民共和国有关涉外经济法律、法规的规定，以合资、合作或独资形式在大陆举办的企业。在法律适用上，均以中华人民共和国涉外经济法律、法规为依据，在经济类型上它不同于涉外投资的经济类型。比如，统一企业投资有限公司、太古集团、澳门电讯等。

不同类型的企业在招聘时有不同的偏好，在求职时注意这些因素，进行横向比较，有利于扬长避短，增加求职成功的概率。阐述企业类型，就是为了帮助同学们有针对性地求职。

相关链接

国内知名公司的企业文化

越是不确定的环境，越需要一个正确、清晰的企业文化作为引领。作为企业的精神与灵魂的企业文化，其外延关乎企业的领导力和管理架构。企业文化就像企业的性格。著名心理学家荣格说，性格决定命运。只有正确回答了企业的使命、愿景和价值观是什么，才有可能拥有正确的战略、计划、决策和行动。以下为国内六家著名公司的企业文化（使命、愿景、价值观等），看看是什么样的文化引领这些企业在复杂多变的市场环境中继往开来。

1. 联想

联想集团创办于1984年，是中国的一家在信息产业内多元化发展的大型企业集团和富有创新性的国际化的科技公司。

（1）使命：为客户利益而努力创新。

（2）愿景：未来的联想应该是高科技的联想、服务的联想、国际化的联想。

（3）核心价值观：

成就客户、创业创新、精准求实、诚信正直。

成就客户——致力于客户的满意与成功；

创业创新——追求速度和效率，专注于对客户和公司有影响的创新；

精准求实——基于事实的决策与业务管理；

诚信正直——建立信任与负责任的人际关系。

2. 华为

华为技术有限公司于1987年正式注册成立，是全球领先的信息与通信技术（ICT）解决方案供应商。

以前的媒体宣传中，外界总认为华为的企业文化就是总裁任正非的众多管理思想，例如"毛泽东思想""狼性文化""军事化管理"等一系列新式的企业管理文化，集中体现在"华为基本法"中。事实上，其在全球化运营的发展过程中，华为通过对组织文化的引进、吸收和创新，形成了完整的企业文化体系。以下是最新的公司简介中提到的企业文化。

（1）使命：

为客户创造价值；

推动行业良性发展；

促进经济增长；

促进社会可持续发展。

（2）愿景：

构建更美好的全连接世界。

（3）核心价值观：

华为十几万人，29年坚持聚焦在主航道，抵制一切诱惑；

坚持不走捷径，拒绝机会主义，踏踏实实，长期投入，厚积薄发；

坚持以客户为中心，以奋斗者为本，长期艰苦奋斗，自我批判。

3. 百度

百度是全球最大的中文搜索引擎、最大的中文网站，致力于让网民更便捷地获取信息，找到所求。百度有超过千亿的中文网页数据库，可以使网民瞬间搜索到相关的结果。"百度"二字，来自八百多年前南宋词人辛弃疾的一句词——众里寻他千百度。这句话描述了词人对理想的执着追求。

（1）使命：用科技让复杂的世界更简单。

（2）核心价值观：简单、可依赖。

（3）百度论语（节选部分）：

——人一定要做自己喜欢且擅长的事情；

——认准了，就去做；不跟风，不动摇；

——专注如一；

——保持学习心态；

——公司离破产永远只有30天；

——每个人都要捡起地上的垃圾……

4. 腾讯

腾讯公司成立于1998年11月，是目前中国最大的互联网综合服务提供商之一，也是中国服务用户最多的互联网企业之一。

（1）愿景：最受尊敬的互联网企业。

不断倾听和满足用户需求，引导并超越用户需求，赢得用户尊敬；

通过提升品牌形象，使员工具有高度企业荣誉感，赢得员工尊敬；

推动互联网行业的健康发展，与合作伙伴共成长，赢得行业尊敬；

注重企业责任，用心服务，关爱社会、回馈社会，赢得社会尊敬。

（2）使命：通过互联网服务提升人类生活品质。

使产品和服务像水和电一样融入人们的生活，为人们带来便捷和愉悦；

关注不同地域、群体，并针对不同对象提供差异化的产品和服务；

打造开放共赢平台，与合作伙伴共同营造健康的互联网生态环境。

（3）管理理念：关心员工成长。

为员工提供良好的工作环境和激励机制；

完善员工培养体系和职业发展通道，使员工与企业同步成长；

充分尊重和信任员工，不断引导和鼓励员工，使其获得成就的喜悦。

（4）经营理念：一切以用户价值为依归。

（5）价值观：正直＋进取＋合作＋创新。

5. 阿里巴巴

自阿里巴巴于1999年成立以来，基于阿里巴巴价值观体系的强大的企业文化已成为阿里巴巴集团及其子公司的基石。阿里巴巴在商业上的成功和快速增长以企业家精神和创新精神为基础，并且始终关注满足客户的需求。

（1）使命：让天下没有难做的生意。

（2）远景目标：

建立一家持续发展102年的公司；

成为世界十大网站之一；

只要是商人，就一定要用阿里巴巴。

（3）价值观：

客户第一：关注客户的关注点，为客户提供建议和资讯，帮助客户成长；

团队合作：共享共担，以小我完成大我；

拥抱变化：突破自我，迎接变化；

诚信：诚实正直，信守承诺；

激情：永不言弃，乐观向上。

（4）敬业：以专业的态度和平常的心态做非凡的事情。

6. 京东

京东商城是中国B2C市场最大的3C网购专业平台，是中国电子商务领域最受消费者欢迎和最具影响力的电子商务网站之一。

（1）使命：让购物变得简单、快乐。

（2）远景目标：做中国最大、全球前五强的电子商务公司。

（3）价值观：客户为先、激情、学习、团队精神、追求超越。

客户为先：客户利益第一、为客户着想、为客户多做事；

激情：积极、主动、勤快、向上；

学习：谦虚、好学、进步、用脑；

团队精神：合作、诚信、步伐一致；

追求超越：创新、竞争。

（资料来源：https://www.sohu.com/a/218557643_499208）

四、职业素质

职业素质是劳动者在生理条件的基础上，通过专业教育培训、实践和自我完善等途径形成和发展起来的个人内在品质，主要表现在职业兴趣、职业能力、职业个性及职业情况等方面。职业素质具备职业性、稳定性、内在性、整体性和发展性等特征。不同的职业需要具备不同的职业素质，而一个人的职业素质是在长期职业中积累而成的，一旦产生就具备相对的稳定性。

近几年，大学毕业生的就业已经成为比较重要的社会问题，也可以说是一个难题。对于很多毕业生来说，且不说找到好工作，即便是找到一份工作就已经是比较困难的了。高校将毕业生的就业率作为考察学校教育效果的一大指标；毕业生就业率的高低直接影响学校的声誉，同时也会影响学校的招生及培养计划。而从社会的角度来看，很多企业又在叹息"找不到合适的人选"。诸多事实表明，这种现象的存在与学生的职业素质难以满足企业的要求有关。

"素质冰山"理论认为，个体的素质就像水中漂浮的一座冰山，水上部分的知识、技能仅仅代表表层的特征，不能区分绩效优劣；水下部分的动机、特质、态度、责任心才是决定人的行为的关键因素，才能鉴别绩效优秀者和绩效一般者。大学生的职业素质也可以看成一座冰山：浮在水面以上的冰山只有1/8，它代表大学生的形象、资质、知识、职业行为和职业技能等方面，是人们看得见的、显性的职业素质，这些可以通过各种学历证书、职业证书来证明，或者通过专业考试来验证。而隐藏在水面以下的冰山部分占整体的7/8，它代表大学生的职业意识、职业道德、职业作风和职业态度等方面，是人们看不见的、隐性的职业素质。显性职业素质和隐性职业素质共同构成了大学生所应具备的全部职业素质。由此可见，大学生的大部分职业素质是人们看不见的，但正是这7/8的隐性职业素质决定、支撑着外在的显性职业素质，显性职业素质是隐性职业素质的外在表现。因此，大学生职业素质的培养应该着眼于整座"冰山"，并以培养显性职业素质为基础，以培养隐性职业素质为重点。

作为职业素质培养主体的大学生，在大学期间应该学会自我培养，配合学校的培养任务，完成知识、技能等显性职业素质的培养，并且有意识地培养职业道德、职业态度、职业作风等隐性职业素质。

【职场小故事】

一位来自上海某名牌大学的女生在中文笔试和外语口试中都很优秀，在最后一轮面试中面试官不经意地问她："你可能被安排在大客户经理助理的岗位，但你的户口能否进深圳还需再争取，你愿意吗？"她犹豫片刻回答道："先回去和父母商量再决定。"结果她被淘汰。缺乏独立性使她失掉了这个工作机会。

喜欢抢风头的人往往被认为没有团队合作精神，也不受用人单位欢迎。现在很多大学生生活在"6+1"的独生子女家庭，因此在独立性、承担责任、与人分享等方面做得不够好，相反他们爱出风头、容易受伤。因此，大学生应该有意识地在学校的学习和生活中主动培养独立性、学会分享、学会感恩、勇于承担责任，不要把错误和责任都归咎于他人。自己摔倒了不能怪路不好，要先检讨自己，承认自己的错误和不足。

在毕业求职的过程中，许多同学不能有针对性地展开求职活动，比如求职简历千篇一律，与目标岗位的要求不吻合。尽管同学们通过学校的职业规划课程认识了自己的个性特征，并据此来确定自己的个性是否与理想的职业相符，却仍然不能结合环境如市场需要、社会资源等确定自己的发展方向和行业选择范围，明确职业发展目标。这在很大程度上是因为缺乏对不同职位类型的职业素质要求的认识。同学们在求职之前应该主动了解目标职位的职业素质要求，提高求职的针对性。下面我们以程序员这个典型职位为例分析其职业素质要求。

程序员是从事程序开发、程序维护的专业人员。一般的程序员都有三至四年专业领域的学习经历。尽管学历很重要，但是企业经常将重点放在应聘者的工作经验上。很多应届毕业大学生虽然有引人注目的学位证书，却总是因为缺乏经验而找不到理想的工作。所以大学生要尽量抓住有效的实习和工作机会，增加求职时可展示的数据与实践材料，以争取更多的面试机会。另外，在求职过程中，同学们还应该注意传递能够长期服务于组织的信息，因为人员的流动性会增加组织的人力资源成本和风险，稳定性常常受到组织的高度重视。

【职场小故事】

D公司是一个在发展壮大的贸易公司，由于业务发展，两年内员工从刚开始的10人增加到150多人，从而管理上出现了沟通效率低、对员工工作难以监控的现象。公司近期想上OA系统，以提高公司的工作效率、支持快速增长的业务。经过几次与F开发公司的沟通后，双方确定了合作意向；安排有两年开发经验的开发工程师苏成作为项目经理，带领三个开发人员开始了D公司的OA项目研发。

因项目不大，没有特别安排需求工程师，而由项目经理与客户确认需求后进行开发，初为项目经理的苏成信心爆棚：对外，他想当然地按照合同后附的简单需求说明草率开发；对内，他认为项目经理拥有绝对权力，任何关于开发的不同意见他都听不进去。在第一期快要结束时，苏成已与项目组成员发生了N次争吵，大家纷纷要求调离项目组，团队面临崩溃。

在两个月未与客户沟通的状态下，苏成项目组向D公司提供了OA系统一期产品，按合同规定，其应包括员工管理一项功能和四个子功能。看完基本功能演示后，D公司的HR经理Helen几乎崩溃——OA系统中员工管理没能与考勤部分联系起来，而且在系统中增加一个新用户需要五步，十分烦琐，其他很多功能也与公司需求相差极大。

但是苏成却认为这些都是小问题，更让Helen气结的是要求增加一个小的统计功能时，他居然说做不了。后来才了解到，原来在开发时，项目组并没有留下文档，加之团队其他几个成员均已准备离开项目组，任何在此模块中的小小变化都会面临所有代码重新开发的局面，更不用说新增什么功能了。

最后，苏成辛苦开发了几个月的项目却没有得到相应的回报，客户不满意，项目组成员不满意，研发部总监更是对他的能力产生了怀疑。在几经努力拿到D公司的第二期项目开发合同之后，其项目经理的职位却被更换了。

除了专业学历和职位任职资格，程序员还应具备以下职业素养：

（1）学习和分析能力。每个团队都在成长，程序员这个群体更需要"与时俱进"，尤其是在开发这个知识日新月异的行业里。同时，程序员的分析能力也是必不可少的。有调查显示，71.15％的程序员认为学习能力非常重要，同时有57.69％的程序员认为在技术方面有不同的意见时，妥当处理是程序员应该具有的职业素养。相信这个案例能为我们提供新的思路。

（2）与内外保持良好的沟通永远是成功的保证。及时汇报、沟通进展，可以在第一时间发现自己的偏差。数据证明，59.62％的程序员认为"汇报项目进展时明确及时是重要的职业素养"。

（3）产品意识。良好的产品意识可以大幅度提高开发效率，也能有效地弥补需求不足。

（4）团队意识。强烈的团队意识能帮助自己和整个团队更快成长，因为知识的分享是知识学习中最有效的方法，尤其是在程序员这个行当里。

（5）编码规范和文档规范。据调查显示，分别有80.77％和68.59％的程序员认为编码规范和文档规范是程序员的必备职业素养之一。

思考与活动

选择你感兴趣的职位，调查该职位有哪些具体的工作职责和职业素质要求。

第三节　职业选择

俗语"男怕入错行，女怕嫁错郎"形象地描述了职业选择的重要性。美国管理学家西蒙说，管理就是决策。只有将个人理想、志趣与社会需要、岗位职责紧密地结合起来，才能获得最大程度的成功，实现个人价值与社会价值。而正确的职业选择也有利于明确现阶段个人学习目标及需要努力提升的方向。

一、职业选择理论

（一）帕森斯的人职匹配理论

美国波士顿大学教授帕森斯于1909年在《选择一个职业》的著作中提出了职业选择、指导的经典理论，又称作特质因素理论。他认为，个人在了解和认识自己的主观条件与职业需求的前提下，将个人独特的人格模式与职业需求相匹配，从而做出职业选择。帕森斯的人职匹配理论的经典性原则至今仍然正确、有效，并影响着职业管理学、职业心理学的发展。

该理论包括以下内容。

1. 职业选择的三大要素或条件

（1）应清楚地了解自己的态度、能力、兴趣、智谋、局限和其他特征。

（2）应清楚地了解职业选择成功的条件、所需知识，了解在不同工作岗位上所占有的优势、劣势和补偿、机会、前途。

帕森斯的理论内涵即是在清楚认识、了解个人的主观条件和社会职业岗位需求条件的基础上，将主客观条件与社会职业岗位（对自己有一定可能性的）相对照、相匹配，最后选择一个与个人匹配相当的职业。

2. 人职匹配的两种类型

（1）因素匹配。例如所需专门技能和专业知识的职业与掌握该种特殊技能和专业知识的择业者相匹配；脏、累、苦等劳动条件很差的职业，需要吃苦耐劳、体格健壮的劳动者与之匹配。

（2）特性匹配。例如具有敏感、易动感情、不守常规、个性强、理想主义等人格特性的人，宜于从事审美性、自我情感表达的艺术创作类型的职业。

（二）职业锚理论

美国麻省理工学院埃德加·施恩教授在《职业动力论》一书中首次提出职业锚理论："职业锚是指当一个人不得不做出职业选择的时候，无论如何都不会放弃的职业中的那种至关重要的东西。"其核心内容是：

（1）自省的动机需要：以实际情境中的自我测试和自我诊断以及他人的反馈为基础；

（2）自省的才干和能力：以个人工作环境中的实际成功为基础；

（3）自省的态度和价值观：以自我与雇佣组织和工作环境的准则、价值观之间的实际遭遇为基础。

该理论揭示，一个人可能会经历多种职业，但对于每种职业，都有一种固定不变的对职业决策起着决定作用的内在因素，那就是职业锚。研究表明，很多人由于认识不够，或者受到外部环境的诱惑，常常无法使职业与自己的职业锚完全匹配。当二者不匹配时，他们的能力就得不到充分的挖掘和发挥，难以从职业中寻求到满足感和幸福感。这并非等同于他们无法适应该项职业，在某些条件下他们能够在该职业领域取得一定成绩，但他们潜意识里还是会不断寻求更适合自己的职业，从而实现更好的职业体验。

目前，职业锚已成为个人职业生涯规划的必选工具和公司人力资源管理的重要工具。个人在进行职业规划和定位时，可以运用职业锚思考自己所具有的能力，确定自己的发展方向，审视自己的价值观是否与当前的职业相匹配。只有个人的定位与所从事的职业相匹配，才能在工作中发挥自己的长处，实现自己的价值。尝试各种具有挑战性的工作，在不同的专业和领域中进行工作轮换，对自己的资质、能力、偏好进行客观的评价，是使个人的职业锚具体化的有效途径。

（三）职业测评

科学的职业测评以特定的理论为基础，经过设计问卷、抽样统计分析、建立常模等程序编制。作为心理测评的一个分支，职业测评具备科学性、客观性、可比较性等多项功能。一方面，它有利于判断个体具备何种优势，另一方面，它也有助于测定个体对岗位的适应力以及未来的发展潜能。

目前，全世界已经成型的能力倾向测验有十多种，并在实践领域得到了广泛应用。如一般能力倾向测验（GATB）、一般行政能力倾向测验（GAAT）、个人素质评价系统、职业能力倾向测验等。

(1) 区分能力倾向测验（differential aptitude tests，DAT）初试于 1947 年，最新版为 20 世纪 80 年代所修订的，称为 DAT-V 和 W 式，属多重职业能力倾向成套测验之一。其理论依据是人们有着多种不同的职业能力倾向，且是可测量的。DAT 分为 8 个分测验：词语推理（VR）、数字能力（NA）、抽象推理能力（AR）、文书速度和准确性（CSA）、机械推理（MR）、空间关系（SR）、拼写（SP）、语言应用（LU）。

(2) 行政职业能力倾向测验（administrative aptitude tests，AAT）是公务员录用考试的一个重要组成部分，在国家公务员公共科目考试成绩中，其所占比例为 40%～50%，全国各级各类公务员录用考试均将行政职业能力倾向测验列为必考科目。

数量关系、判断推理、常识判断、言语理解与表达、资料分析这五个方面作为行政职业能力倾向测验的重要内容，是因为它们是上述能力中最基本、最主要也是最便于实际测查的内容。这五种能力仅体现了对国家公务员最低限度的要求，并不代表行政职业能力的所有方面。

（四）多元智能理论

被誉为"多元智能理论之父"的美国著名教育心理学家霍华德·加德纳（Howard Gardner）提出了著名的职能多元论。他认为每一个人都具备多元智能，在职业中是多种智能在相互作用。例如：建筑师及雕塑家的空间感（空间智能）较强、运动员和芭蕾舞演员的体力（肢体运作智能）较强、公关的人际智能较强、作家的内省智能较强等。而对个人多元智能的探索，则有助于找到与个人相匹配的职业（表 3-1）。

表 3-1　智能类型、特点及适合的职业

智能类型	特点	适合的职业
语言智能	能有效地运用口头及书面文字表达	作家、演说家、记者
逻辑数学智能	善于寻找事物的规律及逻辑顺序，对科学的新发展有兴趣	数学家、科学家、统计学家
空间智能	对线条、形状、结构敏感，并通过平面图形和立体造型将它们表现出来	画家、建筑学家
肢体运作智能	善于运用整个身体来表达想法和感觉，以及运用双手灵巧地生产或改造事物	运动员、舞蹈家、外科医生
音乐智能	对音乐节奏、音调、音色较敏感并擅长通过作曲、演奏和歌唱等表达情感	作曲家、指挥家、歌唱家
人际智能	能够有效地理解别人、处理人际关系	外交家、心理咨询师
内省智能	正确把握自己的长处和短处，把握自己的情绪、动机、欲望，对自己的生活有规划，能自尊、自律，善于吸收他人的长处	政治家、哲学家、心理学家

二、职业选择的类型

职业选择是个人对于自己就业方向和工作岗位类别的比较、挑选和确定,是一种人生决策。职业选择有以下类型:

(一) 标准型选择

标准型选择,即在人的职业生涯历程中顺利完成职业准备、职业选择、职业适应期,比较成功地进入职业稳定期。

(二) 先期确定型选择

先期确定型选择,即人们在职业准备期接受方向明确的职业、专业教育,并在职业准备期确定自己的职业方向,有时教育培训单位还协助介绍对口的职业。

(三) 反复型选择

反复型选择,即当一个人选择职业走上工作岗位后,不能顺利完成职业适应,或者自己的职业期望提高,从而导致二次选择以至三次、四次选择。

三、职业选择要素

(一) 职业能力

职业能力是指从事一项职业,必须具备该职业所需要的能力。"能力"是一个人择业的"筹码"。职业能力的形成是一个长期的过程,通常要经过相当长时间的学习及一定的实践活动的积累才能完成,同时还要不断地更新、充实。职业能力除了先天条件外,还要经过后期教育和不断实践才能形成。

(二) 就业意向

在职业问题上,人们一般都有一定的意志与志向。所谓职业意向,就是指个人对于社会职业的评价和选择偏好。一个人可以对社会上各种各样的职业做出评判:哪个最好,哪个最适合自己,哪个自己不愿从事,哪个自己难以胜任,等等。这些都体现了人们的职业意向,使得人们趋向于从事某种职业。

(三) 职业岗位

职业岗位是人们进行职业选择的对象和前提,在社会总劳动体系中,各种职业的劳动体现为各种不同的职业岗位,它们构成了人们选择的对象。社会职业岗位的状况影响着职业选择:社会上存在着某种职业岗位人们才能选择;社会现实的空闲岗位能否作为一个人的职业选择对象,还要受择业者能力与意向、就业体制、职业信息传播等主客观条件的制约与影响;不同的职业岗位具有不同的劳动特点,它们要求对就业人员的能力及其他条件进行选择。

四、职业选择的原则

(一) 发挥个人素质优势

个人素质是大学生在选择职业岗位时应具备的基本条件。只有在工作岗位上最大程度地发挥自己的特长与优势，才能扬长避短，出色地完成本职工作。这是人职匹配、人尽其才的要求，也体现了对职业负责、对社会负责的精神。

（二）符合社会需要

一个人在选择职业岗位时，需将社会需要作为出发点和归宿点，以社会对个人的要求为准绳，从而决定自己的职业岗位。

职业岗位伴随着社会历史的发展而产生，每一个职业岗位的出现，都是缘于社会发展的需要。如因为航海的需要，出现了造船业；家庭汽车拥有量的增加，使得汽车制造业出现了井喷的现象；互联网的发展、网络购物的兴起，让电子商务等相关行业成为了现今较为热门的行业。

随着高校毕业生就业制度的改革，毕业生自主择业程度增加。过去一切由组织安排的现象得以很大程度地改善。但所谓的自主择业仍需符合社会发展需要，不能盲目地追求"自我"。

（三）主动选择原则

大学生在职业选择中必须主动出击、积极参与，不能坐以待毙、消极等待。大学生应主动通过多方渠道了解人才供求信息，找到与个人相匹配的职业岗位，靠个人能力与素养参与岗位竞争，要抓住择业的契机，发现自我、完善自我。

（四）有利于长远发展

在选择职业时，不能只顾眼前利益，更不能单纯地只注重经济效益、薪资待遇等，应更多地关注职业长远发展。青年人作为社会发展的生力军，承担着民族复兴的重任，肩负着光荣的历史使命。在选择职业时，应立足长远、着眼未来，将个人发展与社会发展有机结合。

第四节　职业变化

21世纪是知识经济时代，科技发展日新月异，国际化程度越来越高，新的职业与岗位亦层出不穷，而相同职业的岗位需求又不断发生变化。而我国经济新常态时期的到来，更要求大学生对职业变化了然于胸，做到"以不变应万变"。

一、未来职业发展

社会的进步带动了职业的发展变化，新兴职业不断涌现，传统职业不断退出历史舞台。我国目前的经济发展水平和科技进步情况，决定了未来我国职业发展的整体趋势。

（1）职业种类增加。随着社会分工不断细化，大量新兴职业应运而生，已经远远超出传统的"三百六十行"，这就需要更多种类的专业人才。

（2）脑力劳动者职位在社会总额中所占比例增加。知识经济的渗透使得以体力劳动者为主的经济发展模式发生巨大变化，更多高科技技术岗位需要高学历、高层次的毕业生，脑力劳动者在人力资源市场所占份额增加，发挥的作用也越来越重要。

（3）社会职业结构变迁速度加快。人类从农业革命到工业革命经历了数千年，从工业革命到产业革命才上百年。而现今从产业革命到知识经济的变革，使得这个时代更快地迎来了新一轮的发展高峰，与之相适应的社会职业结构也必将快速调整。

（4）知识技能更新周期加快。知识经济高速发展、社会变革加速导致了对岗位的非专业综合技能要求进一步提高，专业技能也要求不断提升才能满足岗位及社会的需要。

二、经济新常态下的职业选择

经济新常态是我国目前经济发展的阶段性特征，其具备三个特点：一是经济高速增长转为中高速增长，二是经济结构不断优化升级，三是从要素驱动、投资驱动转为创新驱动。

新常态下的国家经济增长换挡减速使得每年新增就业岗位数相对放缓，存在一定的不确定性。同时，关停并转、重组等举措化解过剩产能也会对现有岗位造成冲击。这种形势使得应届生毕业就业情况更为复杂。

无论是推进经济结构转型、优化，还是推动创新，科学技术将被更为广泛地应用到经济的各个领域，而这必然导致一定程度的失业。无论是主动还是被动，工业4.0、互联网、大数据、3D打印机等都会渗透到各领域。这些技术的应用，极大减少了对一般劳动力的依赖，转而对人才更为倚重。对劳动需求的相对减少就会增加失业率，大批已就业人员重新择业，势必导致应届毕业生的就业竞争加剧。

依托互联网的技术、平台、商业模式成为新常态下促进就业的主要渠道。移动互联网的广泛应用，极大地降低了企业运营成本，并有效利用了大量的碎片化时间。李克强总理在政府工作报告中提出，制订"互联网＋"行动计划，推动移动互联网、云计算、大数据、物联网等与现代制造业结合，并引导互联网企业拓展国际市场。对大学生而言，相较于传统行业，"互联网＋"行业不需要太多工作经验，容易上手，而且工作环境好，个人职业提升空间也大。

经济发展新常态下的经济发展动力主要依靠创新驱动，鼓励创业将成为一种就业常态。党的十八大第一次将鼓励创业纳入就业方针，并明确鼓励科技人员和大学生创业。而陆续出现的以众筹、创客空间、P2P网贷等为代表的新的创业模式，将推动创业向更为开放、更高水平、更加平等的方向发展。大众创业、万众创新必将成为一个新的经济增长点。

相关链接

未来职业生涯的四个预测

这是一个重构的时代。过往已无数次证明：成功的往往不是最聪明的人，也不是最努力的人，而是最懂得如何将自己的聪明和努力用在正确的方向的人。在这篇文章中，作者敏感察觉到职场上发生着的深刻变化，以及正在生成的未来。

一、平台

最近又有几个朋友辞职做自由职业者了。咨询顾问自己单干倒不少见，但这次却略有不同。几个先后"单飞"的朋友，联合在一起，用同一个公司的名义走法律、财务流程。

一个人接到需求之后，如果不是自己的擅长领域，就拉上其他擅长的顾问，抱团儿谈项目，项目下来之后再分工合作。他们这个所谓的"公司"，只有法律上的意义，没有人是老板，也没有人是员工。如果非要给一个名字的话，它不像一个公司，倒像一个平台。就像优步自己没车，只是用车平台；阿里自己没货，只是交易平台；微博自己不生产内容，只是内容平台……

二、更替

企业的存续时间越来越短，个人在一家企业的职业生涯也越来越短。所以，需要最大化利用企业的资源为自己增值，同时密切关注行业动向。我刚做咨询的时候，企业做战略规划都是5年甚至10年。而现在，能够拿得出清晰的3年战略的企业，已经不多了。至于5年、10年，到时候企业是不是还活着，都未可知。在这种趋势下，个人不可能把安全感寄托于企业，而只可能寄托于自我价值的提升。所以，你在进入一个企业之前，不得不思考一个问题：假如这个行业衰落了、企业倒闭了，我还可以去哪儿？我的价值在这里能得到多大提升？除此以外，你还需要时刻关注自己行业的变化及其对自己的影响，你不得不去思考下面这些问题，以洞悉行业变化：①这个行业的人才素质，相比以往如何？②这个行业出去的人，身价涨跌如何？③行业是否存在人才短缺？在哪个细分领域？④哪个细分子行业的增长最迅速？⑤行业有什么新技术产生？这种新技术会如何影响它？⑥这个行业的主要增值发生在价值链的哪一环？近期是否有变化？

三、无界

企业的组织架构越来越灵活，岗位的边界会越来越模糊。所以，找到变化下的内部创业机会，可能会实现弯道超车。在现在这样的变革时期，僵硬的组织架构、森严的等级体系，将会使企业的决策变慢，无法应对变化。那么，如何才能更快地应对变化呢？答案是：人！因为岗位是死的，人是活的，只有人才可能及时识别变化并作出快速反应。所以，这几年的组织设计，主题都是灵活：有些企业开始去中层化，只留高层和基层；有些企业将岗位合并，避免分工过细带来对人的限制；有些企业甚至连岗位职责描述都取消了。总之一句话，一个萝卜一个坑，应最大化萝卜的作用，而坑的大小可以调整。层级之间的界限、岗位之间的界限，将越来越被打破。这种"无界"的趋势，使得个人有更多机会选择自己愿意做的事，进而会有更多崭露头角的机会。比如，很多传统企业，面对互联网＋、O2O、社群经济这些新兴概念，往往选择同时兼顾传统业务以及新兴业务。我看到过一些员工，当企业有新的项目时，他们敢于冒险，进入一个前途未卜的项目组，最后成功了，既给公司创造了巨大价值，他们自己也实现了弯道超车，同时借助企业的资源大大提升了自己的价值。所以，去注意你所在的企业正在尝试什么样的转型和新业务，在这样的业务中，你是否可以成为其中的一员，而不是固守在原先的岗位上。即便没有这样的机会，只关注自己的一亩三分地，也将不再是好的做法。

四、联盟

企业与人才、人才与人才的关系趋向于联盟——着力打造个人品牌。"联盟"不是一个新概念，它最初由LinkedIn联合创始人Reid Hoffman提出，是指未来的职业将不再是雇佣关系，而是互相投资的关系。企业和员工双方，为了共同的使命和目标，互相在对方身上投资。然而,为什么是联盟,而不再是雇佣呢?除了开头所说的,互联网带来的交易成本降低之外,跟如今的行业结构也有很大关系。比如说,你看一个包装工有没有好好干活儿,数数他一天包装了多少东西就行。但你要评估一个研发人员呢?是看他一天写了几份报告么?显然很困难。所以,对需要创新的脑力劳动者而言,企业能够控制的只有他的时间,但投入程度完全由他自己决定,企业很难监控和管理。在这种情况下,企业会有跟人才建立情感联系的需求,形成精神契约,才能让他足够投入。实际上,我们已经可以看到很多种联盟的形式了:①给予优秀员工股权、期权等长期激励,从而将个人与企业发展捆绑到一起,这是在薪酬方面跟人才形成联盟。②一些公司雇佣自由顾问,自由顾问并非正式雇员,但会为公司服务某个客户或项目,然后按项目进行结算,这是在关系方面跟人才形成联盟。③一些大企业,内部不雇佣研发人员,而采用开放式研发,跟有研究能力的个人或团队合作,共享回报收益,这是在商业方面跟人才形成联盟。④有些企业鼓励员工内部创业,不光给投资,创业成功了还有可能收购回来,这是在发展方面跟人才形成联盟。海底捞大家都听说过:店长及以上员工离职,只要任职超过一年以上,就给一定金额的"嫁妆",这就是一种联盟。原因很简单,海底捞虽然是传统行业,但餐饮业对店长以上级别的人才需求是很旺盛的,并且他们的投入度对业绩的影响是很大的,这一点跟所谓的高端行业没有差别。

所以说,越依赖于人才的行业,企业越希望跟人才建立联盟关系。倘若你希望未来与企业形成联盟而不是雇佣关系,那么,你就需要去那些依赖人的行业,同时,着力打造自己的个人品牌,而不是依赖于企业品牌。倘若你不是这样的类型,而是习惯于按指令做事,那么,就去那些高度依赖资本和资源的行业,前提是,他们的优势可以维持到你的职业生涯结束。

(资料来源:微信公号猎学网(ID:liexuecn))

三、当前社会大学生就业的特点

科技变化日新月异,新的经济发展趋势和要求也对高等教育体系产生了强力冲击,提出了更高的要求,促使国内教育体制逐步发生变化,高校毕业生就业同样面临新的形势。

1. 就业市场逐步转化为公平的双向选择

在传统的计划经济时代,国家明确了毕业生离校后的去向,且一个职位定终身。但随着计划经济的打破、大学毕业人数的增加,供给紧缺的时代已经过去,大学就业基本趋于市场化,价格机制在就业市场的调节作用愈加明显。

精英教育向大众教育的转变,使大学生走向公平的竞争市场,一部分大学生通过竞争进入社会的精英岗位,另有一部分学生从事与大众化相适应的普通基层工作。而自主择业发展到今天,双向选择关系趋于公平合理。每一位毕业生与用人单位享有平等的选择权,是否在竞争中具备优势更多取决于大学生本人的综合素质、职业素养。而且在未来的数年内,就业竞争日趋激烈。要想在竞争中脱颖而出,只能不断提升职场竞争力。

2. 毕业生就业向第三产业倾斜

伴随世界经济的发展、科技水平的提高，第三产业逐年增长，就业人数与岗位也逐步增加。而第三产业更多以科技做支撑点，其中的法律、审计、投资、心理等方面的服务业，各类经纪人和中介机构，文化教育业等服务产业的发展，要求其从业人员获得相关学历或具备相应资质。

3. 具备综合素质的复合型人才更易被市场接受

我国经济社会转型期的人才需求状况正逐步发生新的转变，一系列新的变革和发展也对大学毕业生不断提出新的要求。为了与新的社会经济发展相适应，高校培养的人才需要掌握更多的知识技能，具备更好更高的素质和能力与市场相匹配。想在激烈的市场竞争中脱颖而出，具备较强沟通能力、团队合作精神、勇于创新的素养是必备因素。

> **相关链接**
>
> ### 95后毕业生"慢择业"现象
>
> 2018届全国普通高校毕业生预计有820万人，95后毕业生将开始走向职场。目前，各高校秋冬季校园招聘已逐渐接近尾声，记者在近一个月的校园招聘会走访调查中发现，相比80后、90后毕业生，95后毕业生求职紧迫度明显降低，呈现出一部分毕业生"慢择业"现象。
>
> #### 1. 毕业生820万，出现"慢择业"现象
>
> 在各大校园招聘会现场，"带薪休假""伙食补贴""给婚房"……各用人单位都在显著位置张贴出了自己的优势政策，来吸引学生投递简历。
>
> 在首都经贸大学这场校园双选会上，记者见到了穿梭在招聘会间的王天顺，虽然有数家单位向他伸出了橄榄枝，但他并没有着急定下工作。他告诉记者，秋冬季招聘是考察商机、感受行业冷暖的重要机会，也是检验自己能力的一个阶段，最后的去处还要再考虑。
>
> 首都经贸大学2018年应届毕业生王天顺："大概有三四家通知（录用），但是还在观望，看有没有更佳的选择。"
>
> #### 2. 部分学生观望心态明显
>
> 对于一些毕业生的这种观望心态，现场的这家企业感受颇深，这场招聘会是他们走访的第四所高校，秋冬招聘马上结束，但招聘计划只完成了三分之一。
>
> 用人单位："企业很着急啊，学生不是那么着急，我们现在面试的时候他可能会说，我可能到两个月以后或者春节以后才能入职，这就说明他可能有很多选择的机会，需要多看一下。"
>
> 对于普通企业，很多学生热情度不高，但即便是一些大型国企，对毕业生心态的变化也感受强烈。
>
> 用人企业："我们是一家北京市国资委下属的一个大型的国企，这两年校招的话，特点是非常明显的，他（学生）求职的意向其实是逐年降低的，他（学生）往往不是特别着急，企业还真是挺头疼的，我们初期的工作，其实有一部分就等于是白费掉了。"
>
> 与前几年招聘会上学生挤破头投简历、着急定下工作相比，95后大学生的表现大都很淡定，在随机采访中，将近三分之一的学生已经握有录用通知，但并不着急签约。

北京师范大学2018年应届毕业生:"我自己内心没有太着急,因为我觉得春招还会有一波。"

北京科技大学2018届应届毕业生姜山红:"有一句话说'我们稳住就能赢',还是有很多机会在等着我吧。"

记者发现,在秋冬季招聘中,学生的观望态度,部分原因是希望能在明年春季招聘中获得更好的机会,再加上研究生、公务员、选调生和事业单位考试也集中在这段时间进行,多样化的选择,让他们并不着急定下工作。

兰州交通大学招生就业处处长苏程:"这跟95后自主意识的加强是相关的,他们现在不急于盲目去签约,而是选择适合自己的,满意的才签约。"

而在一份有效样本接近十万份的《2017年大学生求职指南》报告中显示,有73.5%的毕业生选择找工作,而剩下的26.5%的同学选择毕业后"不就业",除了继续深造外,去向五花八门。调查显示,这部分学生大都有来自家庭的经济支撑,而95后大学生中这一趋势更加明显。

清华大学学生田丽:"现在的社会环境,就是生活质量越来越好了,所以同学们可能不光看向安家立命了,我既然有父母的支持,就想看看我父母那一辈没有做成的事情,有没有办法可以实现,我想做一些更有价值、更有意义、能实现人生理想的事情。"

3. 慢择业:注重个人兴趣与自我成长

部分大学生慢择业现象的出现,其实是社会发展、生活水平、社会观念以及部分家庭父母的理解和尊重等因素综合作用的结果,这些让95后有条件转变择业观念,同时也让他们的选择更加开放与多元。

石洁是2018届的一名硕士毕业生,会计专业的她刚刚拒绝了一家收入可观的商业地产企业,在她看来,与薪资待遇相比,自身职业规划和发展空间更重要。

2018届硕士毕业生石洁:"(这家企业)跟我自己的职业规划发展不太一样,就是它的方向可能是你先做会计,发展到管理层,然后我想一直在财务这个行业发展。"

近日,应届生求职网针对2018届毕业生求职情况展开的一项调查显示,2018届毕业生普遍认为工作不只是满足生计这么简单,能够满足兴趣、实现自我成长更重要。数据显示,52%的受访者更看重个人兴趣,43%的受访者认为能够有更好的职业发展机会及自我成长是求职中必要的一个考量标准,21%的受访者最看重薪资水平。

北京科技大学招生就业处处长尹兆华:"学生现在找工作的时候已经不再是只是为了找到一份工作养家糊口就可以了,他们对到这个岗位上去能不能发挥个人的特长,实现个人的人生理想和社会价值非常关注。"

根据应届生求职网的调查显示,关心"企业声誉""带薪年假""员工旅游"等软性福利的求职者占到37%。2018届毕业生在求职时,对于企业文化、环境氛围更加关注。

北京科技大学2018届毕业生孔姗姗:"我一定要热爱它才可以,企业文化还是很重要的,首先要认同这个企业文化,你在那才能待得很开心。"

北京林业大学招生就业处副处长穆琳:"95后的学生自我意识更加强烈:三观要一致,我自己要做得开心。有一个学生,我说你之前那个大公司挺好的呀,现在为什么选择了这么一个创业公司?他回答得很干脆:我感兴趣啊,薪水少了三分之一也可以。"

4. 创业中历练，试错中成长

而年轻人之所以给社会造成"慢择业"的印象，还有一个重要原因就是很多在老一辈人眼里算不上"正式"的工作，事实上却为年轻人就业提供了新渠道。来自北京林业大学英语专业大四的学生胡锦煜，选择了做一名插画创业者，通过经营公众号和淘宝店，将自己的作品输出成商业产品。

北京林业大学 2018 届毕业生胡锦煜："在你定性之前多做一些尝试一定是好的，之后你可能有二三十年都可以用来努力工作赚钱，但是你只有前面可能从十几岁到二十几岁这一段时间来摸索，不断地尝试其实也是一种成长。"

调查显示，大学生的选择更加开放、多元，开淘宝店铺、做商业插画师、私人摄影师等非常独立又自由的职业，让一些学生能够以此为生，所以毕业后并不急于去找一份固定的工作。

5. 毕业生"慢择业"，用人单位调计划

面对部分 95 后毕业生慢择业心态，一些高校、企业也正在做出调整和规划。而有关专家也提醒学生，慢择业过程中，需要尽快进入规划状态。

调查中，记者发现，以往大型的央企、国企会把招聘优先放在秋冬季，甚至不在春季招聘中投放计划，但随着现在部分 95 后毕业生择业心态的变化，企业需求和学生选择之间形成了一个招聘时间差，对此，很多企业做出了相应的招聘调整。

首都经贸大学就业指导中心主任姜蓓蓓："现在，比如说它今年预计招 100 个人，那么它可能会拿出近三成的岗位，放到明年春招再招聘。企业招聘的整个流程更加精简和有效，对于一些优秀的人才，它会直接发这种绿色通道卡。"

6. 谨防不理性"慢择业"变成"懒就业"

调查显示，在慢择业中，一部分毕业生是为了更高质量的就业或者进行更好的人生规划，但仍有一部分毕业生并非理性。根据应届生求职网所做的调查，选择慢择业人群中，有超过 60% 的受访者曾经有过职业规划，但并不清晰；近 20% 的受访者并没有清晰的职业规划，且非常迷茫；拥有非常清晰的职业规划，知道自己将来做什么的仅有 20%。一些高校就业中心负责人表示，不理性的慢择业可能发展成为懒就业、怕就业，对于即将走向职场的 95 后学生而言，自身要进行合理的定位与分析，高校也需要加强引导，进行清晰的职业规划。

清华大学学生职业发展指导中心副主任沈若萌："（高校要）搭建整个职业发展辅导的支持体系，学生大一一进校，一直到他的最终的择业完成为止，包括课程、职业的辅导、职场职业的教练计划等，让他在自己人生的每一个生涯阶段都对自己想干什么、该干什么和能干什么有一个相应专业的支持和精细化的辅导。"

（资料来源：央视新闻网 http://news.cctv.com/2017/12/10/ARTIMOmAOkLdxTo-QOMEV2emf171210.shtml）

> **思考与活动**
>
> 1. 结合实际情况，分析你今后选择不同类型的企业各有什么利弊。
> 2. 你观察到了哪些职业变化？如何应对未来的职业变化呢？

第四章 职业生涯决策与管理

【本章概述】

理解生涯目标确定的重要意义，了解职业生涯的类型、特征和原则，为自己的生涯设立目标；通过掌握职业生涯相关的决策方法与步骤，为生涯发展设立长远和近期目标，并制订相对应的可行的计划，同时掌握生涯规划书的撰写。

【内容要点】

1. 了解职业生涯的类型、特征和原则，为自己的生涯设立目标；
2. 重点掌握职业生涯相关的决策方法与步骤；掌握生涯规划书的撰写。

导入案例

> **小游戏**
>
> 假如在一个周六的早上，你有足够长的时间，准备开始一段向往的旅程，你开着车，走在一段公路上——
> 你开着一辆什么车？
> 车里还有谁？
> 你准备开去哪里？
> 你沿途希望经过什么地方？
> 如果你有答案的话，试着自己解读下。

第一节 职业生涯规划目标

大学生职业生涯教育的目标是以职业发展需求为导向，结合大学四年学制安排，开展全过程职业生涯设计与定位辅导，引导学生对自己的未来有较准确的把握与定位，同时促进学校专业教育的教学改革和完善。

一、确定职业生涯目标的意义

（一）帮助学生自进入大学起就能够明确自己的人生目标和专业定位

无数事实证明，一个人能否成就一番事业，很大程度上取决于是否有一个正确而适当的人生目标。没有人生目标或人生目标选择不正确，将使人浑浑噩噩，一事无成。据调查显示，每年大学生毕业之际，相当一部分同学对自己适合什么样的工作、应当到怎样的地方工作、喜欢在怎样的行业或性质的单位工作等问题还不清楚，因此应聘时心神不定、毫无主见，不知如何选择，从而错失良机。美国著名成功学专家拿破仑·希尔认为，人生的追求目标包括金钱、健康、家庭、身份地位、专业水平才能、个人成就六项。一个人的最终目标，实际上取决于他的人生原动力。人生原动力来自内心，有了它就会激发职业生涯行动，它是人们肯定自身生命价值的自我表现形态。

（二）帮助学生树立正确的人生观、人才观、学习观、就业观和职业观

许多人失败的原因在于他们从来没有设定明确的职业生涯目标，并且也从来没有迈出他们的第一步。当研究那些已经获得连续成功的人物时，你会发现，他们每一个人都有一套明确的目标，都制订出了达到这些目标的具体计划，并且花费最大的心思，付出最大的努力来实现他们的目标。明确的职业生涯目标会使大学生激发出自力更生、不断进取、不断创新、热忱、自律和全力以赴的精神和态度，这些都是成功的必备条件。

二、影响职业生涯目标的因素

由于生涯决策是一个复杂的过程，在做出决策时必须从自身实际出发，综合考虑个人因素、家庭因素、社会环境因素等，只有这样，决策才能更科学、更合理。

（一）个人因素

个人因素是影响职业生涯决策的主要因素。个人应在身体素质、思想道德素质、受教育程度、心理素质等方面对自身特质进行分析，对自己的性格、兴趣、能力和价值观等方面进行充分的了解，既要了解自身的优势，也要了解自身的不足。一般来说，健康与体质的好坏是职业生涯选择的限定因素，受教育程度将直接影响个人的生涯选择，个人的心理因素、兴趣、爱好、价值观和意志力等各方面的高低有时会成为个人发展成败的决定力量，将会左右着个人的生涯决策和职业发展情况。具有"进取倾向性"的人，喜欢通过自己的语言来感染他人，支配他人，具有冒险的性格，自信而又充满活力，喜欢表达自己的意见和观点。具有进取倾向的学生，适合从事如经营管理者、律师、销售方面的职业。因此，人们在做生涯决策时，认识自我是生涯决策的基础。

（二）家庭因素

家庭因素与每个人的成长息息相关，对个人的生涯决策有很大的影响，父母的受教育程度、父母的职业、父母的思想道德水平和价值观、家庭经济收入情况等都是家庭因素的主要内容。一个人出生后就带有家庭所赋予的社会地位，人们幼年时在家中获得的经验，以及无形中受到的影响，经常会反映到职业的表现上，因此家庭因素是影响一个人生涯决

策的重要因素。一些学者从家庭教养方式的角度研究发现,父母支持、父母干涉和缺乏参与这三个方面都能直接影响孩子的事业发展。

(三)社会环境因素

社会环境因素是社会的政治和经济形势、社会文化习俗、工作价值观、就业政策、产业结果的变化等因素。如在不同时期所在地区人口规模和素质结构、就业市场和就业渠道,以及优势产业和将会兴起的行业等因素不仅决定着职业岗位的数量和结构,而且还决定着社会职业岗位出现的随机性和波动性。"50年代的兵,70年代的工人,90年代的个体户,21世纪的IT业商人",不同的社会环境所给予个人的职业信息是不同的。

(四)综合各种因素,正确选择职业生涯发展路线

1. 综合分析确定自己的职业生涯路线

在发展路线抉择过程中,每一个大学生都必须针对下面三个问题反复询问自己:

(1)我想干什么,即我的梦想是什么,我想往哪一个路线发展;

(2)我会干什么,即我可以往哪一路线发展;

(3)我能干什么,即我适合往哪一路线发展。

回答上述三个问题,是对"知己""知彼"有关情况的综合分析并加以利用的一个过程。第一个问题是通过对自己的价值、理想、成就动机和兴趣的分析,确定自己的目标取向;第二个问题是通过对自己的性格、特长、经历、学历以及专业的分析,确定自己的能力取向;第三个问题是通过对自己身处的社会环境、经济环境、政治环境、组织环境的分析,确定自己的机会取向。三个取向确定后,进行综合分析,确定自己的职业生涯路线,这对一个大学生的职业生涯发展是非常重要的。

2. 职业生涯发展路线典型分析

大学生的自身条件、基础素质不同,适合的职业生涯发展路线也就不同。有的人适合搞研究,能够在专攻领域求得突破;有的人适合做管理,能够成为优秀的管理人才。一般地讲,当前有四种职业生涯发展路线可供我们大学生选择,即专业技术型、行政管理型、自我创业型和自由职业者。

(1)专业技术型(professional technical type)。专业技术型发展道路是指工程、财会、生产、销售、法律等职业性专业方向。其共同特点是:都要求有专门技术性知识和能力,并需要有较强的分析能力。当然,这些技能必须经过长期的培训、锻炼和积累才能具备。如果你对专业技术内容及其活动本身感兴趣,并追求这方面的提高和成就,喜欢独立思考,而不是喜欢从事管理活动,专业技术型的发展道路则是最好的选择。相应的发展阶段是技术职称的晋升及技术性成就的认可、奖励、等级的提高及物质待遇的改善。

如果开始选择了专业技术方向,但仍然对管理有兴趣,并且希望在管理领域做出一番事业,也完全可以跨越发展。即在开始阶段从事某种技术性专业,不断积累充实自己的业务知识,打下坚实的技术基础,然后在适当的时候,转向专业技术部门的管理职位,将技术骨干提拔到领导管理岗位的事例在各个领域屡见不鲜,事实上这也是时代发展的客观需求和必然趋势。

（2）行政管理型（administration type）。如果你喜欢与人打交道，处理人际关系问题感到得心应手，善于从宏观角度考虑问题且比较理智，并善于追求权力并影响、控制他人，行政管理型的发展道路则是恰当的选择。把管理这个职业本身视为自己的目标，相应的发展阶梯一般是从基层职能部门开始，在熟悉行业的基础上，然后向中级、高级不断地提高，达到相应层次职位的要求。行政管理型发展路线对个人素质、人际关系技巧要求相对较高。

（3）自我创业型（self-employed）。现在，国家支持和鼓励自我创业或走自由职业者的道路，创业自由快乐，但创业的艰难也并非常人能够想象的。创业客观上要有良好的机会和适宜的土壤；主观上创业人不仅要有强烈的创造与成就愿望，而且心理素质要求高，要能够承受巨大的心理压力和风险，还要有创新思维，善于开拓新领域，开发新产品。否则，要想创业成功，必须先到社会组织中锤炼，学习如何管理企业，较好的途径是到相关领域组织中从事研究开发和市场销售。

（4）自由职业者（freelancer）。2015年发布的"公众眼中最具幸福感的职业"中，"自由职业者"第一次登上榜首，取代"政府官员"成为了第一名。自由职业的本质其实不是自由，而是职业能力。人与职业有三个阶段的关系：雇佣—自由交易—共创。自由职业态就是达到了自由交易的状态，你可以不一定为这个人工作，如果这里不爱干可以换个地方。你期待的自由，短期是"不需要非得和这些人交易"的自由；长期是"不需要为钱工作"的自由。这种自由背后，是一种"一个人就是一家公司"的能力。能力包括三个部分：把能力封装成产品的能力（产品能力）；把能力卖出去的能力（营销能力，也包括很多人熟悉的"个人品牌"）；自我管理、持续学习的能力，以及基本的财务、法务能力（运营能力）。如果你能自己一个人拥有这些能力，一个人就是一个公司，你就完全拥有了随时自由交易的能力。这就是自由职业态。

一个有自由职业态的人，他可以选择待在公司，也可以选择自由地出去。相比那些为了生计不得不劳累奔波的自由职业者，他们才是终极自由的。

要强调的是，不管你选择哪种职位生涯发展路线，最重要的是要结合实际，综合考虑自己的个性、价值观、兴趣、能力等自身条件和社会与组织环境，反复权衡再予以确定。

思考与活动

下面我们来看看导入案例中的游戏的提示吧：

车，意味着你的自我概念（法拉利、奔驰、越野车、卡车、自行车）；

身边坐的人，往往是影响你做决策的很重要的人（家人、朋友、自己一个人）；

准备开往的地方，是你这个阶段的目标（热闹的都市、宁静的丛林、险峰、广阔的大海、幽静的小镇）；

希望经过的地方是你希望经过的路径。

这个游戏源于一个模型，叫作车日路模型。上面的答案肯定不足以帮你做个计划，但是可以帮助你更好地理解这个模型。

一个好的职业发展计划由三个部分组成，即目标—自我—路径。

（1）日是你要去的地方和目标。你的职业发展目标是什么？长期目标5年是什么？短期目标3年、1年是什么？如果让你排序，最重要的目标是什么？哪些是可以排到后面的？

(2) 路是你要走的路径。对于如何去最近那个目标，你的路径清晰吗？分成哪几步？如果不清晰，谁会知道？

(3) 车是你自己，你对自己这台车的马力、底盘有信心吗？如果需要提升，应提升什么？你的动力来自哪里？你是通过什么持续"加油"的？

自我—目标—路径三者构成了一个最简单的职业生涯决策思考题。

自我—目标—路径三者统一，才能顺利到达自己想去的目的地。

大部分时候，你可能发现这三者没法完美地统一，这个时候有三种策略可以选择。

(1) 升级车：在职业发展的初期，职场的头3年，什么都不要想。从目标出发，倒推道路，最后改装汽车，因为这个阶段的主要任务是学习和成长，要从自己身上开刀，死磕自己，持续增值。刚进入职场的时候，选择一个你喜欢的、比你早进行业5年左右的标杆人物，研究他的发展路径、具备的能力，然后一路学习跟随就好。

(2) 选好路：在职业发展的中期，一般是25～40岁，综合考虑路和日，有些路径虽然不一定直接指向自己的目标，但是如果路好走，就先往前走。宁可思进，不可思停，持续升级自己的车和驾驶技术，只要大方向不错，总会开到的。取势、优术、明道。在职业中期，最重要的是做好几次平台和行业的选择，要做管理还是专业？要留在大公司，还是去小公司，或者甚至自己创业？要留在本行业还是尝试新行业？关键是选择一个让自己持续增值的路径。

(3) 做自己：在职业发展的后期，即40～55岁左右，你的体力精力都在下降，但是你的资源和智慧都在顶峰。从自身出发，去想去的地方，走最适合自己的路。你的目标不是赚钱或者增值，而应该是发挥自己的天赋、追求更大的社会价值和自我实现。职业对你的意义又会有所改变。就像《论语》所说的"从心所欲，不逾矩"。

第二节 职业生涯规划的类型、特征与原则

一、职业生涯规划的类型

职业生涯规划，是指个人结合自身情况以及眼前的机遇和制约因素，为自己确立职业目标，选择职业道路，确定教育、培训和发展计划等，并为自己实现职业生涯目标而确定行动方向、行动时间和行动方案。

（一）按照规划时间的维度分类

按照规划时间的维度，职业生涯规划可以划分为短期规划、中期规划、长期规划和人生规划四种类型。

1. 短期规划

两年以内的规划，主要是确定近期目标，规划近期应完成的任务。就大学生而言，即将从学校走向工作岗位，开始人生事业发展的起点。如何起步直接关系到今后的成败。因

而，毕业后如何规划好前两年的职业生涯对他们至关重要。在此，应该设定人生目标，在充分做好自我分析和内外环境分析的基础上，选择适合自己的职业，规划自己的短期职业生涯。主要应该计划在两年内如何熟悉岗位运作规划，融合到组织文化氛围中。

2. 中期规划

一般涉及 2~3 年内的职业目标和任务，是最常用的一种职业生涯规划，就大学生而言，如果毕业后马上做一个中期计划，这个计划的基本任务就是进入组织，学会工作，寻找职业锚，在组织中塑造自我，力求在特定的职业领域中获得初步成功。

3. 长期规划

5~10 年的规划，主要是设定较长远的目标，以及为实现此目标应采取的具体措施。

4. 人生规划

人一生的职业生涯规划，时间长达 40 年左右，设定人生的全部职业生涯发展目标、方向和阶梯。通常而言，短期职业规划时间较短，较为具体，操作性、实践性比较强，但引导性意义不大，而长期规划跨时间太长，虽比较系统周全，但由于影响因素较多、易发生改变，所以较难把握。一般情况下，个人职业规划的重点是 2~5 年内的中期规划，这样既便于根据实际情况设定可行目标和实施计划，又便于及时根据现实的反馈进行修正和调整。

（二）按照处理问题时每个人采用的不同方法分类

按照处理问题时每个人采用的不同方法，职业生涯规划可以分为三类：依赖型、直觉型、理性型。

1. 依赖型

依赖父母、朋友、老师，或遵从书本与社会舆论。有些学生从小只知道不断学习课本上的知识，在就业之前很少关注与职业有关的事情。加之学校、社会也缺乏相关的教育，导致很多人都不能正确处理可能影响到以后职业发展的问题，往往听从父母、老师的安排，不能根据自己兴趣能力自主选择。考研、留学也不知道是为了什么，只是因为身边的大部分人都这么做。

事实上，即使你不假思索地执行别人对自己职业的建议，最终也要自己承担后果，毕竟只有你才可以对自己的职业生涯负责。所以，在参考别人意见的同时，我们要有自己的主见，要学会解决问题的思路方法，这比现成的答案更重要，正所谓"授人以鱼，不如授人以渔"。

2. 直觉型

凭自己的直觉、一时的喜好做出职业选择，譬如因为感情受挫辞职疗伤、沉浸爱河无心工作、工作不顺频繁跳槽、收入不高追随热门……这种类型的人职业生涯最容易出现的隐患就是职业生涯不连贯，在每一领域的积累都不多，很难晋升到中高层。当然，如果你清心寡欲、随遇而安、知足常乐、无衣食之忧、不在乎职场成败，随心所欲也是一种选择，否则还是多用点心思为好。

3. 理性型

综合考虑个人与职场等因素，分析利弊得失，做出并执行相应的计划。排除少数运气好的人，大部分职场成功人士在规划自己的职业生涯时，都是非常理性的。他们会及时关注职业信息，充分了解自我，制订合适的目标，并为达到目标而不断努力。

以上三种类型各有利弊：依赖型最省时省力，但是将自己的命运托付给他人，终究是一件危险的事情；直觉型短期内会很满足，可是长期来看随机性太强，会存在较大风险；理性型考虑周全，但是会花费较多时间与精力。

（三）按照处理信息方式的不同分类

一个人最习惯的处理信息的方式，也就决定了你自己的职业路径和职业类型。想象一下，下面三类人收到一段信息，可能会有数种下意识的处理方式。

1. 媒体人

这种人的想法就是尽可能快地把这个信息传播出去，他持续地做这种传播的动作，周围人就会越来越发现——他这有好东西，慢慢就开始关注他。这样一来，信息对于他来说，产生了更多的链接。浏览大量的信息，结合自己的独特视角，然后用最有利于接受的方式传播出去，这就是典型的媒体人的能力。一对多的叫影响，一对一的叫沟通。销售高手也都是媒体人。销售、公关、市场、新媒体、讲师，这些职位往往都属于媒体人。

2. 产品人

这种人收到了信息以后，他会想说这东西很好，怎么用呢？慢慢地，他就会搜索更多的信息，不断地增加自己的信息量，慢慢地他就会成为一名专业人士。而产品人的核心是产生信息的能力。他会不断地更深、更有效地挖掘和生产信息。典型的产品人，如微信产品经理张小龙。他极其热爱思考和学习，据说他在所有的计算机相关领域的技术水平都非常强，业余方面如围棋、足球、电脑游戏等，他玩什么都能玩到业余高手的水平。有强烈的好奇心、持续的思考，这是典型的产品人的特质。程序员、产品经理、研发制造、手艺人，这些职位都属于产品人。

3. 运营人

这种人想的是我上哪找更多的专家生产出更多的信息，找更多的传播者传播出更多的链接呢？他们之间怎么协调怎么沟通呢？这种人形成一个平台，不断地把产品人和媒体人连到一起去。运营人的核心是链接的能力。他不断地链接人和事，未来和现在，更好地配备资源。大部分行政人员、互联网运营者、各级管理者、投资人都是运营人。典型的运营人就是马云。马云有远见，有大局观，他不懂计算机专业领域的知识，但他特别精通如何带好团队。

因此，当一段信息传播过来时，媒体人下意识地往外传播，产品人下意识地去寻求更深更多的信息，而运营人下意识地去链接这两者（图4-1）。

二、职业生涯规划的特征

（一）职业生涯规划的个性化特征

职业生涯规划不是外力强加在个人身体上的实施方案，而是个人在自我内心动力驱使下结合社会和组织的综合利益，并依据现实条件和机会所制订的个性化的发展方案，所

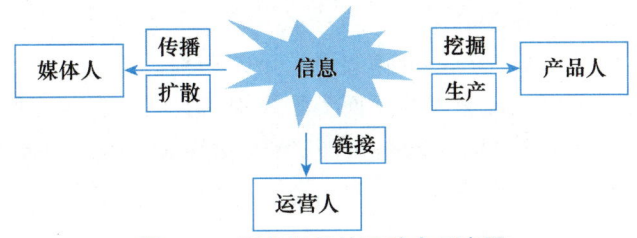

图 4-1　职业世界的三种人示意图

以，个人职业生涯规划必须由个人来主导。由于每个人的成长环境、文化背景、性格类型、文化资本构成、价值观、才干、能力、职业生涯目标以及对成功的评价标准等不尽相同，所以不同人的职业生涯规划也必不相同。因此，个人职业生涯规划只能是个性化的发展蓝图，从这个意义上来说，个人职业生涯规划没有一个固定的模式，只有根据自己实际情况制订才能行之有效。

（二）职业生涯规划的开放性特征

职业生涯规划由自己主导，但并不意味着不考虑社会和组织环境的需求与发展趋势，不听从他人的意见和忠告，也不能只从个人的愿望出发，独自完成职业生涯规划。要更好地认识自己，就必须借助外部力量，也只有这样，才能制订出符合个性特征的职业生涯规划。一份行之有效的职业生涯规划，需要在对客观环境进行多角度客观分析的基础上，广泛听取家人、领导、同事、朋友以及职业顾问等多方面的意见之后才能制订出来，而且还要经历数次的修正和调整，绝非一成不变，因此，一份好的职业生涯规划应该是切合实际、适时、严谨，并具有适应弹性和可持续发展性的。

三、职业生涯规划的原则

职业生涯规划是一份人生的设计，对于人生旅途来说具有战略意义，是至关重要的。所以在制订个人职业生涯规划时，既要有挑战性，又要避免好高骛远，注意适时调整，更重要的是还要掌握制订个人职业生涯规划的重要原则，譬如目标管理中常用的 SMART 原则。

所谓 SMART 原则，主要包括以下五个方面：

（1）目标必须是具体明确的（specific）；

（2）目标必须是可以衡量的（measurable）；

（3）目标必须是可以达到的，具有可操作性（attainable）；

（4）目标必须和其他目标具有相关性（relevant），目标必须是现实的（realistic）；

（5）目标必须具有明确的截止期限（time-based）。

目标制订的过程，也是大学生能力不断增长的过程，大学生在不断制订和实施职业生涯中各个阶段性的目标的过程中，其能力和社会阅历也会一步步跟着提高。无论是制订团队目标还是个人的职业生涯目标，都必须符合上述原则，五个原则缺一不可。

（1）SMART 原则一：S（specific）——明确性。

所谓明确性，就是要用具体的语言清楚地说明要达成的行为标准。明确的目标几乎是所有成功者的一大特点，很多失败者不成功的重要原因之一就因为目标定得模棱两可，或者没有实现目标的有效计划。

（2）SMART原则二：M（measurable）——可衡量性。

可衡量性就是指目标应该是明确的，而不是模糊的。应该有一组明确的数据作为衡量是否能够成为目标的依据，如果制订的目标没有办法衡量，就无法判断这个目标是否实现。当然，并不是所有目标都可以衡量，有时也会有例外，比如说大方向性质的目标就难以衡量。

（3）SMART原则三：A（attainable）——可完成性。

"可完成性"包含两方面的含义。首先必须是合理的，是在个人的控制范围之内的；其次是目标可以具有一定的挑战性，执行者通过一定的努力提高目前的能力才能够完成。如果目标定得太高，怎么努力也不能实现，结果不但一事无成，还打击了自信心，目标定低了，不费劲就能达到，那就没有成就感，结果一直没有长进，还可能助长狂妄的坏脾气，所以制订目标要恰到好处，就是要稍稍高一点，制订在你跳起来能够得着的位置，这样摘下来的果子，吃起来才有味道。大学生制订目标一定要现实，不要好高骛远。

（4）SMART原则四：R（realistic）——实际性。

目标的实际性是指在现实条件（自身条件与环境条件）下是否可行、可操作，要把自己的目标与公司的目标、部门的目标协调起来，才能获得双赢。反之，个人目标与企业目标背离，就无法实现自己的目标，企业也不可能长期用你。因此，要避免由于制订的目标不切实际而导致失败，一个脚印比"一口吃成个胖子"更实际。

（5）SMART原则五：T（time-based）——时限性。

时限性就是指目标是有时间限制的。在制订目标的时候，必须规定起始时间和完成时间。没有时间限制的目标是无法考核的，也会让执行者失去紧迫感，从而降低积极性，使目标的实现一拖再拖。

总之，无论是制订职业生涯中哪一阶段的目标，都要符合上述原则。制订的过程就是能力提升的过程，完成计划的过程也就是对自己能力历练和实践的过程。

第三节　职业生涯规划目标的确立方法与步骤

一、职业生涯规划的基本方法

（一）SWOT分析法

大学生在进行职业生涯规划时，可以采用SWOT分析法这一工具对自己进行一番从里到外的体检。SWOT分析是检查人们的技能、能力、职业、喜好和职业机会的有利工具。SWOT分别是四个英文单词的第一个大写字母，即优势（strength）、劣势（weakness）、机会（opportunity）、威胁（threat）。所谓SWOT分析，指的是在四个维度上进行分析，然后通过矩阵式的分析，找出适合自己的基本策略（图4-2）。

一般来说，对自己的职业生涯进行SWOT分析时，应遵循以下四个步骤。

	优势（strength）	劣势（weakness）
自身因素分析	1 2 3	1 2
	利用优势和机会的组合	消除劣势和威胁的组合
	机会（opportunity）	威胁（threat）
外部因素分析	1 2 3	1 2
	改进劣势和机会的组合	监视优势和威胁的组合

图 4-2　SWOT 分析及策略

1. 评估自己的优势和劣势

（1）优势分析——自己出色的方面，特别是与竞争对手相比的优势。

在自己的职业生涯设计中，如果你能根据自身长处选择职业并"顺势而为"地将自己的优势发挥得淋漓尽致，那你就会事半功倍、如鱼得水；如果你选择了与自身爱好、兴趣、特长"背道而驰"的职业，那么即使以后再勤奋弥补，耗费九牛二虎之力，那你也只能是事倍功半、难以补拙。职业生涯设计的前提是：知道自身优势是什么，并将自己的生活、工作和事业发展都建立在这个优势之上。具体来说，就是要思考回答下面三个问题。

①你学会了什么？在几年的学习生活中，你从学校开设的课程中学到了什么有价值的东西？社会实践活动提高和升华了你哪方面的知识和能力？

②曾经做过什么？在学校期间担任过什么学生职务？参加过什么社会实践活动？工作经验的积累程度如何？要提高自己经历的丰富性和突出性，你应该有针对性地选择与职业目标相一致的工作项目，坚持不懈地努力工作，这样才会使自己的经历有说服力。

③你做过的事情中最成功的是什么？是如何成功的？通过分析，可以发现自己的长处，譬如坚强的意志、创新的精神等，并以此作为个人深层次挖掘的动力之源和魅力闪光点，形成职业生涯设计的有力支撑。

（2）劣势分析——与竞争对手相比处于落后的方面。

同样，你要指出你的劣势和你最不喜欢做的事情。不知道自己的劣势在哪里，就会盲目高兴，就会觉得自己天生能做好许多事情，从而沉浸在自我优势的圈子里，犹如井底之蛙，不知天到底有多大。找到自己的短处，就可以努力去改正自己常犯的错误，提高自己的技能，放弃那些对不擅长的技能要求很高的职业。具体来说，就是要思考回答下面三个问题。

①性格的弱点。人天生都有弱点，这是我们与生俱来且无法避免的。坐下来，跟别人好好聊聊，看看别人眼中的你是什么样子的，与你的自我看法是否一样，找出其中的偏差并借鉴，这将有助于自我提高。

②经验或经历中所欠缺的方面。欠缺并不可怕，可怕的是自己还没有认识到或认识到了却一味地不懂装懂。正确的态度是：认真对待、善于发现、努力克服和提高。

③最失败的是什么。你做过的事情中最失败的是什么？是如何失败的？通过分析来避免在以后的职业中再次失败，防止在跌倒的地方再次跌倒。

自我认识一定要全面、客观、深刻，绝不能规避缺点和短处。"当局者迷，旁观者清"，尽量多参考父母、同学、朋友、师长、专业咨询机构等的意见，力争对自我有一个全面的认识。

2. 找出自己的职业机遇和威胁

（1）机遇分析——有利于挖掘职业选择和职业发展的一些机会。

环境为每个人提供了活动的空间、发展的条件和成功的机遇。特别是近年来，社会的快速变化，科技的高速发展，市场的竞争加剧，对个人的发展产生了很大的影响。在这种情况下，个人如果能很好地利用外部环境，就会有助于个人发展的成功。否则，就会处处碰壁、寸步难行。

同时，我们也面临各种各样的机遇，比如经济快速发展为我们提供了发展的空间，网络技术的发展使我们能了解更多的信息，出国深造的途径多了，择业的双向选择给了我们自主选择权等，这都是大学生面对的机遇。有人说，在机会面前有五种人：第一种人创造机会，第二种人寻找机会，第三种人等待机会，第四种人错过机会，第五种人漠视机会。我们如果做不了第一种人，至少也要主动去寻找机会。如果不善于创造机会，那我们一定要善于抓住身边的机会，决不可让机会从指尖流走。

（2）挑战（威胁）分析——潜在危险。

除了机遇，在这个社会中，我们也会面对各种各样的挑战和威胁。这是我们无法控制的外部因素，但是我们却可以通过努力弱化它的影响。这些因素包括就业形势处于买方市场、所学专业过时或不符合社会的需要、来自同学的竞争、面对有更优的技能和更丰富的知识及更多的实践经验竞争者、公司不雇用你这个专业的人等，这都是你可能遇到的挑战。

对于这些挑战，我们不能一味地采取回避的态度，或者自怨自艾，抱怨就更不好了，因为我们不能让社会适应你，只能改变自己，提高自己适应社会的能力，通过努力把挑战转化为一种内在的动力。这样，我们才能避免不利的影响，并在困境中脱颖而出，寻求发展和成功。

案例

小刚的SWOT分析情况

基本情况：小刚，男，成都某大学公共事业管理专业大三学生，在校期间学习了人力资源管理方面等相关理论知识。性格开朗，勤奋好学，吃苦耐劳，敢于面对挑战并喜欢从事有挑战性的工作。

短期生涯目标：毕业后成为人事助理。

小刚的SWOT分析情况如表4-1所示。

表 4-1 小刚的 SWOT 分析情况

分析	个人因素
优势 (strength)	1. 做事比较认真、踏实，有浓厚的学习兴趣和一定的实力，尤其在人力资源管理方面有着浓厚的兴趣 2. 乐观积极的生活态度，善于发现事物和环境乐观积极的一面 3. 富有极强的责任心和耐心，且喜欢做相关的工作 4. 办公软件运用能力强，业余加强办公自动化训练 5. 英语书面能力强，有一定的口语表达能力 6. 对社会现象有自己的思考，有一定的分析能力 7. 有一定的书面表达能力，逻辑思维性和条理性较强
劣势 (weakness)	1. 性格偏内向，对管理工作来说具有先天的缺陷 2. 办事不够细腻，有时考虑问题不全面 3. 做事不够果断，尤其事前做决定的时候老是犹豫不决 4. 有时做事拖拉，不够雷厉风行 5. 工作、学习有些保守，冒险精神不够，并且创新能力有待提高
机会 (opportunity)	1. 加入世贸组织后，外企的进入为我们提供了很广阔的机会 2. 在学校里有构建良好的人际关系的条件 3. 就专业知识方面来说，人力资源的发展已经是大势所趋，这方面的人才需求正随着我国经济的高速发展而不断扩大 4. 有亲戚从事人力资源工作
威胁 (threat)	1. 距离毕业还有一年的时间，各种准备相当不充分，相比其他重点大学的学生来说自身实力不够突出 2. 企业单位对个人素质要求不断提高，特别是对于英语的要求，不能只满足于听、写，表达能力也至关重要 3. 公司及用人单位对毕业生的要求提高，更需要有经验的人才，个人经验不足
自评 (自己真实的卖点)	对人力资源管理方面有着浓厚的兴趣；办公软件运用能力强；英语口语表达能力较强

分析结果：通过对以上的情况分析，对于人力资源管理工作来说，小刚具有专业优势、个性优势、能力优势、发展条件的优势，而且优势与机会很明显，远远大于劣势和威胁。建议他在毕业前一年寻找相关的实习机会，为就业做好准备。

3. 提纲式地列出今后你的职业目标

仔细地对自己做一个"SWOT 分析"评估，列出你从学校毕业后最想实现的 4～5 个职业目标。这些目标可以包括你想从事哪一种职业、你将管理多少人，或者你希望自己拿到的薪水属哪一级别。请时刻记住：你必须竭尽所能地发挥出自己的优势，使之与行业提供的工作机会完美匹配。

4. 提纲式地列出一份今后的职业行动计划

这一步主要涉及一些具体的东西。请你拟出一份实现上述第三步列出的每一目标的行动计划，并且详细地说明为了实现每一目标你要做的每一件事，以及何时完成这些事。

如果你觉得你需要一些外界帮助，请说明你需要何种帮助和你如何获取这种帮助。举个例子，你的个人SWOT分析可能表明，为了实现你理想中的职业目标，你需要进修更多的管理课程，那么你的职业行动计划应说明你何时进修这些课程。你拟订的详尽的行动计划将帮助你做出决策，就像公司事先制订的计划为职业经理们提供行动指南一样。

当大学生完成一份详尽的个人SWOT分析后，将有一个连贯的、实际可行的个人职业策略供大学生参考。在当今竞争白热化的市场经济社会里，拥有一份挑战和乐趣并存、薪酬丰厚的职业是每一个人的梦想，但并不是每一个人都能实现这一梦想。因此，为了使你的求职和个人职业发展更具有竞争性，请花一些时间界定你的个人优势和弱势，然后制订一份策略性的行动计划，务必保证有效地完成它。

(二)"5W"法

"5W"是指5个what。"5W"法是进行职业咨询和职业规划时比较常用的一种方法，也是一种较为简单和便捷的方法，尤其适合即将毕业的大学生。

1. What are you? 你是谁？

这是对自己进行全部分析的过程。主要包括兴趣、爱好、身体状况、教育背景、以往经历、性格特点、气质类型等，在进行自我分析时，要格外注意对自己的优缺点进行评估，综合分析自己的优势与劣势，并一一列出，对自己有个清楚的认识。在评估优缺点时，应争取尽可能多地回答问题，借助身边熟悉的人对自己的评价作为参考，广泛听取别人对自己的看法，最后加以分析，以便全面、客观、准确地做出评价。

2. What do you want? 你想要做什么？

检查自己职业发展的心理趋向。兴趣和目标并非是一成不变的，每个人在不同的阶段都可能有不同的兴趣和目标。有时候甚至是完全对立的。然而，随着年龄和经历的增长，职业理想会逐渐固定下来，逐渐明确自己的人生目标，并最终锁定自己的终生理想。大学生在寻找这个问题的答案的时候，可以从童年开始回忆，依次列出各阶段的理想，再依照理想实现程度的大小对这些答案进行排序。

3. What can you do? 你能做什么？

考虑自己能做什么就是认识自己能力的过程。在职业生涯规划中，要充分认识自身的能力，尤其是要发挥自己的特长，这样才能在未来工作中游刃有余地展示自我。想要对自身的能力范围有相对客观的认识，就需要在日常中不断地充实自己的专业知识和技能，积累工作经验，同时还要注意对自身潜能的开发。开发潜能并不是很容易就能做到的，需要对自我进行深入剖析。要在日常生活中积累不断挑战自我和超越自我的勇气。

4. What can support you? 环境允许你做什么？

在做职业选择时，需要考虑自身之外的各种条件。在客观方面包括职业的经济状况、人事政策、行业状况、发展空间等；主观方面包括同事关系、社会关系等。将这两方面的因素综合起来看，将一切有利于自己发展的因素调动起来，从而寻找自己的职业切入点。

5. What can you be in the end？你最终的职业目标是什么？

充分考虑了以上四个问题后，就会从各个问题中找到对实现有关职业目标有利和不利的条件，然后列出不利条件最少、自己最想做而且又能够做的职业目标，这时候有关我的职业目标是什么，就有了个清楚明了的框架了。

（三）CASVE 循环法

职业生涯理性决策 CASVE 循环法过程如图 4-3 所示。

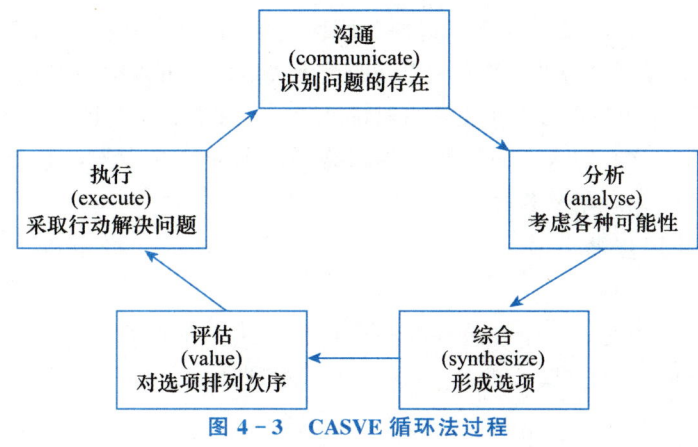

图 4-3　CASVE 循环法过程

（1）沟通（communicate）。找出理想与现实之间差距的各种信息。一是内部沟通，通过自己的身体信号和情绪信号去获得信息；二是外部沟通，如他人评价、报纸、网络、电视等。

（2）分析（analyse）。一方面要对自己的身体状况、感知、记忆、注意、意识、思维、情绪、动机、价值观、兴趣、人格、能力等方面进行深入分析，另一方面要全面了解和掌握外界与问题有关的各种信息。

（3）综合（synthesize）。确定解决问题的方案，由多到少逐渐缩减，最终确定 3～5 个可行性较高的选择。

（4）评估（value）。第一步是个体评估每个方案对自己、他人和社会的影响，及解决问题的效率、效果和投入产出比；第二步是对综合阶段最终确定的几个方案进行排序、比较，然后选择最优的方案。

（5）执行（execute）。把思考转化为行动，用选好的最佳办法解决面临的问题。

（四）职业生涯决策平衡单法

大学生在进行职业生涯决策时，经常会碰到两个甚至两个以上不同的职业发展方案的选择问题，此时如果能进行直观的量化，可能会使你对自己的职业生涯目标更加清晰。在整个生涯决策的实施过程中，一般人感到最困难的是涉及对不同选择方案如何评估的问题。平衡单技术是帮助生涯决策的好办法。

1. 平衡单介绍

平衡单（balance sheet）由詹尼斯和曼（Janis & Mann，1977）设计，他们将重大事件的思考方向集中到四个主题上：

（1）自我物质方面的得失（utilitarian gains or losses for self）。

（2）他人物质方面的得失（utilitarian gains or losses for significant others）。

（3）自我赞许与否（self-approval or disapproval）。

（4）社会赞许与否（social approval or disapproval）。

实际应用时，由于认为"自我赞许与否"和"社会赞许与否"仍显得笼统，所以台湾生涯辅导专家金树人将最后两项改为"自我精神方面的得失"与"他人精神方面的得失"，就是从"自我－他人"，以及"物质－精神"所构成的四个范围内来考虑。

平衡单的设计，是用来协助决策者做出好的重大决定。它可以帮助决策者具体地分析每一个可能的选择方案，考虑各种方案实施后的利弊得失，最后排定优先顺序，择一而行。

以下是一位面临就业的大学应届毕业生实施平衡单的详细步骤，其中展示了如何通过平衡单整理出对自己最有利的抉择。

2. 平衡单的使用步骤

步骤一：开放性的心理自白。

决策者第一步采用的是一个开放性的心理自白方式。在心理自白中，决策者要如实说出心里觉得最重要的几个选择，以及这些选择可能导致的不同结果。可以试着自问以下问题：

（1）我对将来寻找工作这件事怎么认识，有没有明确、具体的计划。

（2）我曾经考虑过哪种职业意向，可不可以将最近几个月来仔细考虑过的职业列出来。

（3）请将几个自认为最合适的职业按先后顺序列出来。

（4）现在，将注意力集中在两个最优先考虑的职业（　　　）和（　　　）上，这两种职业各有什么优点和缺点。

先从选择的第一个职业开始：（　　　）。试着想想看，选择这个职业可能具备的优点和缺点是哪些；能不能多想一些：（　　　）。还有呢？

好，现在再看第二个选择：（　　　）。选择这一个职业的话，会有哪些优点和缺点；能不能再多找一些出来：（　　　）。还有没有？

（5）假设今天自己必须下决心做最后的决定，会如何选择？现在自己要做的是分析一下有关做最后决定的各种想法，以便做出最有利的决定。

步骤二：使用平衡方格单。

为了使决策者能将所有可能的想法都具体地呈现出来，必须在使用平衡单之前，先填写平衡方格单（表4－2）。每一个选择使用一张平衡方格单，在填写之前，要充分考虑四个大类的意义及范围。

先填写第一和第二优先考虑的职业，在所有重要的想法都列出来之后，再依次填写选择的其他职业。此时你纷乱无序的各种念头已化为系统的文字叙述。最后，你提醒自己："再仔细看看，有没有遗漏的？"

表 4-2　平衡方格单

	正面的预期（＋）	负面的预期（－）
1. 自我物质方面的得失		
2. 他人物质方面的得失		
3. 自我精神方面的得失		
4. 他人精神方面的得失		

步骤三：比较生涯细目表。

接下来是填写生涯细目表（表 4-3）。这张表上所列的各种考虑项目是预先设定的，可以帮助决策者发掘一些忽略掉的项目。想一想：这些和自己的决定有没有关系？如果不考虑这些项目，对你最后的决策有没有影响？

表 4-3　生涯细目表（供参考）

1. 个人物质方面的得失 A. 收入 B. 工作的困难 C. 升迁的计划 D. 工作环境的安全 E. 休闲时间 F. 生活变化 G. 对健康的影响 H. 就业机会 I. 其他
2. 他人物质方面的得失 A. 家庭经济 B. 家庭地位 C. 与家人相处的时间 D. 其他
3. 个人精神方面的得失 A. 生活方式的改变 B. 成就感 C. 自我实现的程度 D. 兴趣的满足 E. 挑战性 F. 社会声望的提高 G. 其他
4. 他人精神方面的得失 A. 父母 B. 师长 C. 配偶 D. 其他

步骤四：各项考虑加权计分。

前面几个步骤所列举的各项考虑，对决策者的意义不全然是等值的。为了让决策者意识到自己在平衡方格单上列出来的项目有不同程度的重要性，决策者可以这样提醒自己：这些项目已经是在做决定的时候所能想出来的。但是，当自己要下决定时，有一些考虑的重要性比其他的要来得高。因此，现在要做的是，回去看一看所有的细目，哪些是最重要的。比方说，在考虑第一大范围得失项目时，勾出对自己最具吸引力或是最有利的四个（或五个）项目，再勾出四个（或五个）对你最不具吸引力或是最不利的项目……

同样的步骤，可以类似地用在其他的职业选择上。为了使各项的重要性有层次之分，可进一步对每个项目做加权记分（表4-4）。加权的分数可以采用五点量表（如最重要的×5，较重要的×4，一般重要的×3，较不重要的×2，最不重要的×1）。

表4-4 平衡单的加权记分表

	职业选择一（ ）		职业选择二（ ）		职业选择三（ ）	
	＋有利	－不利	＋有利	－不利	＋有利	－不利
1. 个人物质方面的得失						
2. 他人物质方面的得失						
3. 个人精神方面的得失						
4. 他人精神方面的得失						
小计						
总分						

步骤五：增加其他的选择。

在上述的过程中，决策者如果觉得有新的生涯目标（或职业）可以考虑补充进去，此时虽然原有的各种选择均已完成加权的记分，但是完全可以重新填写平衡方格单，按照步骤一至步骤四的过程完成平衡单的加权记分。

步骤六：排定各种选择的等级。

为了使决策者能综合地对平衡单的各种选择方案作最后的评估，决策者可以自己再审查一下平衡方格单上面的项目，同样地，也可以对平衡单上的加权记分再作适当修改（表4-5）。改完之后，再根据各选择的最后加权总分，将这些选择依分数高低排列。完成了最后一步的工作，决策者还应该明白，这不一定是永久的决定，也许只是暂时的决定，因为它是根据目前所能搜集到的资料和决策者对自己了解的程度所做的决定。

表 4－5 修改后的平衡单加权记分表

考虑因素/项目	权重	职业选择一		职业选择二		职业选择三	
		加权分数（＋）	加权分数（－）	加权分数（＋）	加权分数（－）	加权分数（＋）	加权分数（－）
1. 个人物质方面的得失							
（1）收入							
（2）工作的难易程度							
（3）升迁的机会							
（4）工作环境的安全							
（5）休闲的时间							
（6）生活变化							
（7）对健康的影响							
（8）就业机会							
（9）其他							
2. 他人物质方面的得失							
（1）家庭经济							
（2）家庭地位							
（3）与家人相处的时间							
（4）其他							
3. 个人精神方面的得失							
（1）生活方式的改变							
（2）成就感							
（3）自我实现的程度							
（4）兴趣的满足							
（5）挑战性							
（6）社会声望的提高							
（7）其他							
4. 他人精神方面的得失							
（1）父母							
（2）师长							
（3）配偶							
（4）其他							

案例

小张的职业生涯决策平衡单

基本情况：小张大学三年级，会计专业。她心里很矛盾，既想去参加工作，又希望考研。她性格外向、活泼、能力强，已经考取会计从业资格证。在老师的指导下，她自己填写了职业生涯决策平衡单（表4-6）。

表4-6 小张的职业生涯决策平衡单

考虑因素/选项	生涯选项一：工作		生涯选项二：考研	
1. 个人物质得失				
个人收入（×4）	8（+32）			−6（−24）
健康状况（×2）		−6（−12）	3（+6）	
休闲时间（×3）		−1（−3）		−2（−6）
未来发展（×2）	2（+4）		6（+12）	
升迁状况（×1）	1（+1）		4（+4）	
社交范围（×3）	3（+9）			−1（−3）
2. 他人物质得失				
家庭收入（×5）	3（+15）		2（−10）	
3. 个人精神得失				
所学应用（×2）	5（+10）			
选修需求（×3）	1（+3）		5（+10）	
改变生活方式（×3）		−4（−12）	6（+18）	−1（−3）
富有挑战性（×4）	2（+8）		3（+12）	
成就感（×5）	3（+15）		3（+15）	
4. 他人精神得失				
父亲支持（×4）	6（+24）		3（+12）	
母亲支持（×3）	5（+15）		5（+15）	
男/女朋友支持（×2）		−8（−16）	2（+4）	
总分	83		62	

分析结果：将平衡单上的原始分数乘上权重，分数差距变大，最后把"得失差数"算出来，并据此作出最终的决定。

（五）明尼苏达工作适应论

这个职业发展模型由美国明尼苏达大学提出，叫作明尼苏达工作适应论。该职业发展模型指出职业发展有四要素：个人能力、个人需求、职业要求和职业回馈。这四者共同构成了一个人的职业满意度、成功度和幸福度。它从一个很清晰的角度，为我们解释清楚了什么叫适合自己的工作，如何才能够更适合。

这个理论把职业分成了四个要素：

（1）个人能力：能力、学历、资源……

(2) 个人需求：经济、成长、成就感……
(3) 职业要求：结果、绩效、指标……
(4) 职业回馈：钱、荣誉……

这四个要素构成了上下两条平行线——如果一个人的能力跟他的职位总是很匹配的话，他的绩效比较高、打分高、等级高……就意味着组织对他很满意，简单来说就是比较"成功"。如果一个人总是很满意组织给他的回馈，他有成长、收入高、氛围好……他就会比较"幸福"。

从个人来说，适合你的工作是既成功又幸福的。对于企业来说，一个适合的职业是这个员工能干好，也是他想干的。

职场模型虽然简单，但是它透露出了职业的一个底层逻辑——等价交换。职业是一种通过持续地满足对方需求来自我实现的过程，因为是一个持续的等价交换，所以交换双方最好的状态，就是匹配。

通过该职业发展模型可以很好地给自己做一个健康度检测。

(1) 在现在的工作中，你最迫切需要提升的是自己的成功度，还是幸福度？你是干不好，还是不想干？

(2) 如果答案是干不好，那么提升的地方在"企业需求""个人能力"的匹配度上——我是不是真的理解组织的需求了？我该如何提高自己的能力？

(3) 如果答案是不想干，提升点则在"个人需求"和"职业收益"的匹配度上；我是不是知道自己到底想要什么？职业有时候能给你想要的，有时候也没法给你，因为大部分时候公司也不知道你想要什么。如果知道自己想要的，需要什么能力才能获得这个收益？

二、职业生涯规划的步骤

一份完整有效的职业生涯规划应包括自我评估、职业环境分析、职业目标的确定、实施策略与措施、反馈调整五个步骤。

（一）自我评估

自我评估是个人职业生涯规划的基础，也是能够获得可行的规划方案的前提。只有通过自我评估深刻地认识和了解自己，才能对未来的职业生涯做出最佳抉择。正如目标管理大师彼得·德鲁克所言："多数人都以为，他们知道自己擅长什么。其实不然，更多的情况是，人们只知道自己不擅长什么——即便在这一点上，也往往认识不清。"自我评估的主要内容就是要弄清自己的优势是什么。补短板的个人成长策略在 VUCA 时代已经失效。互联网时代交互和分工非常简单、精细，很容易形成长板原理。当年管理学家提出短板原理，也强调的是一个组织的能力取决于最短的板，并不是个体。组织补短板的方式恰恰是应用个人的长板而不是相反。盖洛普公司（Gallup）在全球掀起过一场优势运动，用 40 年的时间，对全世界 200 万人进行了关于优势的开放性研究，他们发现：世界上最成功的个体，都是通过将优势发挥到极致，而不是通过弥补弱点来获得成功的。正确自我评估首先需要弄明白自己的优势。

> **相关链接**

优势（strength）：持续地近乎完美的表现，在特定方面持续地取得积极成果的能力。优势是一种能力，这种能力有三个要求：近乎完美、持续以及取得积极成果。

优势＝才干×投入

才干（talent）：自然而然、反复出现的思维模式、感受或行为。简单来说，才干就是天生做某件事不费劲。才干必须经历一个从无意识使用，到有意识察觉，再到刻意学习和练习的过程，这个过程就是投入。投入包括三个部分：时间精力的投入、知识技能的投入、经济的投入。

四步培养优势

找到天赋才干是第一步，下面的四个步骤是重要的关键动作。

第一步，偶尔遇见：在各种场合、经验和尝试中，偶尔发现自己有特别天赋才干的领域。

第二步，逐渐识别：多次重复、主动反思，逐渐识别自己的才干。

第三步，能够利用：围绕先天的才干，持续地扩充专业知识、学习技能，固化成能力。

第四步，外界认可：通过向外界展示能力的结果，逐渐获得认可，成为优势。

这样一来，那些"自然而然的思维模式、感受或者行为"就会逐渐变成"持续取得积极成果的能力"。不是人人都是天才，但是人人都有才干。

在现有的测评中，国际上较权威的优势测评有两个：

（1）由盖洛普公司开发的"盖洛普优势测评"，它主要关注的是哪些天赋主题（talent themes）会促进绩效表现。盖洛普测评是收费的，你可以登录 https://www.gallupstrengthscenter.com 或者百度"盖洛普优势俱乐部"，第一条就是购买链接。还可以直接购买《盖洛普优势识别器 2.0》一书，书上也会有测评。

（2）由积极心理学奠基人 Peterson 开发的 VIA（Values in Action Inventory of Strengths）测试，其中有 24 项性格优势测评，主要关注你有哪些性格上的优势，并帮助你进一步提高幸福感和成就感。

VIA 测试是免费的，其网址为 http://www.viacharacter.org（有中文版本的翻译）。

（二）职业环境分析

环境因素对每个人的职业生涯发展的影响是不可忽视的，每一个人都处在特定的环境之中，离开了这个环境，便无法生存与成长。作为社会生活中的个体，我们只有顺应职业环境的需要，趋利避害，最大可能地发挥个人的优势，才能实现个人目标。今天，世界已进入 VUCA 时代——正面对着一个易变（volatility）、不确定性（uncertainty）、复杂（complexity）和模糊（ambiguity）的世界，"年年岁岁花相似"的周而复始的情况正在远去，"三千年来未有之大变局"令越来越多的人感到焦虑和迷茫。所有人都在说未来是一个"个体崛起"的时代，组织变化、行业跨界、个体能力越来越强——IP、U 盘化生存、个人＋平台模式、联盟思维……优秀的人能获得任何时代都没有的影响力和资源。《哈佛商业评论》说这是网络个人经济的开始:"新经济的单位不是企业而是个体。"在这个个体崛起的时代,职业环境分析就显得非常重要。

分析环境因素包括分析组织环境、政治环境、社会环境、经济环境。即评估和分析职业环境条件的特点、发展与需求变化趋势、自己与职业环境的关系以及职业环境对自己的有利条件和不利因素等,以便不断地调整自己适应职业环境的变化和要求。这样设计的职业生涯规划才会切实可行,而不至于空泛。

(三) 职业生涯目标的确定

制订职业生涯规划就是为了实现个人某种职业目标,从而获得个人理想的生活,所以明确目标方向是职业生涯规划的核心。一般情况下,大学生可以以个人情况与周围环境为条件确立人生目标和长期目标,并且通过目标分解,形成符合组织需要的中期和短期目标,以及不同情形下的目标组合。在这方面,ABZ 理论提供了职业目标指南。ABZ 理论中,A 代表现在长期从事的职业(主业),B 代表可能发展为主业 A 的兴趣、副业等,Z 代表为了使 B 转化为 A 所需要准备和投资的时间、金钱。

(四) 实施策略与措施

实施策略与措施就是为了实现职业生涯目标而制订的行动计划,在我们确定职业目标后,就要制订相应的行动方案来实现它们。行动成为关键的环节,这就如同设计我们攀登目标的阶梯。实施策略措施要具体可行,容易评估。

(五) 反馈调整(不确定时代、见招拆招的智慧)

影响职业生涯规划的因素诸多,有的变化因素是可以预测的,而有的变化因素难以预测。现实社会中种种不确定因素的存在,会使实际情况与原来制订的职业生涯规划目标有所偏差,在此情况下,要使职业生涯规划行之有效,就需要不断地对职业生涯规划进行评估与修订,不断地反省并对规划的目标和行动方案做出修正或调整,从而保证最终实现人生理想。其修订的内容包括:职业的重新选择,职业生涯路线的选择,人生目标的修正,实施措施与计划的变更,等等。下面介绍一个 WOOP 思维工具模型以应对此种情况。

相关链接

所谓 WOOP 思维,即心理比对。

wish(愿望):寻找一个你内心的愿望,设定一件你最想完成的事。

outcome(结果):如果达成了,最好的结果是什么?——尽情畅想梦想成真的喜悦。

obstacle(障碍):思考在实现目标的过程中,你最担心发生的障碍。

plan(计划):在脑子里预演最好和最坏情况,找到一个平衡点,制订计划。按照最好的预期,做最坏的准备。

在充分考虑过乐观和悲观情况之后,最后给自己设计一个"执行意图",也就是提前设计一个遇到障碍的条件反射触发器:

如果(发生什么情况)……那么(采取什么行动)……

比如，你的目标是每天傍晚跑步，则WOOP思维如图4-4所示。

```
Wish 愿望：傍晚跑步
Outcome 结果：身心舒畅
Obstacle 障碍：下班回家后很累
Plan 计划：克服困难/抓住机会/预防产生
If...Then...
如果我7点到家很累，那么我对自己说，先换鞋子走出门散步，慢慢有体力再跑。
如果我7点到家很累，那么我提前邀上朋友，在楼下等我一起跑。
```

图4-4　WOOP思维

第四节　职业生涯规划书的撰写

大学生都应该对自己负责，拥有一份属于自己的职业生涯规划书，并将此作为自己的行动指南。职业生涯规划书是职业生涯规划内容的书面化形式，规划内容和结果在规划过程中或规划后形成文字方案，有利于理顺规划的思路，提供操作指引，随时评估与修正。

一、自我分析

对自己进行全方位、多角度的分析。
（1）职业兴趣——喜欢干什么。
（2）职业能力——能够干什么。
（3）个人特质——适合干什么。
（4）职业价值观——最看重什么。
（5）胜任能力——自身优势、劣势是什么。

二、职业分析

（1）家庭环境分析。如家人工作状况、经济状况、家人期望、家族文化等，以及他们对本人的影响。
（2）学校环境分析。如学校特色、专业学习、实践经验等。
（3）社会环境分析。如就业形势、就业政策、竞争对手等。
（4）职业环境分析。
①行业分析。该行业的现状及发展趋势、人和行业的匹配分析。
②职业分析。该职业的工作内容、要求、发展前景、人和岗匹配分析。
③企业分析。单位类型、企业文化、发展前景、发展阶段、产品服务、员工素质、工作氛围、人和企业匹配分析。
④地域分析。工作所在的城市的发展前景、文化特点、气候水土、人际关系、人和城

市匹配分析。

三、职业定位

综合前面主要内容得出本人职业定位的分析，见表4-7。

表4-7 职业定位分析

内部环境因素	优势因素	劣势因素
外部环境因素	机会因素	威胁因素

结论见表4-8。

表4-8 结论

职业目标	将来从事什么职业
职业发展策略	进入什么类型的组织
职业发展途径	走什么类型的路线
具体路径	初级—中级—高级

四、计划实施

计划实施一览表见表4-9。

表4-9 计划实施一览表

计划名称	时间跨度	总目标	分目标	计划内容	策略和措施
短期计划					
中期计划					
长期计划					

详尽执行计划如下：
本人正在……
我的计划是……

五、评估调整

职业生涯评估是一个动态的过程，必须根据事实结果的情况以及变化进行及时的评估与修正。

（一）评估的内容

（1）职业目标评估（是否需要重新选择职业）。

(2) 职业路径评估（是否需要调整发展方向）。
(3) 实施策略评估（是否需要改变行动策略）。
(4) 其他因素评估（身体、家庭、经济状况以及机遇、意外情况的及时评估）。

（二）评估的时间

一般情况下，要定期（半年或一年）评估规划。当出现特殊情况时，随时评估并进行相应的调整。

六、结束语

在职业生涯规划书的撰写过程中，行文的风格、叙事的方式、文案的设计，可以根据自己的喜好进行选择，但在内容上，一定要结合实际、全面分析、科学规划，保证规划切实可行，并确保规划能顺利执行。

七、注意事项

撰写职业规划书应注意如下事项：

(1) 职业没有高低好坏之分，只有适合与否。只要符合自己的兴趣、人岗匹配，而且自己能完全胜任的职业就是好职业。职业伴随一个人人生三分之一的时间，倘若从事自己没有兴趣的工作，将无法坚持下去。

(2) 挑选有较高效度和信度的人才素质测评软件进行测评。人才素质测评是了解自我的理论依据之一，对自我的分析仅凭自我认识及他人评价还不够全面，缺乏足够的理论依据。正确的做法是将自我认识、他人评价和人才素质测评结果有机结合，形成较为全面的自我认知，据此设定的目标可信度才较高。

(3) 制订的职业目标要具有合理性。要综合考虑自己的兴趣、特长、能力、社会需要等各方面因素，目标的设定不能脱离现实（图4-5）。要认清兴趣与能力、能力与社会需求都是存在一定差异的，我们所要做的就是要在这诸多因素中找到一个结合点，将自己的经历经验、专业技能、兴趣特长都有机地结合起来，这样的职业目标才会有生命力。

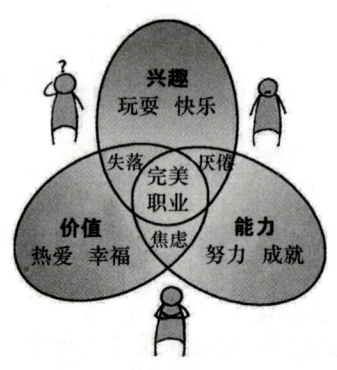

图4-5 职业生涯三叶草模型

(4) 措施要有可行性。针对职业目标制订的措施一定要具有可行性，这是评价职业规划书的一个重要部分。最好制订出长期、中期、短期计划，并拟订详细的执行方案和时间限制。高年级的同学可将重点放在就业五年内的职业规划上；低年级的同学可将重点放在大学生涯的规划上，但都应突出为职业发展所做的准备工作。

（5）如果职业规划书要在同学中交流，无论是行文的风格、叙述的方式，还是文案的设计等，都应体现自己的风格和特色。切忌大量抄袭职业测评报告结果，可多引用测评结果中显示的图表，这样更直观。

（6）职业认知是职业规划中确定职业目标的重要环节，不少大学生仅依赖于在互联网上搜寻职业信息，这样的职业认知还不够全面，应该增加社会实践、见习和实习，让职业认知更具可行性。

人生规划了，不一定能成功，但人生不规划，一定不能成功。只要我们通过科学的职业生涯规划，在人生的航程中，朝着既定的目标，扬起职业之帆，迎风劈浪，定能驶向成功的彼岸。

思考与活动

1. 按要求用 Word 文档设计一份具体、详尽、可行的职业生涯规划书。
2. 把自己职业生涯规划书的主要内容制作成 PPT（幻灯片），用 5～7 分钟时间向同学们展示。

第五章

大学生就业准备

【本章概述】

了解目前就业形势与政策，区分有效就业信息的内容，掌握就业信息搜集的方法和渠道，择优挑选适合自己的就业途径，了解自己的就业心理情况，做好求职心理准备，学会调整自身就业心态。

【内容要点】

1. 了解就业形势和就业政策；
2. 掌握就业信息搜集和自我调适的渠道和方法。

导入案例

2016年全国普通高校毕业生人数为765万人，2017年为795万人，2018年为820万人，就业压力逐年增大，毕业生就业问题已经成为一个社会问题，少数高校毕业生面临"毕业即失业"的窘境。

解决好毕业生的就业问题，不仅需要国家政策的扶持、学校的职业发展与就业指导，更取决于学生个人。高校毕业生首先要全面认识自己，了解自己的兴趣、爱好，确定适合自己的就业道路，如：公务员、考研、预征入伍、出国留学、自主创业等，一旦确立目标，就应该为目标努力，坚持不懈，直至取得最后的成功。

了解当前面临的宏观和微观就业形势以及国家有关就业政策，是大学生求职择业的关键一步。有人曾经形象地把求职择业中不熟悉就业政策的高校毕业生比作"不懂比赛规则而上场比赛的运动员"。的确，面临求职择业的毕业生如果不了解就业形势与政策，就会感到迷茫，选择不出适合自己的就业途径，搜集掌握就业信息少，就可能失去很多就业机会，甚至碰壁。

【思考与讨论】

在当前严峻的就业形势下，你知道就业信息搜集的渠道吗？

第一节　就业形势与政策

一、现阶段的大学毕业生就业形势

(一) 高等教育大众化与大学生就业

1999年6月24日，教育部和原国家计委联合宣布，1999年普通高校招生人数增加到156万人，比上一年增长47%，随后，我国高等教育迈开了连续扩招的步伐。2003年，高校扩招后的第一批本科毕业生进入就业市场，毕业生人数为212万，比2002年增加了67万人，增幅为46.2%，这个增幅是20多年来最大的一次。2009年高校毕业生人数达611万人，比2002年增加了466万人，2018年高校毕业生更是达到820万人。至2003年，我国高等教育毛入学率已由1999年的10.5%迅速提高到17%。根据美国学者马丁·特罗的教育研究理论，高等教育毛入学率15%以下为精英教育阶段，15%~50%为大众化教育阶段，50%以上为普及型教育阶段。有关资料显示，目前，中国高等教育的毛入学率达到25%左右，已经进入了国际公认的大众化发展阶段。

我国高等教育连续几年的大规模扩招，使莘莘学子接受高等教育不再是一个高高在上的奢侈品，也圆了无数考生的大学梦。然而，毕业后在求职中无数次的奔波与一次次的失落使许多大学生陷入了困惑。根据教育部提供的数据，扩招后全国高校毕业生平均一次就业率只有70%左右，大学生就业也成为千家万户关心的热门话题。

《国家教育事业发展"十三五"规划纲要》(以下简称《纲要》)指出，"我国基本公共教育服务体系和现代职业教育体系基本确立，高等教育大众化水平显著提升，继续教育持续发展，全民终身学习的态势初步形成"。《纲要》还提出了"改革创新驱动教育发展"的战略，推行产教融合的职业教育模式。坚持面向市场、服务发展、促进就业的办学方向，科学确定各层次各类型职业教育培养目标，创新技术技能人才培养模式。推行校企一体化育人，推进"订单式"培养、工学交替培养，积极推动校企联合招生、联合培养的现代学徒制。率先在大中型企业开展产教融合试点，推动行业企业与学校共建人才培养基地、技术创新基地、科技服务基地。目前，我国高等教育仅处于高等教育大众化的起步阶段，而1997年部分发达国家高等教育毛入学率的平均水平已达61.1%。可以预见，随着我国经济持续快速健康发展，人才紧缺的问题将更加突出。从市场经济国家的普遍发展历史来看，市场经济体制需要并且有能力吸收比现在多得多的大学毕业生。图5-1是2001—2018年全国高校毕业生人数。

(二) 理性认识就业形势

1. 胸怀报效祖国、回馈社会的崇高理想

青年一代是国家、民族的未来和希望，是社会建设和发展的支柱和栋梁，而大学生群体又是其中的佼佼者。因此，大学生要肩负起中华民族伟大复兴的历史使命，首先必须具有崇高远大的理想。当前世界并不太平，中国的发展和崛起仍然受到来自西方国家和其他

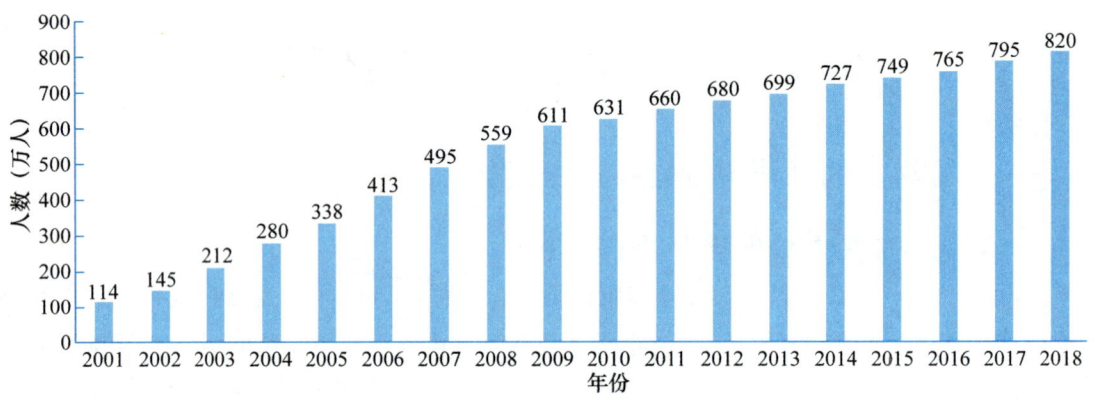

图 5-1　2001—2018 年全国高校毕业生人数

反华势力的干扰、阻挠和遏制。中国人必须团结凝聚、不畏强权、艰苦奋斗、开拓创新，在干扰和阻挠中更好发展、更快崛起。而实现这样的伟大目标，我们大学生责无旁贷。因此，大学生在求职择业过程中，应当具有国家观念、民族意识，要有远大的胸襟和抱负并为之付出切实的行动。

2. 珍惜在高校的学习机会

当前人类社会正处于飞速发展的时代，知识对于国家、民族及个人都极为重要而且将变得越来越重要。尽管人们需要持续学习、终身学习，但是，正规而系统的高等教育对于一个人的人生来说仍是非常重要的。的确，有许多没有接受过高等教育或中途退学的人也取得了辉煌的成绩，比如英国前首相梅杰、美国的比尔·盖茨、史蒂夫·乔布斯、迈克尔·戴尔等。但是，从总体的概率上来说，伟大的政治家、科学家、发明家、实业家等，还是从大学里出来的居多。因为，高等教育能够让一个人接受系统的知识、学会正确的方法、建立起科学的思维方式，从而少走弯路、快速成功等。比尔·盖茨在离开大学 32 年之后又于 2007 年 6 月重返哈佛大学，激动地接受母校颁发的荣誉法学学士学位，并告诫广大学子"我鼓励人们还是要完成学业，完成所有的学业会好得多，除非有一些非常紧迫的，或者是不容错过的事情"。因此，大学生在大学里一定要树立把知识学牢、学扎实的理念。

3. 放下架子，踏踏实实从最现实的工作做起

上面讲到我们大学生要有胸怀祖国、回报社会的崇高理想。但是，我们人生理想和个人价值的实现必须有一个坚实的切入点。我们不仅需要杰出的总设计师、总工程师，也需要杰出的技师、工人。当前，在高校毕业生就业困难的同时，我国却十分需要一大批高水平的技师，而且这种紧迫性在深圳等地更为明显。因此，无论是从国家社会的角度来说，还是从个人角度来说，我们都必须踏踏实实地从现实做起、从具体工作做起。

4. 农村仍然是一个广阔的天地，在那里仍然可以大有作为

几十年前，毛泽东同志向广大知识青年发出号召："农村是一个广阔的天地，在那里是可以大有作为的。"这个伟大的号召对于今天的大学生来说同样适用。我们要建设社会主义新农村，只要脚踏实地、刻苦勤奋、不懈追求和探索，在农村也可以为人类、国家和民族做出巨大的贡献。像"世界杂交水稻之父"、中国工程院院士袁隆平，1953年从西南农学院毕业之后，被分到湘西的一个农校教书。但是，他在条件极其简陋的情况下，从20世纪60年代开始研究杂交水稻，到现在经过推广，其增加产量不仅每年可以解决我国7000万人的吃饭问题，而且也被认为是解决21世纪世界性饥饿问题的法宝。"中国十大杰出青年"之一、现任湖南省粮食局局长吴奇修，1987年从北京大学经济系毕业之后，要求回到家乡湖南涟源，先在县里，再到乡里，最后到最落后的一个村——石门村任党支部书记。他带领群众艰苦创业，经过短短几年，把人均收入仅480元的落后村变成为人均收入近9000元的湖南省首富村，便是很好的例证。

5. 发挥优势，更新观念，开阔视野，实现多种渠道就业

《中华人民共和国职业分类大典》中将我国的社会职业分为1838个。虽然有相当一部分职业是不适合高校毕业生的，但是，新增的职业中也有一部分是适应社会经济发展的，需要具备高学历、高素质的人才能胜任的，比如，评估师、精算师、企业文化策划师等。这就给高校毕业生开辟了广阔的就业渠道。对此，高校毕业生应发挥自己的优势和特长，积极适应新的需要。同时，高校毕业生还应当能够把目光从国家机关、行政事业单位、国有大中型企业、外资企业上移开，坚定信心、更新观念，进行自主创业。另外，在我国一带一路战略前提下，高校毕业生也应考虑走出国门进行就业这个途径。这不但可以缓解国内劳动就业压力，为国家多创外汇，还可以学习这些国家的先进技术和管理经验，从而实现一举多得的目的。

二、现阶段的大学毕业生就业政策

（一）主要相关政策

近年来，国家出台了一系列促进高校毕业生就业的政策措施，基本形成了一整套高校毕业生政策体系。

2008年4月14日，教育部下发《关于做好2008年高校毕业生"三支一扶"计划实施工作的通知》，要求继续做好高校毕业生到农村基层从事支教、支农、支医和扶贫的工作，引导和鼓励高校毕业生面向基层就业。

2008年4月20日，教育部办公厅下发《关于做好选聘高校毕业生到村任职相关工作的通知》，鼓励青年学生深入基层，进一步扩大基层就业渠道。

2009年2月19日，国务院办公厅下发《关于加强普通高等学校毕业生就业工作的通知》，提出必须把高校毕业生就业摆在当前就业工作的首位，并且制订了鼓励毕业生到城乡基层就业等七个方面的重要措施。紧接着，教育部推出六大举措，力促大学生就业。

2009年3月18日，教育部、人力资源和社会保障部发布《国家促进普通高校毕业生就业政策公告》，鼓励高校毕业生到基层、到中西部地区就业，鼓励高校毕业生应征入伍服义务兵役，参与国家和地方重大科研项目等。

2009年5月25日，财政部、教育部、总参谋部印发关于《应征入伍服义务兵役高等学校毕业生学费补偿和国家助学贷款代偿暂行办法》的通知，6月9日，教育部办公厅、公安部办公厅就普通高等学校毕业生应征入伍服义务兵役办理就业手续有关问题再次下发通知。

2009年11月25日，教育部公布《关于做好2010年普通高等学校毕业生就业工作的通知》，明确教育部将采取八项措施力促高校毕业生就业。

2010年5月4日，教育部下发《关于大力推进高等学校创新创业教育和大学生自主创业工作的意见》，要求大力推进创新创业教育，加强创业基地建设，强化创业指导和服务，推动创新创业教育和大学生自主创业工作实现突破性进展。

2011年5月，国务院专门下发了《关于进一步做好普通高等学校毕业生就业工作的通知》（国发〔2011〕16号），进一步明确了鼓励企业吸纳高校毕业生就业，鼓励高校毕业生面向城乡基层就业，鼓励支持自主创业，开展就业见习和技能培训，加强就业指导、就业服务和就业援助的相关政策。

2015年9月，国务院下发了《关于加快构建大众创业万众创新支撑平台的指导意见》（国发〔2015〕53号），明确提出各地要加强创业扶持，加快众创平台的构建，进一步完善大众创业万众创新的新局面。

2017年6月，教育部印发《关于促进普通高校毕业生到国际组织实习工作的通知》（教学〔2017〕6号）对鼓励支持高校毕业生到国际组织实习工作作出部署和要求，并予以政策支持，不断加强学生就业引导，优化就业服务，抢抓机遇，把培养、推送高校学生到国际组织任职工作提高到一个新水平。

2018年3月，人力资源和社会保障部下发《关于做好2018年全国高校毕业生就业创业工作的通知》，该通知要求各地政府加强就业市场供需衔接和精准帮扶，指导帮助毕业生理性择业、积极就业、爱岗敬业，并加强学生创业意识，形成创业氛围。

（二）相关政策内容

1. 鼓励毕业生到基层、中西部地区就业

各级政府为毕业生到基层和艰苦地区工作积极创造条件，为毕业生到城市社区、农村基层就业和志愿西部就业提供政策支持。鼓励毕业生"支教、支农、支医和扶贫"。中央就业专项资金对中西部地区高校毕业生就业见习基本生活补助给予适当支持。鼓励医学类高校毕业生到乡镇卫生院工作，充实农村基层卫生服务队伍。鼓励农科高校毕业生到基层农技推广服务一线工作。凡在以上地区工作两年或两年以上的毕业生在报考研究生、报考党政机关和应聘国有企事业单位时享受优惠政策。另外，志愿服务西部的毕业生在服务期间计算工龄，两年志愿者服务期满后鼓励其扎根基层或者自主择业、流动就业。

2. 鼓励高校毕业生入伍服兵役

高校毕业生应征入伍服义务兵役的，可以全部代偿助学贷款或者补偿学费，服役期满后，参加政法院校为基层公检法定向岗位招生考试时，优先录取；具有高职高专学历的，退役后免试入读成人本科，或经过一定考核入读普通本科，或者可根据需要参照应届毕业生办理就业报到手续。

3. 鼓励和支持高校毕业生到中小企业就业、自主创业和灵活创业

鼓励各类企事业单位特别是中小企业和民营企事业单位聘用高校毕业生；对于高校毕业生初创企业的，可按照行业特点，合理设置资金、人员等准入条件，并允许注册资金分

期到位。允许高校毕业生按照法律法规规定的条件、程序和合同约定将家庭住所、租借房、临时商业用房等作为创业经营场所。对应届及毕业2年以内的高校毕业生从事个体经营的，自其在工商部门首次注册登记之日起3年内，免收登记类和证照类等有关行政事业性收费；登记求职的高校毕业生从事个体经营，自筹资金不足的，可按规定申请小额担保贷款，从事微利项目的，可按规定享受贴息扶持；对合伙经营和组织起来就业的，贷款规模可适当扩大。完善整合就业税收优惠政策，鼓励高校毕业生自主创业。对灵活就业高校毕业生申报就业的，提供免费劳动保障和人事代理服务，做好社会保险关系等的接续。落实符合就业困难人员条件高校毕业生灵活就业的社会保险补贴政策，逐步实现就业的稳定。

4. 鼓励多种形式开展就业工作，举办网络招聘周活动

为深入贯彻落实党的十九大精神，促进以高校毕业生为重点的青年就业，切实做好全国普通高校毕业生就业信息服务工作，教育部、人力资源和社会保障部等多部门每年联合举办多次面向高校毕业生网上招聘周活动。此项活动鼓励各高校形成就业活动联盟，通过网络招聘的形式为全国各地的学生提供同样的就业服务，突破地理限制，通过就业大数据为学生提供精准就业服务，降低高校毕业生的就业难度，并加强高校毕业生的就业质量。

5. 鼓励支持高校毕业生到国际组织实习工作

近两年，教育部多次下发文件鼓励支持高校毕业生到国际组织实习工作，在经费资助、教学管理、就业服务等方面出台了具体举措。要求高校要结合人才培养特色和学科优势，加快培养具有参与全球治理能力的高素质人才，加强与国际组织联系，拓宽合作交流渠道，及时收集发布国际组织招聘信息，通过开展讲座报告、项目推介、组建社团等多种方式，为毕业生到国际组织实习任职提供咨询、指导、培训等服务。

我国的积极就业政策可概括为：五大支柱、六个领域、十项措施，这些就业政策将对我国就业产生深远影响，了解这些国家政策可从宏观上更好地为我们的就业之路提供保障。

第二节　就业信息搜集

一、就业信息综述

信息对于我们每个人来说，并不陌生。在现实生活中，每个人每时每刻都在不断地接收信息、加工信息和利用信息，都在与信息打交道。随着科学技术特别是信息工程、计算机技术等高科技技术的飞速发展和普及，当今世界已进入信息时代，信息在人类生活中显示出越来越重要的地位。毕业生求职择业也不例外，就业信息在毕业生求职过程中的重要性不言而喻。

就业信息是指与就业有关的消息和情况，包括就业政策、就业机构、经济发展形势与趋势、劳动力供求双方的情况、国民经济计划、劳动用工制度、干部人事制度、毕业生资源及就业制度、近期失业率以及就业培训等。就业信息分为两类：宏观信息和微观信息。

宏观信息是指国家的政治经济情况，国家或地区社会经济的方针政策规定，国家对毕业生的就业政策与劳动人事制度改革的信息，社会各部门、企业需求情况及未来产业、职业发展趋势所要求的信息。掌握这些信息，就可宏观地把握就业方向。同学们在校期间，要关心国家政策的重大改革，这对确立宏观的择业方向有着重大的意义。

微观信息是指某些具体的就业信息。如用人单位的需求情况、发展前景、需求专业、条件、工资待遇等。这些信息是在即将毕业时所必须搜集的具体材料。我们平常所说的就业信息就属于微观就业信息。

二、就业信息搜集的方法和渠道

（一）就业信息搜集方法

1. 全方位搜集法

把与你的专业有关联的就业信息统统搜集起来，再按一定的标准进行整理和筛选，以备使用。这种方法获取的就业信息广泛，选择的余地大，但要花费一定的时间和精力。

2. 定方位搜集法

根据自己选定的职业方向和求职的行业范围来搜集相关就业信息。这种方法以个人的专业方向、能力倾向和兴趣特长为依据，便于找到更适合自己特点、更能发挥自己作用的职业和单位。需要注意的是，当你选定的职业方向和求职范围过于狭窄时，有可能大大缩小你的选择余地，特别是你所选定的职业范围是竞争激烈的"热门"工作时，很可能给你下一步的择业带来较大困难。

3. 定区域搜集法

根据个人对某个或几个地区的偏好来搜集信息，而对职业方向和行业范围较少关注和选择，这是一种重地区、轻专业方向的信息搜集法，按这种方法搜集信息和选择职业，也可能因所面向地区的狭小和"地区过热"（即有较多择业者拥向该地区）而造成择业困难。

就业信息虽然有很多种搜集方法，但每一名毕业生的基本情况、个人条件不同，所以其最佳信息搜集方式也不相同。所以，毕业生在搜集就业信息时应该找到一种适合自己的最佳方式，并以此为主，以其他信息搜集方式为辅，搜集各种就业信息。

> **案例** ▶
>
> 小谢是一所普通本二批高校软件工程专业的应届毕业生，他非常喜欢做一些小程序的开发工作，经常在一些技术群里面发布自己编写的小程序，因为爱好，他也经常去参加一些公司的小程序设计大赛。大三下学期，他参加了腾讯公司的一个在线程序设计大赛，认真准备了一个月，提交了自己的设计作品，结果获得了三等奖。腾讯公司邀请他去现场交流，最后被看中，顺利实现签约。从小谢的经历中，我们可以看到，就业的机会无处不在，机会都是靠自己去把握争取的。

（二）就业信息搜集的渠道

1. 学校毕业生就业工作部门

学校毕业生就业工作部门是学校的一个职能部门，整理和发布就业信息是学校毕业生就业工作部门的主要工作。在长期的工作交往中，与上级毕业生就业主管部门及用人单位有着广泛而密切的联系，是用人单位向学校寄送需求情况的信息集中地。经过学校毕业生就业工作部门筛选和分类的用人单位，其可信度高、信息量大。可以说，学校毕业生就业工作部门是毕业生获取就业信息的主要渠道。

2. 各地人才服务中心

人才服务中心是各市、区、县劳动人事部门设立的专门从事人才交流、职业介绍工作的服务机构。在这里，既可以通过咨询获得当地就业规定、实施办法，又可以了解当地的人才需求情况。对于有明确的就业地点要求的毕业生来说，这种渠道的就业信息就显得尤为重要。

3. 通过各级毕业生就业主管部门、人才服务机构及其组织的有关活动获取信息

各级毕业生就业主管部门和人才服务机构，是沟通用人单位和大中专毕业生的桥梁和纽带，是为毕业生提供就业服务的专业机构。毕业生可通过他们组织的定期或不定期的人才交流洽谈会、大中专毕业生供需见面会等活动获取需求信息。

4. 院系领导及老师

院系的领导、老师直接与毕业生接触，比一般人更了解本专业毕业生适合就业的方向和范围，也往往更了解近几年来毕业生的就业情况。他们提供的信息针对性强，更能满足学生对专业发展的要求。在实际工作中，一些院系领导、老师经常受其同学、好友的委托，为其单位推荐合适的毕业生。

5. 家长、亲朋好友等社会关系

家长和亲朋好友是尚未步入社会的大学生社会关系网的主要构成部分。他们来自社会的各个行业、各个阶层，与社会有多种联系，可以从不同渠道带来各种用人单位的需求信息。他们比较了解大学生本人的求职意向，提供的信息也就比较直接、有效、可靠。毕业生接受家长亲友提供的信息，由此进入就业岗位的可能性也比较大。

6. 网络、报刊、广播、电视等媒体

需要特别注意的是，这种信息传播面广、竞争性强、时效快、成功率较低，而且其内容往往比较笼统，如果选用，还应作进一步的了解。一些用人单位常常通过报纸、杂志、广播、电视等大众传媒介绍本单位的现状、发展前景和人才需求信息。

7. 实习、社会实践、社交等活动

毕业生在实习、社会实践中可以直接与用人单位接触，可以更清楚地了解有关需求情况，也能让用人单位更多地了解自己。通过实习，一方面使用人单位对你有所认识和了解，另一方面使学生对择业领域有更深的了解。

以上就业信息来源渠道的划分并不是绝对的。比如，学校毕业生就业工作部门的信息会在互联网上发布，同时学校也会主动搜集其他渠道的就业信息。在实际的操作过程中，就业信息是纵横交错、相互补充的。

三、就业信息的处理和利用

一般来说,通过上述渠道所搜集到的原始就业信息都比较杂乱,有相当一部分信息是没有用处的,应根据自己的实际情况和需求,对信息进行去粗取精,去伪存真,有目的、有针对性地加以筛选处理,使获得的信息具有准确性、全面性和有效性,使之更好地为自己的求职服务。把通过各种渠道搜集来的信息按地区、性质进行分类,再按自己的择业标准进行等级分类,把那些自己感兴趣的单位列为第一等级,作为求职择业的重要选择方向。

(一)在处理这些信息时应把握以下原则

(1)掌握重点。将收集到的所有就业信息进行比较、初步筛选之后,把重点信息选出来,标明并注意留存,一般信息则仅做参考。

(2)适合自己。每个人的情况不一样,应选择适合自己的信息。

(3)注意信息的时效性。搜集到就业信息后,应适时使用,以免过期。

(4)确定信息搜集范围时不能局限于"热门"单位和周边较近的地区,否则会大大降低就业的成功率。

(二)在应用就业信息时,应考虑如下方面

1. 研究分析就业信息,确定合适的择业目标

择业目标是求职者的职业期望,是求职者对某项职业的追求和向往。制订切合实际的择业目标,除对自身条件有很清楚的认识外,还必须通过搜集就业信息,明确择业政策范围,熟悉行业特点以及与自身条件相关的行业状况。然后,根据社会需求信息与相关用人单位的岗位要求确定择业目标。在实施过程中发现有偏差时,还应及时根据信息反馈情况,调整择业目标。许多信息的价值往往不是浮在表面上的,必须经过深入挖掘才能发现。比如,根据有些单位的现状,可能还难以判断、预测单位和自己今后的发展;有些单位虽然目前可能条件差一些,但从长远看是有前途的,能够给人才较大的发展空间。这就要求毕业生既要站在高处,从长远的、大局的方向看职业、单位的趋势,又要留意信息的细枝末节,由表及里地挖掘信息的内涵价值。有时,还需要有一些专业知识和经验。在当今变化万千、节奏加快的时代,由于就业信息传播速度快,共享程度高,毕业生得到的信息仅仅代表着一种可能的机会,而且充满着竞争,机会稍纵即逝。因此,毕业生获取信息后,一定要尽快分析处理并向信息发布者反馈信息,早动手未必能得到这个岗位,但反应迟钝者肯定会失去这个岗位。

2. 应用就业信息,锻炼和评估自己的择业能力

择业能力是人们进行求职择业活动的本领,是在人们先天生理素质的基础上,经过训练和培养而形成的。一般说来,择业能力强的人,择业成功的可能性较大;反之,择业成功的可能性较小。当今的毕业生应当抓住机遇,主动与用人单位交往。大学毕业生的社会期望值一直较高,目标与现实之间常常存在着差距。在明确目标的同时,应仔细分析了解自己的优缺点,将目标放置现实之中,明确两者之间的距离。寻找工作时,要对自己目前掌握什么、欠缺什么,做到心中有数,盲目自信、急于求成都难以成功。明确自己的目标

与现实的差距后，下一步的问题即怎样缩短差距，并为尽可能地缩短这一差距找出最适合的途径。除了了解自己，还要了解用人单位的准确名称、隶属关系、单位性质、规模、发展前景、地理环境、经营范围和种类等，要了解用人单位需要的专业、层次、使用意图、具体工作岗位、用人单位的福利待遇（包括薪金、福利、保险、奖金、住房、培训、休假、工作时间、提薪机会等），以及用人单位的联系方式，如人事部门联系人、电话、通信地址、邮政编码、E-mail等。

3. 应用各种具体信息，选择就业岗位

用以指导自己确定择业目标和择业方式的信息，大都应从总体上去把握。但在选择确定自己的职业岗位时，必须充分重视应用通过各种途径搜集到的具体单位的用人信息，不失时机地对各种具体用人信息进行考证、核实，抓住适合自己的有效信息。在自主择业条件下，择业能力的强弱与人们能否获得择业成功的关系很大。在选择确定自己的职业岗位时，必须充分重视应用通过各种途径搜集到的具体单位的用人信息，包括用人单位直接发出的人才需求函、招聘广告、就业市场上用人单位的招聘面试、亲朋好友介绍的某单位的用人需求等，不失时机地对各种具体用人信息进行考证、核实，抓住适合自己的有效信息，争取早日成功就业。

四、分渠道就业信息

（一）企业

企业是吸纳劳动者最多的用人单位，也是多数大学生选择的用人单位。按照所有制标准来划分，企业可以分为国有企业和非国有企业两大类。

1. 国有企业

国有企业是指所有制形式上属国家所有或国家控股的企业。国有企业是我国经济发展的命脉，是我国国民经济收入的主要来源，在资金、人员、技术、管理等方面，都有比较雄厚的基础。在科学技术、管理经营、人才培养等方面起着示范和带头作用。国有企业，尤其是国有大型企业，具有福利待遇优厚、工作环境好、注重对员工的人文关怀等优势，因而成为了许多大学生择业的首选目标。

2. 外资企业

外资企业是建立在我国领土上，根据我国有关法律规定的由一个或一个以上的国外投资方独立经营或与我国投资方共同经营，实行独立核算、自负盈亏的经济实体。

在人事管理方面，外资企业一般按照国际惯例从事管理。根据双向选择的原则，实行聘用合同制、择优任用制。

3. 集体和乡镇企业

集体所有制企业是指在所有制关系上属于劳动者集体所有，共同劳动，以按劳分配原则为主体的社会经济组织。集体企业的人事管理制度与国有企业基本相同。专业技术职务的聘任也与国有企业大体相当。

乡镇企业是指乡镇或村办的企业及部分农民联营合作的企业等，它是改革开放的产物。

（二）报考研究生

研究生分为两个层次：硕士研究生、博士研究生。对于本科学生而言，提到"研究生"通常指硕士研究生。

研究生考试的内容可以分为两大部分——公共课和专业课。专业课由报考的院校负责出题（也有相关专业由全国统考的），公共课主要包括政治、英语、数学三大部分，由教育部统一命题，全国统考。

一般而言，考研的准备时间不宜太长，进入大三准备即可，但是如果跨专业考研的话，准备时间要适当提前。

（三）公务员、选调生、事业单位

1. 公务员

按照我国公务员法的规定：公务员是指依法履行公职、纳入国家行政编制、由国家财政负担工资福利的工作人员。

我国每年都会举行数十次大大小小的公务员考试，从纵向来划分，可以分为中央、国家机关公务员考试和地方公务员考试两种；从横向来划分，又可分为各个系统的公务员考试。一般系统单独招考的情况比较少，都是由人事部门统一招考各系统的公务员，所以，公务员考试中最主要的就是中央和各省人事部门组织进行的统一招考。

公务员考试包括笔试和面试。笔试的内容庞杂，但一般深度较浅，注重考察知识层面，而且要求快速作答。

根据《国家公务员暂行条例》和《国家公务员录用暂行规定》第十四条的规定，报考公务员的有关人员必须具有中华人民共和国国籍，享有公民的政治权利；拥护中国共产党的领导，热爱社会主义政治等；年龄多要求为18周岁以上、35周岁以下。当然，报考者还要达到招考部门规定的体检合格要求。

2. 选调生

选调生是组织部门有计划地从高等院校选调品学兼优的应届大学本科以上毕业生到基层工作，作为党政领导干部后备人选和县级以上党政机关高素质的工作人员人选进行重点培养。

选调生的提拔一般采取借调方式，借调满一年便可转入借调单位，有公务员岗位编制的不通过公开公务员考试直接提拔，借调单位可以是省级机关或该生所在市级组织部人事范围内。

并不是所有的高校毕业生都适合报考选调生，报考人员应当符合以下条件：热爱中国共产党，热爱人民，具备从事机关工作的基本素质和党政领导人才的潜质，适应基层艰苦环境，在校期间综合表现优秀，学习成绩良好，群众威信较高。

3. 事业单位

事业单位是为党政机关和国民经济、社会生活各个领域服务的，为国家创造或改善生产、增进社会福利，满足人民文化、教育、科学、卫生等方面的需要，不以为国家积累资金为直接目的的单位。

（四）基层就业项目

1. 大学生村官

大学生村官，是指具有专科以上学历的应届或往届毕业生，担任村党支部书记助理、村主任助理或其他"两委"职务的工作者。

大学生村官工作与"三支一扶"计划、农村教师特岗计划、志愿服务西部计划均不相同。大学生村官是村级组织特设岗位人员，从事村务管理工作，工作地点在村里，而其他三类主要从事服务性工作，工作地点以县市和乡镇为主。

2. "特岗计划"

"特岗计划"是农村义务教育阶段学校教师特设岗位计划的简称。国家决定通过公开招聘高校毕业生到县以下农村学校任教，引导和鼓励高校毕业生从事农村义务教育工作，创新农村学校教师的补充机制，逐步解决农村学校师资总量不足和结构不合理等问题，提高农村教师队伍的整体素质。

3. "三支一扶"

"三支一扶"，是指大学生在毕业后到农村基层从事支农、支教、支医和扶贫工作。其目的在于为高校毕业生向基层单位落实就业问题提供具体的指导和保障。从 2006 年起的连续 5 年，每年招募 2 万名左右高校毕业生，主要安排到乡镇从事支教、支农、支医和扶贫工作。工作时间一般为 2~3 年，工作期间给予一定的生活补贴。工作期满后，自主择业，择业期间享受一定的政策优惠。

4. 大学生志愿服务西部计划

根据国务院常务会议精神，从 2003 年开始，团中央、教育部、财政部、人力资源和社会保障部共同组织实施西部计划，按照公开招募、自愿报名、组织选拔、集中派遣的方式，每年招募一定数量的普通高等学校应届毕业生，到中西部贫困县的乡镇一级从事志愿服务工作。志愿者服务期满后，鼓励扎根基层，或者自主择业和流动就业，并在升学、就业方面给予一定政策支持。主要内容为支教、支医、支农、基层青年工作、新疆双语教学（原新疆汉语教学）、灾后重建、全国农村党员干部现代远程教育、西部基层检察院、西部基层法律援助、西部基层人民法院、西部农村平安建设和开发性金融等专项行动。服务期限为 1~3 年。

（五）应征入伍

应届大学生参军入伍的征集对象包括：普通本科、高职等全日制公办和民办学校当年毕业的学生。往届毕业生、成人教育、各类非学历教育、培训类学校及自考类学校学生不包括在各级各类学校应届毕业生范围之内。

对应征者的年龄要求，高职应届毕业生的年龄可以放宽到 23 岁，本科及以上应届毕业生放宽到 24 岁。"高校毕业生"是指中央部门和地方所属全日制公办普通高等学校、民办普通高等学校和独立学院的全日制普通本专科（含高职）、研究生、第二学士学位应届毕业生。不包括往届毕业生及成人高等教育、高等教育自学考试类学生、各类非学历教育的学生。

(六)出国留学

在我国,根据留学经费来源不同,出国留学主要有以下三种类型:

(1)公费留学:指国家根据需要,按计划派遣由国家提供出国学习、生活及往返旅费的出国留学,一般分为大学生、研究生、进修人员和访问学者等公费留学。因选派部门不同,可分为国家公派和单位公派。

(2)自费公派:由个人自费按国家公派的方式加以管理,实际上也是公派的一种,近几年来,这部分人也被纳入单位公派的范围。在各机关、企业、事业团体里工作的各类专业骨干人员、毕业研究生、优秀文艺骨干、优秀运动员、机关工作业务骨干和具有特殊技能的人才,经过本单位的同意,通过取得各种奖学金、贷学金或者亲友的资助后,均应纳入所在单位、部门的派遣计划(在政府部门所属人才交流机构存档人员除外)。

(3)自费留学:出国学习、生活、医疗和往返一切费用由自己承担或者由国外亲友资助。

第三节 就业心理

一、就业心理综述

(一)就业心理素质的含义

如果把就业竞争所检验的毕业生基本素质称之为"就业素质"的话,就业素质主要是指大学生在就业过程中表现出来的知识技能品质和心理意识品质的综合,是大学生个体合理择业、顺利就业和成功创业的基础,包括就业观念、就业技能和心理素质等方面。其中就业观念是统领,就业技能是核心,心理素质是保证。就业心理素质是指大学生在就业过程中在认知、情绪情感、意志、性格、自我意识、价值观念、人际交往、社会适应等方面的综合素养。就业心理素质可以直接或间接影响就业观念和就业技能,在一定程度上决定了就业成败。

> **案例**
>
> 一位富人路过海边,看到一位渔夫悠闲地躺在自己的破船上晒太阳。富人对他说,你为什么不去多钓一些鱼?渔夫反问,钓来做什么?富人说:可以把多出来的鱼卖掉,再买一条船。渔夫问:买船做什么?富人说:可以钓更多的鱼去卖。渔夫问:钓更多的鱼去卖做什么?富人说:那你就会很有钱。渔夫又问:很有钱能做什么?富人说:那你就可以到处旅游,悠闲地躺在海边晒太阳。渔夫说:我现在不就已经悠闲地在海边晒太阳了吗?
>
> 成功需要多方面的基本要素,即知识、能力、心理等,如果说知识、能力是一个人得以成功的刚性要素,那么心理则是一个人成功的软性要素。在一个人的成功之路上,刚性要素虽然是基本的,但软性要素往往起着至关重要的作用。这个渔夫的故事告诉我

们，为什么有的人一辈子默默无闻，而有的人却可以走向成功。也许这其中最主要的并不是他们的起点，而是他们对成功，乃至对生活的心态。

（二）心理素质在就业过程中的作用

对大多数毕业生来说，就业过程可能是一个曲折坎坷的过程，一帆风顺的情况比较少见。心理素质直接或间接地发挥作用，影响就业的全过程。其影响主要表现在以下几个方面。

1. 影响就业目标确定

确定就业目标，是大学生必须解决的首要问题。解决好这一问题的前提是客观、正确地认识自我。良好的心理素质，可以帮助毕业生深入认识自我，恰当处理"理想我"与"现实我"之间的矛盾，从而确定正确的就业目标。

2. 影响就业矛盾解决

大学生就业目标千差万别，却存在一些共性问题。面对诸如所学专业与从事职业、个人兴趣与能力擅长、眼前利益与长远发展、个人想法与家庭意见等诸多冲突性的矛盾时，就业心理素质会影响这些矛盾的解决。

3. 影响就业目标实现

就业目标的实现，既是对大学生知识和能力的考验，也是对大学生情感、意志、性格的检验。就业过程中，毕业生可能一路阳光，可能屡屡受挫，也可能柳暗花明。良好的心理素质可以帮助毕业生正确面对挫折，最终走向成功。

4. 影响职业适应与发展

毕业生走上工作岗位后，新的考验又悄然而至。良好的就业心理素质，可以缩短心理适应期，促进毕业生由学生角色向职业角色的快速转化，为他们在新单位建功立业打下良好的基础。

二、就业心理准备

（一）认清就业形势

近年来，就业形势异常严峻，就业环境空前复杂，对于大学生来说，这既是机遇，又是挑战。认清就业形势，是进行就业心理准备的第一步。

严峻的就业形势，是多方面因素综合发力的结果。2008年由美国次贷危机引发的全球性金融危机，使我国部分出口型企业、中小企业受到直接冲击，就业岗位大幅减少。我国高等教育进入大众化阶段，2010年大学毕业生人数已达631万人，毕业生规模再创历史新高。同时，我国经济发展转型造成的劳动力过剩、新的劳动法规实施等，加剧了就业竞争。当然，也应该看到，我国政府加大宏观经济调控，4万亿刺激经济计划、大规模减税、"家电下乡"等举措已初见成效。国家把高校毕业生就业摆在就业工作首位，出台多项政策，下大力气促进毕业生就业。各高校根据形势发展和社会需求，采取改革人才培养模式、强化实践环节等举措来提高人才培养质量，从而使毕业生竞争力得到了一定提高。

在高校毕业生就业市场化格局下，就业竞争已成为大学生敲开理想之门的必过关卡，大学生应当正确看待就业竞争。必须认识到，随着我国高等教育从"精英教育"转型为"大众化教育"，"铁饭碗""计划分配"等词汇已经退出历史舞台。在当前，只有正确看待、勇敢面对就业竞争的人，才有可能去实现自己的就业目标。

（二）正确认识自我

"认识你自己"，这是一条镌刻在古希腊德尔斐城智慧神庙上的箴言，也是大哲学家苏格拉底最为推崇的名言，千百年来影响了无数后人。对于大学生来说，正确认识自我是进行就业心理准备的重要环节。

对于有心理障碍的学生，专业人员会给予指导性的意见，建议通过心理咨询和治疗，促使其尽快解决和克服，为其健康成长提供保障。

目前，一些企业纷纷将职业测评作为帮助判断求职者是否可以被录用或担任重要岗位的工具。大学生可以参加职业测评，包括职业兴趣测评、职业规划测评等，通过测评帮助大学生发现自己的职业兴趣和能力特长、确定合理可行的职业生涯发展方向，提高毕业生竞争力。

同时，大学生应该认真、客观地分析自己的性格、兴趣、爱好、特长，还有学校、专业、能力，以及相貌、身高、性别、家庭等因素。在进行分析时，要坚持辩证原则，既要看到优势，又要看到不足。对于自身不足，要深入分析哪些是可以通过努力改变的，哪些是不能改变的；能否变劣势为优势，如何尽快弥补提高劣势。评价自我时，要学会"以人为镜"，虚心听取老师、同学的意见和建议，得出正确结论。尤其注意评价要适度，既不要过分美化自己的优点和长处，也不要过分突出缺点和不足，更不能以偏概全，全盘肯定或否定。

（三）科学规划自我

当前很多大学生在进行就业规划时，功利性比较明显，理想化色彩突出，渴望去大城市、大单位，热衷于福利待遇好、社会地位高的岗位，希望就业过程顺风顺水，一步到位。殊不知，这样的就业规划可能脱离个人实际，缺乏实现的可能性，也就失去了规划的意义。

毕业生在做规划时，要从就业形势和个人情况的实际出发。诸如个人专业与社会需求、个人素质与岗位要求、考研与就业选择、个人愿望与父母意见等因素，都需要认真考虑。做出规划后，要虚心征求老师、同学的意见，在其基础上进行调整。

进行就业规划时，就业目标期望值要适中，为个人就业寻找一个比较恰当的定位点。要根据个人实际，选择难度适中的目标作为努力方向。如果确定目标盲目求高，那么就不切实际，可能"一厢情愿"。如果目标过低，往往会带来不利于个人职业发展的不良后果。但是规划应着眼于个人的长远发展，不能只看重就业岗位的待遇、福利、住房等条件。如果当前形势下不能获得理想的就业岗位，应当树立"先就业，后择业，再创业"的理念，适当调整规划，更改自我设计，先投身职场、锻炼能力、积累经验，再逐步实现目标。

（四）培养良好心理

世界观、人生观、价值观是大学生思想政治素质的核心，也是培养良好心理素质的前提。当前，大学生应自觉学习践行社会主义核心价值体系，树立科学的世界观、人生观、价值观。要通过学习，明确"人为什么而活着""人应该怎样活着"这一系列的人生基本问题，从而树立远大理想，积极认识和适应社会，充分发挥主观能动性来培养良好心理素质。大学生还应当加强人际交往，建立和谐人际关系。必须树立正确的人际观，积极主动地与他人交往。在交往中学会尊重与关心别人，严格要求自己。要通过交往，实现开阔视野、增进了解、发散焦虑、减释紧张的目的。由于大学生的心理发展尚未完全成熟，自我调节和自我控制能力还不是很强，承受挫折的能力普遍较差。大学生应当在大学期间有意识地锻炼自己，学会耐受挫折、磨砺意志，提高自己的心理承受能力。只有这样，才能在就业竞争中把握机遇，迎接挑战。

（五）树立积极心态

近年来，我国就业市场化格局已基本形成，自主择业、双向选择的就业模式要求大学生必须主动出击，而不是消极的"等、靠、要"。从新生入学开始，大学生就应当利用寒暑假、周末等闲暇时间走进社会，了解形势，提高实践能力，为就业打好基础。大学期间，在认真参加《大学生就业指导》《大学生职业生涯规划》等课程的学习时，还要多参加考研报告会、就业报告会等活动，听取优秀校友、成功人士的奋斗经验，以此接受指导、激励自己。临近毕业，大学生要主动搜集就业信息，积极向辅导员老师和就业咨询专业人员请教，多到双选会上去锻炼自己，赢得在就业竞争中的主动地位。

三、就业心理调适

（一）常见就业心理问题

毕业生常见的就业心理问题，可以分为心理误区和心理障碍两大类。

1. 常见就业心理误区

（1）急功近利。许多毕业生热衷于追求收入丰厚、社会地位较高的职业，眼光只盯在大城市、大单位，以收入、住房等物质待遇作为求职的首选条件，不愿意到条件艰苦、待遇一般的地域、职业和岗位工作。

（2）盲目求高。在就业过程中，不少毕业生自视甚高，好高骛远，对用人单位要求十全十美，对单位的工资、福利、住房、地理位置、工作环境等因素要求苛刻。这种心理倾向产生的原因，就是对就业形势不了解、对自我定位不准确。

（3）喜欢攀比。在选择就业单位时，不少毕业生喜欢攀比，拿身边同学作为参照。在这种心理误区影响下，即使有合适自己、青睐自己的单位，也可能因为不如其他同学的单位而犹豫不决、轻言放弃，回头来却后悔不已。

（4）无所适从。就业过程中，一些毕业生奔波在招聘会之间，面对林林总总的招聘单位，手忙脚乱、无所适从，不知该如何下手。一般来说，很多学生大学三年级才开始产生就业意识，制订就业计划。由于准备时间仓促，延误了自己顺利择业的时间。

（5）犹豫不决。经过激烈竞争，一路过五关斩六将，终于到了要签约的时刻。此时，不少毕业生却往往犹豫不决、举棋不定。于是，想办法和用人单位一拖再拖，直到万不得已时才做出选择。

（6）逃避现实。一些毕业生看到就业形势严峻，或遇到了挫折，于是产生了逃避心理。其本质都是害怕就业竞争、躲避就业风险。

（7）患得患失。一些毕业生在签约后，往往出现患得患失的心理，总担心自己的单位不够好，希望能找到更好的单位。于是，在遇到新的机会出现时，希望尽快与签约单位毁约，去争取新单位。这样做，一是违背了就业的"诚信原则"，全然不顾用人单位的感受；二是即使如愿与新单位签约，瞻前顾后、患得患失的心理又会重新开始出现，从而造成再次违约。这种心理误区损害了毕业生声誉，降低了用人单位对毕业生的信任，危害很大。

（8）怨天尤人。个别毕业生由于自身素质原因，或把握机会原因，与自己中意的单位擦肩而过，于是怨天尤人。他们或把原因归结为身高、相貌，抱怨父母；或把原因归结为专业不好，把责任推卸到学校身上；或把原因归结为自己没有社会关系，指责社会不公。

2. 常见就业心理障碍

一般来说，毕业生出现的心理障碍多属适应过程中的轻度心理障碍。如焦虑、恐惧、自卑等。

焦虑是由心理冲突引起的，主要表现为烦躁不安、恐惧、忧虑或其他令人不愉快的情绪体验。这是毕业生最为常见的一种心理状态。这种焦虑给毕业生带来了精神压力，容易引发不良心理，甚至生理疾病。

恐惧主要表现为害怕、紧张，它是担心遭遇挫折或遭受挫折后而产生的一种心理状态。它可以抑制正常思维，使注意力不集中，记忆力衰退，常伴有口干、胸闷、出冷汗等生理反应。

自卑是一种性格缺陷，表现为对自己的能力、品质评价过低，胆小，信心不足，同时伴有一些特殊的情绪体验，如害羞、内疚、不安等。这是毕业生在就业过程中比较常见的心理状态之一。

自信心与自卑感是相对立的，一个人的自信心越强，自卑程度就越低。如果一个毕业生求职屡次受挫，那么自信心就会削弱，自卑感就会日益严重。有自卑心理的毕业生，往往自惭形秽，不敢面对竞争，从而削弱了自身的就业竞争力。

（二）常见心理问题产生原因

改革开放以来，我国社会主义市场经济体制已基本确立。市场经济的影响，已经深入社会各个领域，人的价值观念、道德观念呈现出多元化的倾向，拜金主义、实用主义、享乐主义等思想有所抬头，同时，市场经济大潮下，传统的行业、职业出现了发展和分化，不同的区域、城市经济发展差距拉大，从而使得人们的职业评价发生变化。

目前，我国大学生就业采取市场导向、政府调控、学校推荐、学生和用人单位双向选择的模式，这种模式赋予了用人单位更大的自主权，调动了毕业生的积极性，打破了几十年来人才流动的各种壁垒，进一步促进了全国性就业市场的形成。但是，受多方面因素制约，就业市场培育尚不够完善。社会上存在的不正之风，对大学生就业心理产生直接冲击，导致其依赖、嫉妒、自卑等心理产生。户籍制度、行业壁垒、地方保护等因素，凸显了不同毕业生之间的不公平地位，使得毕业生在竞争面前心理失衡，容易产生攀比、从众、患得患失等就业心理问题。

社会保障制度作为一种收入再分配手段，事关广大社会成员的切身利益和劳动积极性的发挥。目前，我国已基本建立了包括养老保险、失业保险、工伤保险、医疗保险、生育保险等为主要内容的中国特色社会保障体系，但社会保障体系仍不够健全。一些三资企业、民营企业、集体企业和农村地区，社会保障尚没有全面实施，造成了部分地区一些下岗职工及农村居民"老无所养，病无所医"的现象。这也对毕业生就业产生了直接影响，导致毕业生功利、盲目攀比、从众等心理问题的出现。

1. 用人单位招聘歧视

近年来，就业市场上"双向选择"的天平日益向用人单位一方倾斜，"买方市场"的格局已经形成，用人单位的强势地位愈加突出。一些用人单位在招聘毕业生时，对毕业生提出近乎苛刻的条件，既要"高标准"，又要"硬条件"。所谓"高标准"，是指用人单位的人才高消费观念，一些单位硬性规定毕业生的学历、出身，原本大学本科就可以胜任的岗位，非硕士、博士研究生不要；原本一般院校毕业生就可以胜任的岗位，非"211""985"院校毕业生不要。所谓"硬条件"，是指用人单位的错误用人观念，不仅考虑毕业生的专业、学历、能力，还要考虑党员、学生干部、实践经历；不仅强调英语四、六级、计算机、普通话等级，还要强调性别、身高、相貌、气质；更有甚者，个别就业单位认为血型与招聘岗位相关联，对应聘毕业生血型提出要求。用人单位的这些做法，伤害了大多数毕业生，加大了他们的心理压力，引发了焦虑、恐惧、自卑等心理障碍。

2. 学校因素

（1）专业设置不合理。高等教育扩招政策为高校发展提供了难得的机遇。但是，许多高校对扩招后的形势缺乏前瞻性的考虑，专业设置不合理。有些高校不考虑自身的师资、硬件等实际条件，盲目开设社会上已接近饱和的专业；有些高校对社会上热门专业如计算机、经济管理等盲目进行扩招，最终导致毕业生供过于求，造成毕业生结构性过剩的情况。

（2）人才培养模式不科学。目前，我国高等教育已经实现了大众化，人才培养模式却没有及时进行改革，学校的课程设置、教学方法等严重滞后。扩招后，高校把大量资金用于兴建新校区，对实验设备投入不足，造成设置课程以理论课为主、实践课程所占比例不高的现象。另外，对学生实践环节重视不够，实践基地建设缓慢，大学生实践机会欠缺。以上种种原因，造成毕业生实践能力差，难以满足社会对人才的要求，对毕业生心理造成一定影响。

（3）就业指导工作不到位。目前，全国高校基本上都设立了专门的"就业指导中心"，通过提供就业信息、开展就业指导、组织专场招聘等举措，为毕业生提供切实有效的指导和服务。但是，由于队伍专业化程度不高、人数不足等原因，就业指导课程不够系统。目前，就业指导以政策教育、思想教育为主，职业生涯规划、就业心理辅导等相对缺乏，个性化的指导不能全面开展；学校在就业市场拓展等方面捉襟见肘，无法为毕业生就业提供有力支持。

（4）就业心理教育不深入。近年来，各高校已经充分认识到大学生心理健康教育的重要性，心理健康教育稳步推进。但是，由于普遍存在专业咨询人员数量不足而咨询学生数量较大的矛盾，因此对毕业生心理问题的研究不够深入，专业辅导又甚是缺乏，往往以思想教育来代替专业心理辅导，造成毕业生心理问题无法得到及时有效的解决。

3. 家庭因素

（1）家庭的经济压力。高等教育大众化时代的到来，为更多学生提供了上大学的机会，但数额不菲的学费，也使得不少家庭背上沉重的经济负担。特别是对于来自农村贫困家庭、城市下岗职工家庭的大学生来说，必须借助贷款、助学金、勤工俭学等帮助才能顺利完成学业。面对就业时，这些大学生渴望尽早实现经济自立，改变家庭经济状况，因而容易出现功利、焦虑等心理问题。

（2）独生子女因素。我国计划生育政策实施三十多年来，人口增长得到有效控制，独生子女家庭日益增多。在校大学生中独生子女所占比例，已近半数。由于家庭过分宠爱和呵护，造成一部分学生心理特别脆弱，存在比较明显的个性缺陷，如敏感、多疑、依赖性强、心理承受能力差等。

（3）父母的期望值。很多父母的思维依然停留在"精英教育"时期，对孩子期望值过高，这也是引发毕业生就业心理问题的原因。有些父母受社会潮流的影响，一心想让子女当"白骨精"（白领、骨干、精英），从事公务员、外企白领、高校教师等有地位、收入稳定的职业。有些父母不了解子女情况，过高估计子女能力，对子女就业要求过高。有些父母因自己社会关系广，对子女就业越俎代庖，全部包办。这些做法，往往容易造成毕业生盲目求高、依赖等不良心理。

> **案例**
>
> 在学校今年4月份举办的中型招聘会上，毕业生朱明的父母亲在招聘会尚未开始时，就早早地到会场打听单位的情况。招聘会开始很久以后，朱明才姗姗来迟，并由家长陪同前往用人单位摊位前面谈。面谈过程中，朱明一直沉默寡言，不愿与面试官交流，其父母与面试官的交流明显多于本人。朱明最终一无所获。
>
> **【案例分析】**朱明的问题出在择业过程中过分依赖他人。其实，依赖他人是难以选择到一份满意的工作的。现在的毕业生大部分都是独生子女，这些孩子很少经历挫折，再加上父母亲的过分呵护，客观上就培养了他们的依赖心理。这些毕业生鲜有自我意识，在择业中茫然不知所措，无法独立进行择业决策，以致在人才市场上，父母代替子女、亲友代替本人与用人单位洽谈的场面屡见不鲜。难怪有用人单位对依赖性过强的毕业生说："你本人都要靠别人来推销，企业还能靠你来推销产品吗？"

4. 自身认识与准备不足

（1）对职业认识不够。当前，高校职业生涯规划课程尚没有普遍开设，加上大学生实践环节不足，造成大学生对职业的认识比较欠缺。许多大学生对应聘岗位了解不多，在面对就业机会时，容易产生依赖、犹豫不决等心理问题。

（2）能力素质有待加强。毕业生自身的能力素质，直接影响着就业心理。有的毕业生因能力突出，容易高估自己，产生自负、盲目求高的心理。有的毕业生专业知识不扎实、能力不过硬，容易产生自卑、冷漠、逃避就业等不良心理。

（3）就业心理准备不足。大学生围绕就业所做的准备，主要集中在知识、能力方面，重点放在笔试、面试环节，往往忽视了自身心理准备。有的毕业生对就业形势不了解，对就业盲目乐观。有的毕业生被形势吓倒，不敢选择有风险的职业，出现功利、从众等不良心理。有的毕业生对困难准备不足，遇到失败时，容易出现自卑、恐惧等心理问题。

案例

　　2006年，广州市环卫局下属某单位公开向社会招聘，13个职位引来286个本科生、研究生竞相应聘。其中，广州市卫生处理厂化制车间一个要终日与病死禽畜打交道的职位引来了19名本科生和7名研究生角逐。脱颖而出的暨南大学环境工程专业研究生丛炜说："这里待遇稳定，并且还有各种保险、公积金。"普通人难以忍受的工作环境，却引来高学历的才子青睐，从而成为了社会关注的新闻焦点。2009年的济南市事业单位招考中同样出现了这个现象，5个掏粪工名额引来了391人竞争，其中以大学生为主。最终，在签订"3年之内不允许调整岗位，也不允许有任何形式的离开"的岗位协议后，5位大学生获得了这个岗位。"掏粪工"李军坦言，自己当时选择这份职业的最大考虑，一是这个岗位又脏又累，参与竞争的人会少些；二是"掏粪工"这个职业和他以前的建筑工地技术员相比，待遇高、有编制、有保障；三是想通过考试证明一下自己，增强信心。"大学生争当掏粪工"更成为2010年"两会"代表热议的话题。

　　【案例分析】 大学生乃至研究生之所以竞相争当"环卫工""掏粪工"，最重要的原因就是这个工种有事业编制，是所谓的"铁饭碗"。但是随着我国收入分配改革的不断深入，全员聘任制将成为主流，公务员和事业单位人员的所谓"铁饭碗"终将被打破。同时，随着社会保障机制的完善，社会保障体系正在成为现实。作为新时代的大学生，要明确社会工作并无高低贵贱之分，但对于大学生而言，如果现在选择的不是打算永久要坚持下去的职业，最好尽早离开。大学生要规划好自己的目标职业，尽量做和专业相关的工作，即使这样可能无法获取高回报，但至少会为自己未来的发展积攒经验。任何人做任何工作，至少都要遵循两个基本出发点：一是前景在哪里？另一个就是"钱"景是什么？物质追求无可厚非，但对于刚进入社会的学生而言，一味追求"钱"景而忽视前景，影响的将是今后整个人生。

（三）就业心理自我调适

1. 明确应具备的就业心理素质

毕业生应具备的良好的就业心理素质包括以下几方面。

（1）自信，但不自负。自信是人对自身力量的一种确信，深信自己一定能做成某件事，实现所追求的目标。自信这种心理素质，对于人际交往、事业发展等都非常重要。对于毕业生来说，只有坚信自己能够从竞争中胜出，才能正常发挥自己的实力，充分展示自我。

自负是过高地估计自己，实际就是盲目自信。这是一种不成熟的心理。毕业生如果自信心超过一定的度，超越了个人实际，就发展成为自负。存在这种心理的毕业生在就业竞争中会因对个人缺乏客观认识而容易遭受挫折和失败。

> **案例**
>
> 应届财会专业毕业生小秦是一个性格开朗的女孩，始终保持着灿烂的微笑，第一次求职就成功地应聘到一家事务所做财会人员。谈及面试经历时，小秦感触颇深。
>
> 面试是在一个下午，走进办公大厅，小秦看到很多人都紧张地走来走去，她镇定自若，一边看看周围的环境，一边慢慢地走向面试办公室，坐在门口的椅子上静静地等待，此时她的心情格外好。
>
> 进入面试室后，面试考官对其很客气。面试是一对一，双方的交流在一种自然、平和的状态下进行。小秦对考官讲述了自己的学习情况、个人爱好、职业兴趣等，并针对招聘要求坦诚地讲了自己的不足：自己的实践能力欠缺，没有从事会计的经验，并且没有在事务所工作或实习的经历。经她的主动陈述以后，考官认为她具备了一个会计师需要的诚实品德，在一定程度上弥补了自己的不足。
>
> 整个面试过程，小秦始终微笑应对，以轻松的心情真诚自然地展示自己的才华和能力、优势和劣势，给主考官留下了深刻的印象，结果她顺利成为了会计事务所的一员。
>
> 【案例分析】 大学生在面对就业竞争时，不可避免地会出现紧张、焦虑等心理。拥有自信，有助于大学生克服负面情绪，更好地展示自我。小秦的成功，说明了自信对于就业成功的重要性。

（2）谦虚，但不自卑。谦虚，是指虚心，不自满，不夸大自己的能力或价值。这是一种内在心态，又是外在的态度和行为。在就业竞争中，谦虚是一种积极的心态，有助于毕业生实事求是地展示自我，以真诚来打动主考官，从而取得成功。

自卑，是一种性格缺陷，表现为对自己的能力、品质评价过低，胆小，信心不足，同时伴有一些特殊的情绪体现，如害羞、内疚、不安等。具有自卑心理的人，会低估自己，觉得自己处处不如别人。过分的谦虚就会成为自卑。

> **案例**
>
> 毕业生李平学习成绩和其他方面条件都不错，在就业初期满怀信心。但由于专业需求过少，在几家单位都碰了壁，结果产生了自卑感，之后表现越来越差，并且陷入恶性循环无法自拔，以至于到了新的用人单位，只能被动地询问"学某某专业的要不要"，而其他话却不敢讲，最终也无法落实就业单位。

【案例分析】李平的失败是由于自卑心理。在择业遭受挫折后，一蹶不振，无法对自己形成正确的评价，丧失了应有的信心，很多毕业生择业时缺乏主动争取和利用机遇的心理准备，不敢主动、大胆地与用人单位交谈，也就不能很好地表达自己。越是躲躲闪闪、胆小，越是难以获得用人单位的好感。这种心理妨碍了部分毕业生的正常竞争，使得那些原本在某些方面比较出色的毕业生也陷入了"不战自败"的困境。

（3）具有较强的心理承受能力。在遭受挫折时，能否接受失败、承受压力，能否通过个人努力摆脱心理问题的影响和干扰，这就是心理承受能力。具有较强心理承受能力的毕业生，往往因为在个人成长过程中有遇挫经验，耐受挫折能力强。

案例 ▶

几天前，魏程翔拿到了毕业证书，这意味着她正式离开校园走向社会。然而，由于种种原因，此时的魏程翔却无法找到属于自己的工作。心急如焚的她有空就去人才市场，为自己的明天再次努力。"面试了很多公司，但没有找到合适的，他们不是让我回去等消息，就是说需要工作经验。"这些天的应聘结果让魏程翔很苦恼。魏程翔说，人才市场都是刚毕业的大学生，但是有些人却很快找到了中意的工作，所以她对自己越来越没有信心。

【案例分析】拒绝是通往成功的道路，所谓"拒无霸"，一开始指的是那些因心态浮躁，盲目择业，面试屡战屡败、屡败屡战的求职者，后来被引申为形容多次面试都不成功，但毫不气馁的人。像魏程翔这样遭受面试被拒打击的求职者数不胜数，但有些最后成了"拒无霸"。某人力资源公司首席顾问成军时却认为，拒绝并非坏事，被拒绝的过程就是通往成功的过程。因此，拥有较强的心理承受能力、失败不气馁，才是成功就业的最佳途径。

（4）能进行自我心理调适。良好心理素质最直接、最具体的体现就是心理自我调适能力。通过心理自我调适，来调整心态、控制情绪、缓解压力和解除困扰，从而使自己的心理状态保持一个正常水平。就业过程中，毕业生的心路历程是跌宕起伏、曲折反复的。遇到心理问题时，能否进行自我心理调适就显得愈加重要。具有这种心理素质的毕业生可以通过个人努力，克服不良心理影响，以健康心理迎接新的挑战，最终实现自己的就业目标。

案例 ▶

王源和林可是一对情侣。毕业时，王源认为，应当进大公司寻找最广阔的发展空间，因为大公司名气大，牌子硬，管理规范，机会很多，他立志要到大公司去实现自己的梦想，并且最终进了一家大公司。林可却有不同的看法，她说在哪里工作并不重要，重要的是要有施展才能的空间，能够实现自己的价值。她还认为小公司人少，个人发展的机会可能更多，毕业时她找了一家小公司，最终二人不欢而散。

在工作实践中,由于王源所在的公司人才济济,他只能做一些与自己的专业无关的杂活,在很长的一段时间内,他所在部门的重要工作都是领导安排其他人去做,根本无法实现自己的梦想。林可的公司则由于人少,有事大家一起干,工作成果很快就能见效,她的才能在这里也就显露了出来。不久,由于业务扩大,林可的公司成立了新的公关部和策划部,她出任策划部经理,业绩蒸蒸日上并获得了美满的爱情。王源和林可在一段时间后,一个不得志,一个却拥有了美好的生活。

【案例分析】现在毕业生的就业机会很多,端正择业观念对正确择业十分重要。求职择业的大学生应对自己做出正确的评价,根据自身职业发展规划,选择最适合自己发展的职业。切记:最好的未必适合自己,只有适合自己的才是最好的。在就业后也需要进行自我调适,保持积极向上的心态。

2. 掌握自我心理调适方法

当自己出现心理问题时,不要过分紧张和害怕,可以尝试通过自我心理调适来进行排解。必要时,可以求助心理咨询专业人员,在其指导帮助下解决心理问题。以下是几种常用的自我心理调适的方法:

(1) 自我暗示法。自我暗示法,是指通过主观想象某种特殊的人与事物的存在来进行自我刺激,达到改变行为和主观经验的目的。这也是较为常用的心理调适方法之一。一些性格较为内向、不愿意把内心苦闷倾诉给别人的毕业生可以采用此方法,通过积极的自我暗示,可以肯定自我,克服消极的心理状态,实现心理平衡。比如,可以大声说出来,或默念,或写出来,"我是一个出类拔萃的求职者""我一定能找到适合自己的工作""天生我材必有用"等,通过这种方法可以克服自卑,稳定情绪,舒缓压力,达到调整不良心境的目的。

(2) 自我放松法。自我放松法,是通过肢体、意念的调控来实现放松的调适方法,可以帮助人们减轻或消除各种不良的身心反应。在就业过程中,当遇到面试、演讲等环节时,很多毕业生会出现紧张、焦虑等情绪,此时可以采用此方法进行调适。一是肌肉放松,其基本方法是:先局部后全部,紧张躯干肌肉群,适时保持紧张,然后放松,主要是体验由紧张到放松的感觉。如:默数1、2、3、4、5,用力握紧拳头,坚持10秒,然后彻底放松双手,体验放松的感觉。二是意念放松,其基本方法是:先稳定情绪,静下心来,闭上眼睛,排除杂念,把注意力集中到下丹田,用腹式呼吸法慢慢呼吸。吸气时,想象丹田处有一股气从腹部升到胸部,再升到头部;呼气时,想象这股气从头顶向后顺脖子、脊梁直回到丹田,反复几次,就能达到消除紧张的效果。

(3) 转移注意法。转移注意法,是指在出现心理问题不易控制时,可以采取迂回的办法,把自己的注意力、精力和情感转移到其他活动上去,从而达到排解内心苦闷、烦躁,放松自己心情的目的。毕业生遇到挫折出现郁闷、痛苦、悲伤等消极心境时,可以转换注意力,去做自己喜欢做的事情,如参加体育锻炼、听音乐、看电影等活动,等消极情绪有所缓解时,再冷静考虑自己的就业问题,这时的分析也才会具有客观性和理性。

（4）客观分析法。客观分析法，是指人在面对挫折和失败时，能理性、冷静地面对出现的问题，客观分析失败的原因，从而调整心态，实现心理平衡。就业过程中，难免会遇到挫折，或简历被退回，或笔试被刷掉，或面试被淘汰。出现此类问题时，一定要客观分析原因，是个人原因，还是用人单位的原因？是个人能力、素质的原因，还是就业目标偏高的原因？通过正确归因，找到解决问题的办法，情绪、心境自然就会调整到常态。

（5）自我安慰法。自我安慰法，也就是自我辩解，自我解脱。毕业生在遭遇挫折时，在个人用尽全力仍然无法改变结果、只能接受失败时，可以找一个自己可接受的理由，来自我解脱，从而实现心理平衡。这种方法，就是鼓励毕业生要有"阿Q精神"，用自我安慰的方法，让自己能面对现实，接受失败，从而尽快走出心理困境。

（6）适度宣泄法。适度宣泄法，是指通过一定的行为或语言等方式，来减缓或释放心理压力。毕业生在心理压力过大时，为了实现心理减压，可以采取宣泄的方式，来排解不良情绪。比较常见的有：一是倾诉，毕业生遇到挫折时，找自己的朋友、老师和家人倾诉苦闷，倾听者只要认真倾听并做出适当反应，就可以使毕业生的心理压力得到缓解；二是哭泣，毕业生在极度痛苦或过于悲痛时，痛痛快快哭上一场，就会产生积极的心理反应，心理压力即可得到缓解；三是剧烈运动，毕业生心理不适，可以打篮球、长跑，直到筋疲力尽，心理也会得到放松。当然，宣泄必须适度，要注意场合、身份，不能对他人、自身及社会造成直接或间接的伤害。

案例

陈天福在毕业后的5年，在6个不同的城市换了8份工作，他从事过翻译、销售、教师等各种职业，但却对自己的职业发展十分迷茫。

【案例分析】这是一个大学生在职业初期缺乏规划以致职业发展混乱的案例。古语云：凡事预则立，不预则废。在一个人的职业生涯中也一定要形成长期的发展目标和计划。在职业发展上，没有计划一定会导致失败。

大学生就业时需要不断调整自身认识，不断调整心态。只有自己融入工作，才能爱上工作，对职业选择不产生过多迷茫。职业生涯发展是十分严肃的，很多大学生"毕业即失业"，或者频繁跳槽找不到方向，除了自身的职业心态和职业心理素质需要调整外，还需要在职业初期就形成明确的发展策略。有了明确的发展策略，大学生的职业生涯发展将不再迷茫！

思考与活动

1. 在当前的就业形势下，大学生应如何树立正确的择业观？
2. 搜集和合理利用就业信息在大学生求职过程中有何作用？
3. 结合实际谈谈自己就业时必须了解和掌握的信息。
4. 针对身边同学在求职准备中的心理状况展开讨论和分析。

第六章

大学生就业技巧

【本章概述】

作为求职者，在进行自我推销、展示自我的过程中，需明确岗位对个人的需求及自己所具备的与之相一致的才能，找到最高的人职匹配度，并在简历中逐一体现，适度推销自我。在面试过程中，通过各种提问回答的形式显示个人的领导力、分析力、沟通力等，使面试官再度确认应聘者具备了岗位需要的各种能力。

【内容要点】

1. 了解介绍信与简历的撰写；
2. 掌握笔试与面试常见问题及回答技巧。

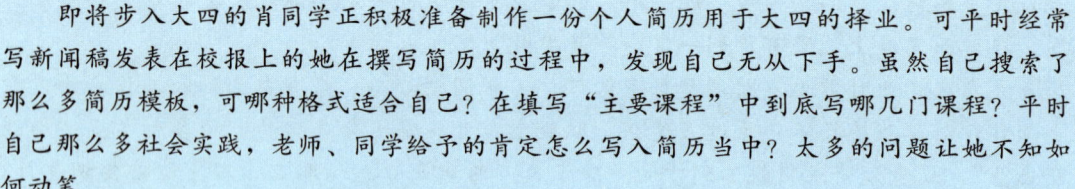

即将步入大四的肖同学正积极准备制作一份个人简历用于大四的择业。可平时经常写新闻稿发表在校报上的她在撰写简历的过程中，发现自己无从下手。虽然自己搜索了那么多简历模板，可哪种格式适合自己？在填写"主要课程"中到底写哪几门课程？平时自己那么多社会实践，老师、同学给予的肯定怎么写入简历当中？太多的问题让她不知如何动笔。

思考与讨论：

如何制作一份体现自己特色的个人简历？

第一节 简历制作

一、求职信的撰写

求职信是求职者以书信的形式进行自我举荐、表达求职意愿、陈述求职理由并提出求职要求的信件。一封得体的求职信是体现求职者思路、求职者语言水平的重要载体，是能成功吸引招聘人员阅读求职者个人简历的重要工具。

（一）求职信的撰写格式

求职信具有一般信件的书写格式，它主要由标题、称谓、正文、致敬语、署名以及日期等几部分组成。

标题要求醒目和简洁，用比较大的字体标注"求职信"三个字。

称谓则是指对招聘方的称呼，求职者若知晓收信人的姓名，可以直接用"尊敬的某某先生/女士"。在多数求职场合，并不知晓对方的姓名，则统称为"尊敬的某某（单位）领导"，如"尊敬的某集团公司总经理"等。

正文则一般分为开头、正式论述和结尾三部分。求职者在此应介绍自己的身份与写信目的，随后阐述个人的优势及下一步的行动。列举申请的职位与应聘的原因，叙述从哪里获悉招聘信息，让阅信人对求职者的意图一目了然。写信人要说明自己为何适合应聘职位，随后重点介绍自己能为用人单位做什么。并简明突出自己比他人更适合这个职位的理由，包括个人参与的培训、实践、技能与成就等，用事实与表现来证明自己的优势。再提出进一步的行动请求。例如希望接受面试，留下联络电话或者地址。同时，还要对招聘方表示谢意。最后，在正文后按书信格式写上祝语或者"此致敬礼""恭候佳音"之类的语句，在致敬语的右下方要签署写信人的姓名以及具体日期。在签名处一定要手写，以示敬意。

（二）求职信的语言技巧

求职信的撰写需量体裁衣，针对不同的用人单位与具体应聘职位，求职信在内容上的侧重点应有所不同，因此，求职信要有明确的针对性。

求职信需着重突出个人的背景材料与应聘职位间的密切联系，如个人的特长、能力等，切不可夸夸其谈。为体现个人的性格特征与职业化程度，撰写求职信时要注意语言措辞，不要出现错字、别字、病句，文理要通顺。

同时，要适度推销自己。虽然谦虚是美德，但过分谦虚会使用人单位怀疑应聘者的能力。谦虚不是自我否定，求职者需实事求是、恰如其分地展现自我。不要使用口语，也不要为了显示个人的语言才能而使用拗口的语句。

二、简历基本构成与要求

个人简历主要是针对应聘的职位，把求职者的相关经验、成绩、能力和性格简要地列举出来，以体现求职者的整体素质、教育和工作情况，从而达到推荐自己的目的。简历的内容主要包括求职者的个人概况、应聘职位、教育背景和资历等基本要素。个人简历通常附在求职信后，目的是让用人单位具体了解你，从而得到面谈的机会。

（一）个人概况

个人概况包括求职者的姓名、健康状况、联系方式、性别、出生年月、籍贯、户口、政治面貌、照片等与个人相关的资料。

（1）姓名。姓名应该放在简历页面最上面的位置，求职者也可将姓名放在简历标题中。总而言之，要让姓名突出和醒目。

（2）联系方式。联系方式一经确定就不要轻易更改。联系地址一般不作为常用联系方式放在简历上。

（3）性别与出生年月。简历作为正式的个人资料应该写清楚性别和年龄，一般在简历中标注年龄时要写清楚出生年月。

（4）籍贯与户口。在简历上写明籍贯与户口所在地是很有必要的，因为很多工作都有极强的地域限制。

（5）身体条件。求职者如果有很出众的身体条件，也可以在简历上专门列出来，例如具有出众的气质或甜美的声音对女性应聘办公室文员等很有帮助。另外，个人的身高、体重和健康状况也应如实填写。

（6）政治面貌。应聘政府部门或者企事业单位时应写清楚政治面貌。

（7）照片。求职者的照片虽然不一定要附在简历上，但是必须准备好，至少在填报名表时会用到。求职者若对自己的形象和气质有信心，那么无论招聘公司是否要求寄照片，求职者都可以把自己的照片随简历一同寄去，以求为自己的应聘加分。

（二）应聘职位

求职者在简历上要清楚地注明所要应聘的职位，这一点非常重要，因为一些招聘人员有时会按照职位对简历进行分类。求职者通过邮寄方式递交材料时，职位申请栏最好不留空白，以免错失面试机会。

（三）教育背景

教育背景主要是指求职者就业前所获得的最高学历和教育经历，缺乏工作经验的应届毕业生应该详细介绍自己的教育背景。

（1）学历。学历能够展示求职者的专业特长。求职者如果有多个学历，应该将最近获得的学位或者最高学历写在前面。大学生在填写学历时应该写清楚毕业学校的名称、专业名称、毕业时间以及所获学位。若辅修的专业和应聘职位密切相关，应该将辅修专业写在主修专业后面。

（2）与应聘职位有关的课程。写清与应聘职位有关的课程能够反映出求职者的专业知识和技能。求职者如果觉得自己所学过的一些非专业课程有利于应聘成功，也可以建立一个"主要课程"或者"相关课程"项目，并把这些课程的科目详细地以列表形式展现出来。

（3）课外生活。大学生在求职时应该在简历里写出在学校里参加的相关课外活动和取得的成绩，让用人单位了解到你的爱好、才能、修养及健康状况。

（4）社会实践。大多数大学毕业生并没有很多社会经验，因而可以列上有意义的社会实践活动，例如做兼职或者参加志愿者活动等的企业，求职者也可以在简历中写出来。若兼职单位是知名企业，往往能给求职者加分。

（四）资历

在简历中，任职资格、技能与专长、资格证书、荣誉与成就等项目应该按照重要性从高到低排列。

第六章　大学生就业技巧

1. 任职资格

求职者应聘时先对自身经历进行总结，展示自己与招聘岗位相契合的优势，引起招聘人员的注意。然后总结自己的强项，用简洁、可信、有力的语言把它们组织起来，写出自己的任职资格。

2. 技能与专长

求职者要把工作技能或者专长以列表的形式清楚地在简历中列出来，所列出的技能必须和应聘岗位相符，最突出的技能应当是最接近岗位要求的，而不是求职者最拿手的。

3. 资格证书

现在，许多招聘单位都要求求职者具有职业资格证书，例如计算机等级证书，英语四、六级证书或会计证等，因为这些能够证明求职者的工作能力和技术等级。求职者其他一些证书，例如钢琴、小提琴之类的级别证书能够显示出个人素养与业余爱好，也可以写在简历上，并且注明获得这些资格证书的具体时间。

4. 荣誉和成就

求职者倘若在校期间曾经获得过论文奖、奖学金、"三好学生"、"优秀学生干部"以及"优秀团员"等荣誉，或者成功主持、举办过某些活动等，应将这些写在简历中的"荣誉与成就"一栏内。

（五）严把简历"质量关"

1. 特长

求职者在简历中应该把自己的特长写清楚、写详细。例如，求职者说自己擅长写作，就应写明自己是擅长写新闻稿，还是擅长写调研报告，或二者都擅长，发表的重要作品最好也列出来。另外，特长最好和应聘职位所要求的能力相匹配。

2. 证书

在制作简历时，证书、奖状自然是必不可少的，但是，求职者在简历里罗列一大堆"荣誉"也是不明智的。胡乱拼凑只是堆砌，对"职"下"证"才是最佳方法。

3. 经历

现在，有些招聘单位比较看重实习和工作经历。但是，求职者如果在简历里列出十几个工作经历也会让招聘方认为你工作不够有耐心，不能长期服务于一家企业。兵不在多而在精，工作经历同样是这样。

4. 职务

团支部书记、班长、学生会主席、校园社团负责人等诸如此类的职务在大中专毕业生的求职简历中常常出现。但是这样的职务一多，未免让用人单位疑惑——那些未当过"官"的普通学生哪里去了？求职者千万不要为了罗列"职务"而丢掉"诚信"。

5. 照片

为了给用人单位留下更深的印象，越来越多的学生求职者不惜花费重金在照片上大做文章，甚至丢掉了自身特色。过分装饰反而虚伪，真实自然才显本色。

大学生职业生涯规划与就业创业指导

三、撰写求职简历的注意事项

求职者在撰写个人简历时要特别注意以下几点。

（1）确保真实。真实是简历最重要和最基本的要求。求职者要诚实地撰写简历，在简历里弄虚作假、编造事实和抬高身价都是不可取的。投寄简历的最终目的是获得工作，若因造假而被招聘方识破的话，既会丢掉工作机会，也会失去人格尊严。简历不宜过分渲染，或者不切实际地描述，这会让招聘人员对你产生反感。

（2）突出重点。求职者要根据应聘单位与职位的要求巧妙地突出自己的优势，给招聘方留下深刻的印象。个人优势是整份简历的点睛之笔，同时也是最能表现个性的地方，既要不落俗套，又要合乎情理，具有说服力。

（3）言简意赅。招聘人员每天都要面对大量的求职简历，浏览每一份简历所用的时间都很短，若简历太长，招聘人员难免漏看重要内容，这不利于求职者求职。

（4）自己动手。有的求职者请专业人员为自己写简历或在网上找一些范例模仿。事实上，专业人员写的简历或网上的简历模板都个性不足，而简历能够打动人的地方恰恰就在于个性。而且撰写简历不亲力亲为的话，若面试官提问涉及简历里的情况，求职者也许会回答不上来，从而造成面试失败，得不偿失。

（5）美观。要清楚、完整地将自己的经历与取得的成绩表现出来。字体的大小要恰当，不要压缩版面，不要将字体缩小到他人难以阅读的程度，不要因省钱而使用劣质纸张。

四、简历写作中的常见错误

简历是求职的通行证，所以很多求职者会在简历上下很大功夫，但是，在简历写作中，有些求职者眼里的"锦上添花"实际上却是"画蛇添足"。

错误1：根据招聘要求伪造简历

王兵是一个精力充沛、野心勃勃的人，他对一家公司的管理职位非常感兴趣，但自己没有这个职位所需的学历和工作经验，因此决定在简历上做一些"小动作"，使自己符合职位要求。这份不真实的简历虽然使他获得了一次面试的机会，却关闭了获得工作的大门。这个小故事告诉求职者：通过夸大其辞让简历更有分量是不会获得成功的。

错误2：别出心裁做简历

为突出简历的作用，很多求职者绞尽脑汁为简历加上各种花样，而没有考虑招聘人员的需求。其实，在快速浏览简历的过程中，招聘人员关心的重点是求职者所列的事实，而不会过分注重那些有趣的修辞和夸张的文字图样或者洒上香水的纸张。因此，求职者只要简单和清晰地设计好自己的简历，能够突出求职优势就可以了，写简历的目的就是准确而令人信服地描述自己的技能。

错误3：制作另类简历

李欢对自己的求职经历作了以下总结："我认为我没有太多的工作经验，所以就想用色彩丰富的纸张来吸引用人单位的注意，如蓝色的卡纸。这一点正是我没有获得面试机会的原因，直到有一位招聘人员告诉我。"李欢的经历告诉求职者，那些使用粉红、蓝或者绿色纸张写简历的人常常得不偿失。

错误4：求职目标不明确

求职者需要在简历中写上自己特定的求职目标。例如，你要找一份会计主管的工作，就应该在简历上注明。但是，你如果对同一领域内的其他职位也感兴趣的话，求职目标就可以写成"工作目标：会计主管/会计主管助理/财务副总经理"。当求职者要写几个求职目标的时候，要注意每个目标都必须处于同一个职务水平上的相关领域。过于宽泛的求职目标，例如"想要在一个不断进步的组织中寻找一份富于挑战性的工作，允许创造力与自主性的自由发挥"，会让招聘人员摸不着头脑，从而无法妥善处理你的简历。

错误5：在简历中罗列工作经历

李琴写了一份长达7页的求职简历，其中包括以往所有的工作经历，而且还列上自己的兴趣与爱好，她丝毫未意识到自己的简历令人生厌。几个月过去了，她一直未接到招聘单位的面试通知。后来，经过别人的指点，她把简历缩减为两页纸，很快就找到了一份自己喜爱的工作。

对于大学生求职者来说，如果没有全职工作经验，可以写兼职，也可以列出一些志愿者工作，特别是这些工作与所应聘职位相关的时候。对于有相关工作经历的求职者来说，要在简历中注明曾经担任过的职务与具体工作内容。

错误6：在简历上胡乱列出证明人

在面试时，面试官向求职者要证明人的联系方式，这表明求职者极有可能会得到这份工作。因此，求职者应在简历中如实填写证明人信息，每位证明人的信息应该包括如下内容。

（1）姓名。

（2）工作职务。

（3）与你的关系（例如前任上司、同事、就读学校的老师等）。

（4）通信地址（含邮政编码）。

（5）电话号码（含区号）。

（6）电子邮件地址。

要提前通知证明人会有人与他们联系，有时一个工作机会的失去，完全是因为证明人在突然接到电话时毫无准备，导致用人单位对简历的真实性产生怀疑。

错误7：盲目投寄简历

张霞与张丽是一对双胞胎姐妹，她们在求职时各自使用不同的方法投寄简历。张霞盲目地投出700多份简历，而张丽则锁定那些与她的专业相符合的公司。最后，张丽3个月就找到了工作，而张霞在6个月之后才找到适合自己的工作。

求职者在投寄简历前需要花一定的时间进行调查，锁定适合自己的公司与职位，盲目地投寄简历尽管在开始时看起来很轻松，但是从长期来看并不值得。求职者可能会接到面试通知，但面试的结果很可能是求职者对应聘公司根本不感兴趣或应聘公司并不需要这种类型的求职者。所以，盲目投寄简历只会浪费时间与金钱。

第二节　笔试与面试

> **案例**
>
> 　　国贸专业的刘同学在进入大四后，明确了去江浙一带发展的目标，并锁定了自己一直中意的摩托车生产行业，还将大学期间经常浏览的摩托车相关网页翻看了一番，加深印象。
>
> 　　在校内招聘会小试牛刀后，刘同学信心满满地前往了浙江省某大型招聘会现场。虽然早早地找准了目标，但不同于以往的心急如焚地排长队递简历，他极具耐心地在旁观望。临近中午，在应聘人数减少、招聘工作人员稍有闲暇时，刘同学试探性地在展位前与工作人员聊起了该公司的产品、市场占有率等情况，而没表明自己作为应聘者的身份。在赢得初步的认可与信任后，才提及自己是外省的一位应届毕业生，希望能在该公司谋得一份与贸易相关的工作。
>
> 　　可想而知，刘同学的小心机为自己赢得了面试的机会，他现已在该公司工作三年。事后谈到此次面试经历，他也惊讶于自己第一次外省面试就能顺利过关。虽然事先做了与此行业相关的很多功课，但因为担心自己所在学校知名度不高，一开始就拿出简历肯定难以进入面试，才决定用此方式。
>
> 【思考与讨论】
> 　　面试前应该做好哪些准备？

一、面试常见问题及回答技巧

（一）请做一下自我介绍

　　在面试排行榜中，自我介绍通常是第一个问题，几乎所有用人单位的初次面试都会首先要求求职者做简单的自我介绍。因为这个问题一方面可以调节面试气氛，引导求职者进入面试状态，另一方面可以帮助面试官考察求职者的语言组织和表达等相关能力。

　　一般说来，面试官希望通过这个问题得到关于求职者的工作经历、知识技能、教育经历等方面的概况，所以求职者在回答此问题时要有逻辑性，同时所提供的信息与应聘职位要有一定的关联度，切中要点。另外，介绍内容与个人简历应一致，条理清晰、层次分明。

　　求职者在做自我介绍时，除了简单介绍个人的情况外，还应着重突出与你现在所应聘的职业有关的专业课程及成绩，点明与你所要应聘的职位相关的实践活动及已取得的业绩，显示自己的优点。

　　对于工作经验欠缺的应届毕业生来说，可以强调自己具备的持续学习能力，也可以谈一些自己参加的社会实践活动及从中得到的收获，而这些收获最好与应聘职位的要求相符合，最后还可表达你对应聘职位的认识和了解，说明你有信心和能力做好未来的工作。

在做自我介绍时，求职者应尽量口语化，避免使用书面语言。口语表述也要做到思路清晰、语言流畅。同时，自我介绍要简明扼要，3～5分钟即可，不要把自己的所有经历都如数家珍般地讲出来，有些内容等到面试官提出相关问题时再说也不迟。

求职者在做自我介绍时，一定要扬长避短地介绍自己，把问题向自己的优势方向引导，这样会给面试官留下好的印象。不要急于证明我会怎么样，而应该思考用人单位想要我怎么样。

做好自我介绍，给自己一个好的开始，不仅能给面试官留下好印象，也能增强自己的面试信心。每位求职者在面试之前都应当反复地演练几遍自我介绍，最好是能背熟。

一般情况下，求职者比较合理的自我介绍是从以下四个方面展开的：
（1）简明扼要地介绍个人情况。
（2）自己所学到的专业知识技能。
（3）所取得的业绩成就。
（4）胜任职位的关键能力。

最不可取的就是介绍自己时含糊不清，说了半天面试官都没听明白你说的是什么；完全重复简历上的内容；在整个过程中说话没有逻辑、层次混乱；所有的问题都说完了，还没有提到自己的工作能力如何。这样的自我介绍做完之后，你给面试官提供的是一个混乱的信息，他无法清晰地掌握你的个人情况，不知道你是否能够胜任所申请的工作职位。在这样的情况下，面试官决定录用你的可能性几乎为零。

（二）谈谈你的工作经历

面试官让求职者做完自我介绍之后，就会针对某一话题进行进一步的交流。如果求职者曾经有过一段实习经历或工作经历，面试官一定会就此类问题展开讨论，并希望求职者对过去的工作经历进行描述，判断其能力、知识是否能胜任所应聘的工作岗位。对于求职者来说，无论是工作经历还是实习经历，都是自己拥有的宝贵财富，同时也是一种重要的任职资本，回答好工作经历也能给面试增加很多分数。一般情况下，在描述以往的工作经历时，应尽量表明以前工作中所取得的主要业绩、通过锻炼获得的关键能力，还有就是与所应聘职位有关联的信息，以及如何看待所应聘的职位。切记不要全盘否定以前的工作，对前任公司进行负面评价，不要掩饰职业空白期，不要说一些与所要应聘的职位无关的话。

无论求职者是刚刚毕业还是有了一定的工作经验，在回答此问题时都要重点说明自己已经具备了应聘该职位的能力，同时对以往的经历要善于总结，并提出自己的见解。面试官不仅关心你做了什么具体工作，而且更关心你在工作经历中取得的成绩和获得的能力。

回答这个问题时应从你现在应聘的工作职责相关联之处入手，按照所从事工作的时间顺序，或者专业技术工作的难易顺序，或者所负职责的繁简顺序来有条理地叙述。叙述时重点说经历，简洁客观地展示业绩，少用主观或笼统的评述语。口气应平稳，态度应不卑不亢。

求职者可能在以前的工作中并没有取得什么了不起的成绩，但也不宜全盘否定以前的工作，更不宜对前任雇主做负面的评价。因为全盘否定以前的工作，是在抱怨对现实的不满，而对前任雇主做负面的评价则是在暗示面试官你的职业道德有缺陷。无论以前的工作

大学生职业生涯规划与就业创业指导

或所在的企业有多么不好，那里都是你曾经工作过的地方。在那里，你获得了人生中的宝贵财富，你应该珍惜和感激才对，而不应该对其做一些负面的评价。

（三）谈谈你的优缺点

世界上没有十全十美的人，每个人都有优缺点，但棘手的是，在面试的过程中，面试官要你谈一下个人的优缺点，这时怎么办？描述得不好，工作就没了；描述得太好，又有可能被认为是吹嘘。

实际上，这个问题的背后还隐藏着一个问题，那就是"这些优点或缺点对工作业绩会产生怎样的影响？"作为一个求职者，应该珍惜每一个展现自我的机会，尽量避免回答一些与工作无关的优点或缺点，也不要在回答问题时耍小聪明，如有些人喜欢回答"我的性格外向，善于交际并且办事认真，但是缺点是有时太过认真"，这类所谓的"缺点"，地球人都知道是另一种说法的"优点"，又何必对面试官说。

作为求职者，回答优点比较好说，但是要结合应聘职位的特点，如应聘销售职位应该说一些沟通能力强、亲和度高、善于自我激励等方面的话；求职者在陈述缺点时往往会比较困难，因为人们在一般情况下会规避它，但是，这个世界上没有十全十美的人，不能说自己没缺点，也不能把那些明显的优点说成缺点，那会使你显得自负。但也不要说一些令人不快或是不利于工作的缺点。求职者在评价自己时，首先要充分肯定自己的优点，突出自己的竞争优势，给面试官一个坚定、自信的良好印象；表述自己的缺点时，应该说些与职位无关紧要的缺点，比如完美主义，在日常交际中可能会令人紧张，但在工作中却是一种负责任的表现。

求职者表述自己的优点时，既不要过于夸大自己的优点，又无须说些与所应聘职位毫不相关的优点；既要注意把肯定和炫耀区别开来，又要使自己说的优点符合职业要求。

优点是一个人闪光的一面，这个比较好说，但是缺点就不那么好办了。诚实地向面试官说出自己的缺点固然值得提倡。但那时也许你的某个缺点正成为用人单位拒收理由中的重要一条。那么这个缺点就成了你的"死穴"，点中就可能导致你的面试以失败告终。

但是，在面试官面前绝口不提你的明显缺点必然会表明你不够诚实，于是有些人就像前面刚刚提到的那样，把自己明显的优点说成了缺点。比如，有人说自己忘我工作而不注意休息，亏待了身体，并且假惺惺地检讨一番。还有人说自己是一个完美主义者，事事追求完美，以致影响了工作效率。

坦率地说，这两根救命稻草的确能救命，也算是比较好的答案，但是从其他方面来看，这又可能会加速你面试失败的进程，因此又是很差的答案。所以，说它们是双刃剑毫不为过。

你是不是一个工作狂或者是不是一个完美主义者，老练的面试官一看便知，如果他认为你根本不像自己所说的那样优秀，他会认为你对自己的赞美之词完全是借用过去的谎言。

有些求职者在面试中凭借着这两个"缺点"尝到了甜头，他们就打算用这两个"缺点"蒙混过关。有经验的面试官可以看出你的回答根本就是在背诵标准答案，而你又没有把真实的缺点向他坦诚相告。这时，他会认为你的偷梁换柱是一种不诚实的表现。

所以，求职者在回答面试官提出的这个问题时，还是应该实实在在、真真切切地找出几个面试官见到你就能发现的缺点，这样比较能博得面试官的认同。同时你还可以自己提出改进方法和改善措施，但是着墨不要太多，以免画蛇添足。

一般情况下，如果面试官没有主动问你的缺点，那就不要提及。另外，在面试过程中切忌吹嘘自己。吹嘘自己并不是展示自己的优点，而是在暴露自己的缺点，这种吹嘘与个人的实际努力南辕北辙。

（四）在学校你最不喜欢的课程是什么，为什么

求职者如果在面试中遇到这个问题，不妨先揣摩一下面试官的喜好，面试官之所以询问与课程有关的问题，可能是因为面试官本人比较重视严谨的求学态度等品质，所以求职者切莫用一句简单的"我不喜欢数学，我对数学毫无兴趣"之类的答案来应对，这不仅代表求职者对这个学科不感兴趣，可能还代表将来也会对要完成的某些工作没有兴趣。其实关于这个问题，面试官更希望求职者说明自己是个热爱学习、求知的人，虽然因为个人兴趣不喜欢个别科目，但不会因此而逃避该科目，反而会花更多的时间去学习。这样的答案就能够使面试官基本感到满意了。

（五）你的学习成绩怎么样

求职者首先要意识到一点，用人单位并不一定非常注重求职者在校的学习成绩，面试官出这道题目真正想考察的可能是一些与学习成绩无关的素质，例如求职者是否诚实等。所以求职者应当如实回答这个问题，如果在校成绩优秀，就可以用平和的口气向面试官做一番简单介绍，但千万不能以此为傲，不停地自我炫耀。如果求职者能够向面试官表明"成绩并不是最重要的，我还很重视思想道德、实践经验、团队精神、沟通能力方面的锻炼，力求做到全面发展"，就能够让面试官感到非常满意了。当然，如果求职者成绩不尽理想，也不要隐瞒、欺骗，可以向面试官说明自己功课落后的理由，并补充一点："以成绩衡量的话自己不能算是个好学生，但在其他方面却非常优秀，例如自己有很多实践方面的经验，人际交往能力、组织协调能力等都得到了同学和老师的认可。"如此一来，也可赢得面试官的好感。

（六）就你申请的这个职位，你认为你还欠缺什么

面试官询问这类问题同样不是想要了解求职者有什么欠缺，而是想再次确认求职者能否成为最适合企业发展的人选。所以求职者在回答时一定要避免说一些与职位要求有关的明显的"硬伤"，这必然会导致面试失败。求职者可以说一些如"经验不足，但这个问题应该可以在进入公司后以最快的速度解决，因为本人学习能力很强，会尽快弥补不足"之类的缺点，便可顺利过关。

二、结构化面试

案例

国贸专业的马同学是位性格外向的女生，专业成绩排名在年级前十。可处在择业的关口，她需要进一步思考个人的职业定位。父母具备一定的社会资源，希望她能够进入

银行工作。收入较高、工作环境较为体面是父母意愿的重要因素。而马同学虽然专业成绩不错,但并不愿意从事与专业相关的工作,而是希望能够从事教学工作,最好是教英语。在此之前,她已经通过考试拿到了教师资格证,英语六级的成绩也相当优异。

明确了目标后,她锁定了某大型英语培训机构,并将服务对象定位于学前英语教育。在顺利地拿到该岗位的 offer 后,马同学认真地回想了自己投递简历、参加面试的全过程。她认为,自己的英语成绩只是助其成功的一方面,在面试现场,她在言谈中表现出来的亲和力,以及在才艺环节她展示的舞蹈绘画功底也给她加分不少,提高了人职匹配度。这些才艺她只是从小学过一些皮毛,并未经过系统专业的学习,大学期间,在社团活动时有所操练而已。这应该是她能在同场竞技中脱颖而出的主要因素之一。

思考与活动

你了解结构化面试的特点、测评要素和程序吗?

结构化面试也叫标准化面试,是一种常见的面试方法。在这类面试过程中,面试官会在细致全面的职位分析基础上,针对岗位要求的要素提出一系列预先设计好的问题,而求职者回答这些问题的过程,不仅能够反映出自身是否具备面试官所要求的素质,也能让面试官全面掌握求职者的举止仪表、言语表达、综合分析、应变能力等多方面的情况,并可方便面试官用统一的评分标准衡量求职者的综合能力。

(一)结构化面试的特点

1. 面试要素结构化

结构化面试的测评要素并不是随意确定的,而是在系统的工作分析基础上由专家研究确定的,并对各要素分配相应评分权重。同时,在每一道面试题目后,都会列明该题目的测评要素及答题要点,供面试官评分时参考。而求职者的面试成绩最终是由各科学方法统计出来的(即对每个要素去掉众多面试官评分中的最高分和最低分,然后得出算术平均分,再根据权重合成总分)。

2. 面试程序规范化

结构化面试会按照严格的程序进行,时间一般在 30 分钟,视面试题目的数量而定,同时也对每一道题目限制了一定的答题时间,具有规范化的特点。

3. 面试问题严谨化

结构化面试的问题设计比较严谨,一般围绕职位要求拟订,包括对职位要求的知识、技术和能力等的考察,面试题目对报考同一职位的所有求职者相同,而且面试问题的呈现顺序也是相同的,这就可以最大限度地保证面试过程的公正性和可信度,不足之处是面试官实施的灵活性不够,无法对求职者进行有针对性的提问。

4. 面试人员固定化

结构化面试的面试官一般不能随意决定,而是具有一定的固定性,由求职者所应聘职位的相关领导等担任。面试官的人数为5～9名，按专业、职务、年龄及性别以一定比例科学化配置，其中设主面试官一名，具体负责向求职者提问并总体把握面试的进程。这就避免了由一位面试官决定求职者命运的情形，有助于减少主观评分误差。

（二）结构化面试的测评要素

结构性面试的测评要素一般可根据面试职位的具体要求等分为几类。

1. 对求职者综合能力的考核

这方面的测评要素主要针对求职者的分析综合能力、抽象概括能力、判断推理能力、表达能力等。

2. 对求职者专业能力的考核

这方面的测评要素主要考察求职者的计划决策能力、组织协调能力、人际沟通能力、创新应变能力以及其他选拔职位所需要的专业能力等。

3. 对求职者心理素质的考核

除上述两方面的测评要素外，面试官还会在结构化面试中重点观察求职者的情绪稳定性、气质性格、意志品质等个性特征。

（三）结构化面试的程序

一般来说，结构化面试的程序可以分为以下几个阶段：

1. 面试开始的程序

在结构化面试开始前，考务人员会对进入面试的求职者讲解面试的整体计划安排、注意事项、考场纪律等，并会以抽签的方式确定求职者的面试顺序，并依次登记考号、姓名。接着，考务人员将依次带领求职者进入考场，并通知下一名求职者准备。

2. 面试过程中的程序

面试过程中会采取面试官与求职者一问一答的形式进行，每次面试1人。主面试官首先会向求职者宣读面试指导语，以消除求职者的紧张情绪，调节面试气氛。然后主面试官将依据面试题目向求职者提问，其他面试官会进行适度的追问、插问，并在评分表上按不同的要素打分。

3. 面试结束的程序

面试结束后，主面试官会宣布让求职者退席，然后由考务人员收集每位面试官手中的面试评分表交给计分员，计分员在监督员的监督下统计面试得分，并填入求职者结构化面试成绩汇总表。求职者可以到休息室等候公布成绩，但有时由于求职者和面试考场较多，面试成绩无法当场汇总公布，可能要在面试结束一两天后才能知道结果。

（四）结构化面试的常见题型

结构化面试中常见的题型有背景性问题、情景性问题、智能性问题、思辨性问题、压力性问题、哲理性问题等，在近年来还出现了一些企业面试中较多使用的考察创新能力和发散思维的特定题型。为此，求职者在做面试准备时，不仅需要熟悉面试的程序等，还要能够判断出面试官所提问题的题型，了解该种题型所要测评的能力要素，悟出答好该类问题的最佳思路，找到大致适合个人思维习惯和语言风格的答题技巧，以做到在结构化面试中以不变应万变，取得优异成绩。

三、无领导小组面试

无领导小组面试实质上就是一种采用情景模拟的方式对求职者进行集体面试的考察方式。在这类面试中，一定数目的求职者被划分为一个小组，在规定的一段时间内围绕一个主题进行讨论。讨论过程中不指定一个领导者，也不指定求职者的座次，整个讨论完全由求职者自行协调安排。通过这种方式，面试官可以从旁观察求职者在给定情景下应对危机、处理紧急事件的能力，可掌握求职者的组织协调能力、口头表达能力、辩论说理能力等情况，从而能够更准确地判断该求职者是否符合岗位需要。这种面试形式由于能够测试出求职者在笔试和单一面试中无法展现的能力和素质，并可节省面试时间，因而得到了越来越多的单位的认可。

对于求职者来说，在无领导小组面试中为了取得面试官的注意，就要积极参与有效发言，并能提出自己的一些见解和方案，同时还要做到尊重他人，礼貌周到，才能给面试官留下一个比较完美的印象，从而在千万名竞争者中脱颖而出。

（一）放下心理包袱

有不少求职者对无领导小组面试缺乏了解，面对这种开放式的面试一下子慌了手脚，在面试讨论过程中因为紧张，或一言不发，或语无伦次，没有发挥出自己应有的水平，错失了展现才华的良机。因此，面对无领导小组面试，求职者一定要首先放下心理包袱，认识到这种面试形式并不可怕，对于每个求职者都是一次公平竞争的机会，从而对自己充满信心，敢于开口，并做到有条有理地阐述自己的观点，这样就会给面试官留下很深的印象。

（二）不要急于抢先

在无领导小组面试中，许多求职者为了引起考官的注意，喜欢抢先亮出自己的观点，并试图引导和左右其他求职者的思想和见解，更有甚者还会锋芒毕露地对每个发言者的言论逐一点评，结果引发了众怒，使自己成为在面试中始终被针对的对象，这样做对自己面试成功没有任何好处。因此求职者不要太急于抢先，可以适当保持沉默，仔细倾听其他人的意见，同时修正和完善自己的论点，充分吸收别人的优点，在讨论结束之前，求职者再将各成员交谈的要点做非常中肯的点评，指出优点缺点，并适时拿出自己令人信服的观点，这样便可自然而然地成为小组的领导者，为自己的成功录取增加了筹码。当然，这对求职者本身的要求就更高了，所以，每个求职者都应在参加无领导小组面试之前多做训练，平时多积累这种经验，提高自己这方面的能力。

（三）不要把辩驳当作攻击的武器

在小组讨论中，求职者如果需要表达与别人不同的意见或反驳别人先前的言论时，一定要心平气和，用鲜明的论点和严密的论证说服别人，切莫把辩驳当成攻击别人的武器，对别人横加指责、恶语相向，这样只会引起其他求职者和面试官的反感，最终导致自己最早出局。因为没有一个公司会聘用一个不懂得尊重他人、不重视合作、没有团队意识的人。

(四) 看好说服的时机

求职者试图说服其他求职者时要看好时机，如果发现对方情绪比较激动，就不要试图去改变他的观点。因为在情绪激动时，对方的情感多于理智，敌对心理会让对方更加抗拒。所以求职者可以待对方情绪较放松时，再找到与对方言语里相同的观点，引申出自己的观点，让对方在一定程度上获得被理解和认可的感觉，这时再提出自己的观点和很充分的理由就容易被对方接受了。求职者在小组讨论中如果能够掌握这种说服办法，在面试官心目中也能赢得不少加分。

(五) 表现出一定的主见

求职者应该有自己的观点和主见，即使与别人意见相一致时，也可以阐述自己的论据，补充别人发言的不足之处，而不是简单地附和："某某已经说过了，我与他的看法基本一致。"这样会使面试官感到求职者没主见，没个性，缺乏独立精神，甚至还会怀疑求职者其实根本就没有自己的观点，有欺骗的可能，因此一定要注意避免。

(六) 不要搞"一言堂"

求职者不要搞"一言堂"，只顾着自己滔滔不绝地发表长篇大论，垄断小组发言权，这只会让自己成为众矢之的。另外，如果当求职者选择的话题过于专业，或者自己发起的话题众人不感兴趣，或者对自己的个人私事介绍得过多了的时候，可能会导致其他求职者和面试官感到疲惫，有时候他们的脸上已经露出了厌倦之意，这时候求职者自己就应当立即止住，不能我行我素。当有人突然出来反驳自己的时候，也不要恼羞成怒，而是应心平气和地与之讨论。但如果发现对方有意寻衅滋事时，则可对之不予理睬。

(七) 表现自己的气度和礼仪

为了表现自己的气度和礼仪，在谈话时求职者的目光应保持平视，仰视显得谦卑，俯视显得傲慢，均应当避免。谈话中应用眼睛轻松柔和地注视对方，但不要眼睛瞪得老大，或直愣愣地盯住对方不放。当谈话者超过三人时，求职者应不时地同其他所有人交谈几句，不要冷落了某些较内向、发言不多的求职者，也不要只顾着和关系不错的求职者窃窃私语，这会造成同其他求职者的隔阂，也会让面试官认为你不懂得团结他人。此外，求职者要注意避免一些不够尊重别人的举动出现，例如揉眼睛、伸懒腰、挖耳朵、掏鼻孔、摆弄手指、活动手腕、用手指向他人的鼻尖、双手插在衣袋里、看手表、玩弄纽扣、抱着膝盖摇晃等。

(八) 在面试结束时适当表现自己

在面试过程中，求职者可以准备纸笔，记录下讨论中提到的诸多要点，并在面试临近结束时迅速整理成文，将其上交面试官。这一点虽然被很多求职者忽视，但却有着非常重要的作用，因为它既能够展示求职者扎实的文字功底，又可给面试官留下办事得力、精明能干的好印象，求职者何乐而不为呢？

第三节　求职礼仪

一、女性仪容：体现内在美

一个人的仪容是其心理素质和修养的外在体现，它能反映出一个人的性格、气质、学识修养和处世态度。尤其是女性面试者，如果能够将自己的内在美表现得淋漓尽致，就可以让面试官眼一亮，大大增强自己的求职竞争能力，为下一步交谈打下基础。

那么，女性求职者在应聘时需要注意哪些仪容要求呢？

首先，从衣着打扮来看，既要体现时代特点，又要符合女性求职者的身份，做到整洁大方，同时不失女性特有的柔美，这样不仅会给他人带来美的享受，还能使他人感受到自己的精神状态、自己的干练和活力。一个衣着邋遢的女性去求职，纵然才华横溢，也难以赢得主考官青睐。

其次，从行为举止来看，应尽量端庄、自然。尽量避免动作拙劣、表情呆板或大大咧咧、矫揉造作。因此，在面试时，一言一行、一举一动都应展示得自然、得体，也就是说，要坐有坐相，站有站相，走有走相，让面试官有赏心悦目之感。

最后，从精神状态来看，要面带微笑，精力充沛，显示出女性特有的气质。在面试过程中，则要注意用敏捷的思维、机智的语言来活跃双方交谈的气氛，切勿表现得萎靡不振、无精打采，甚至打哈欠，这些都会使面试官感到失望和不满。

（一）女士服饰

对于女性求职者来说，着装比男性有更多的选择余地，但是仍要遵照整洁、美观、稳重、大方、协调、高雅的总原则，服饰色彩、款式、大小应与自身的年龄、气质、肤色、体态、发型和准备应聘的职位相协调、相一致。比如准备应聘的职位是教师、工程师、干部等岗位，服饰就不能过分华丽、过分时髦，而应该选择庄重、素雅、大方的着装，以显示出稳重、文雅、严谨的职业形象；如果准备应聘的职位是导游、公关、服务等岗位，就可以选择较为华美、时髦的着装，以表现活泼、热情的职业特点。女性求职者可选择穿着剪裁得体、样式大方的西装、套裙等，这样会给面试官留下优雅、自信的良好印象。不要穿领口过低的衣服，要注意内衣颜色应与外套协调一致，避免透出颜色和轮廓，否则会让面试官感到不庄重。如果选择穿裙装面试，女性求职者则要注意配合身材选择裙型。例如身材比较苗条修长的女性可以选择窄裙，以显露腰部及臀部的曲线；下半身略粗壮的女性可以选择A字裙，以掩饰不够理想的身材，起到修身作用；另外，褶裙比较适合腰部与臀部之间曲线变化不大的女性，百褶裙适合身材匀称、腿部线条纤细优美的女性，紧身短裙则最适合身材玲珑娇小的年轻女性。

（二）服装色彩

女性求职者服装的颜色可有多种选择，不一定非要穿黑色套装，而且女性求职者还可以巧妙选择服装颜色以表现自己的个性、气质。比如黄色服装能够表现出丰富的幻想力和追求自我满足的特质，红色服装能显示求职者的个性好动而外向，主观意识较为强烈而且有较强的表现欲望，都可以在面试时适当选用。但要注意避开粉红色服装，因为这种颜色往往会给面试官留下轻浮、圆滑、虚荣的印象。

（三）鞋子

鞋的选择要注意与整体着装相协调，在颜色和款式上都不应显得过于突兀。另外，最好不要穿长而尖的高跟鞋，而要穿能够体现职业女性特点的中跟鞋；如果选择穿裙装配靴子，则要注意裙子的下摆要长于靴端。

（四）丝袜

女性求职者如果选择穿裙装面试，则一定要穿好丝袜，不要光腿参加面试，这样会显得不够庄重。丝袜的颜色以透明近似肤色最好，同时丝袜不能有脱丝、破损的情况。因此，为保险起见，面试前最好在包里放一双丝袜备用，这样脱丝时能及时更换。

总之，求职者在面试前一定要选好服装，这样才能以美观、大方的形象出现在面试官眼前。

（五）配饰

得体的配饰让你充满魅力。如果说服装是求职者个人形象的活广告，那么配饰则是其形象的重要细节，细节处理不好，就会因小失大，很可能影响面试官做出的最终评价。所以，求职者们千万不要因为配饰细小而不重视它，往往就是这小小的配饰更能反映出一个人的品位，成为面试官暗中仔细观察留意的细节。因此，只有注意配饰的得体和搭配，才能使求职者形象更加完美。

二、男性仪容：将阳刚美展示出来

仪容仪表有时代表着自己的人格素质和专业水准，因此，在求职时在仪容仪表上切不可轻视，以致耽误了自己的"大好前程"。

1959年，尼克松和肯尼迪竞选美国总统。在一次电视竞选中，尼克松带病参加，当时他体重大减，脸上棱角突出，还一直在出汗，在这种情况下，他又拒绝了电视导演费尽心机为他设计的补救措施。结果，观众在电视屏幕上看到的尼克松是两眼深陷、面颊苍白、汗流如注、声嘶力竭的形象。相反，肯尼迪经过电视导演的精密筹划，养精蓄锐，精心彩排，则显得意气风发、红光满面，他从容论道，挥洒自如，令观众为之折服。结果，在这次电视竞选中，选民们不再关注双方政见的分歧，而是对他们的仪表风度的高下差异谈论不休，对"形象仪容"的好恶最终也在一定程度上决定了选票的投向，导致尼克松以微弱票差败北。

从上面的例子中，可以看出仪容美观对事业的成功具有举足轻重的作用。尼克松在总统大选中惜败，就与他不重视仪容修饰有一定的关系。而在现实中，不讲究仪容美观的男性求职者也大有人在。他们往往会认为用人单位更重视的是求职者的内在素质，而非光鲜亮丽的外表，可事实上，仪容美是内在美、自然美、修饰美的统一。而仪容的修饰美是最可以直接实现的，所以也是仪容礼仪关注的重点。它不仅是打扮和美容，在面试官看来，仪容美能够体现求职者良好的精神面貌和对工作的乐观、积极的态度。因此，即使男性求职者平日不修边幅，在面试时也一定要注意自己的仪容美，将男性的阳刚美体现出来，才能赢得面试官的好感，促使面试成功。

（一）男性面试仪容指南

发型、胡须清爽。整洁的发型会让男性求职者显得有风度、庄重、文雅。因此面试前要注意修整发型，不要顶着一头蓬松凌乱的头发就去参加面试，那会让面试官看了很不舒服。而且在面试前要洗干净头发，避免头屑留在头发或衣服上，否则也会让求职者的形象大打折扣。特别是夏天更要及时清洗，洗头发时水温不要太高，在40℃左右，并选用适合自己发质的洗发剂。洗干净后最好自然晾干，如果必须让头发迅速变干，可以用温度不高的电吹风，不然会损伤头发。

另外，除了艺人、文艺创作者外，普通男性求职者最好不要留长发或颜色夸张的染发，头发的长度以不挡视线、不遮耳朵、不碰衣领为宜。

此外，如果没有特殊的宗教信仰或民族习惯，求职者应刮干净胡须再参加面试。否则胡子拉碴的形象会让面试官产生不好的印象。求职者还要注意剃胡须的时候不要刮伤皮肤，以免"破相"。

1. 手、指甲

手是人体中活动最多的部分之一，也常常是面试官目光的焦点，因此，男性求职者在面试前，要先看看自己的手，必须使其洁净，特别是指缝、指甲不要留有污垢，而且男性求职者最好不要留长指甲。

2. 面部

男性一般很少注意化妆、美容，但是在参加面试前，最好能注意一些面部修饰，例如可以给脸上涂些护肤用品，不要让脸上的皮肤显得太干涩或有油光。另外也可以简单地用点化妆品，给面试官留下干净、阳刚的感觉。

3. 个人卫生

为了给面试官留下最佳印象，男性求职者一定要从细节上注意个人卫生。例如要注意清洁耳孔，不要留下分泌物、灰尘，要注意避免在眼角遗留眼屎，还要注意修剪鼻毛并清洁鼻孔内外的污垢。

另外，如果口腔或身体有异味的话，在进入面试现场前一定要处理好，如可以使用口腔清新剂、口香糖等，以保持清新的口气，并注意面试前不要吃洋葱、大蒜，也不要喝酒，饭后则最好刷牙、漱口，以免口气、酒气熏天，影响个人形象。此外，为了避免身上散发出的汗臭味、腋臭味、烟味等引起面试官的厌恶，面试前最好能洗个澡，这既可以冲淡异味，又能振奋精神。如果有必要的话，男性求职者还可以在身上适度地喷些男性香水，以驱散其他气味，但香水一定不能选用气味浓烈或怪异的，而应选用气味清新淡雅的，有助于让面试官产生愉悦的感觉。

俗话说"人靠衣装马靠鞍"，也有人说"服饰左右你的成就"。服饰能够反映出一个人的文化水平、修养和气质，它是种重要的体态语言。在应聘面试活动中，恰当的穿着本身就是一种很好的礼仪，雅致和整洁的服饰具有一种无形的魅力，它能让求职者在面试官的"第一印象"中留下深刻的记忆。但很多求职者根本没有考虑过面试时应该穿什么样的衣服，事实上，服饰有时候起着比履历书中所载的经历和资格证书等更为重要的作用。许多用人单位的人事负责人都认为，求职者的精神面貌与衣着打扮能够给他们留下"第一印象"，而这难能可贵的"第一印象"通常决定着面试的成败。一个仪表优雅的人，虽然并不一定能找到工作，但如果衣着不整，举止不雅，必然影响应聘择业。可见，求职者的服饰对求职成功与否有重大的影响。因此，注重自己的衣着仪表，是求职者不容忽视的问题。一般在社交中的服饰、打扮应遵循"TPO"原则。所谓"TPO"原则，就是服饰应当符合 time（时间）、place（地点）、occasion（场合）的要求。对面试而言，虽然没有必要严格遵循社交场合上的"TPO"原则，但在面试准备阶段，如果详细了解自己应聘职位的工作内容和性质，能够帮助求职者更好地选择服饰。例如，如果准备应聘的是一个创意性较强的艺术类工作，像美术设计、广告策划、艺术装潢之类的工作，着装就应个性化一些、浪漫一些、新潮一些，甚至可带点反传统的元素；如果应聘的是正规而严肃的办公室工作或教育工作，着装则应该规范一些、整齐一些、传统一些；如果应聘的是一份技术操作或经常需要野外作业的工作，那么只需要穿日常便装就可以了。当然，求职者不一定对应聘职位的工作内容和性质非常了解，那么也可以事先到应聘单位走一走，考察一下工作环境和职工的着装，以便在选择服饰时作为参考。对于刚刚毕业的大学生来说，如果对面试着装没有什么经验的话，也可以以最朴实、阳刚的打扮出现在面试场所，这样也容易让面试官产生好感。

（二）男士服饰

男性求职者的服饰应力求带给面试官"舒服、干净、儒雅、大方"的感受，以提升好感度和面试成功率。

1. 西装

男性求职者在面试中的服装以西装为首选，这是因为西装看上去比较正规，能够显示出求职者对面试的重视，而且西装购买方便，搭配也比较简单。不过，穿西装也有许多讲究，比如西装面料最好以深色或深蓝色为主，它们能给面试官以稳重、可靠、忠诚、朴实、干练的印象；西装面料则最好选择天然织物，这是因为人造织物的光泽和质地会给面试官一种廉价的感觉，而且人造织物也不像天然织物那样有种吸引人的"下垂"感；另外西装要穿着得体。求职者如果体形偏瘦，则不宜穿着中粗竖条的西装，否则会暴露身材纤细、瘦弱的缺憾，这时可以选择米色、鼠灰色等暖色调，图案方面则选用格子或人字斜纹的西装，就会显得身材较为丰满、强壮；而体形瘦高的求职者，则宜穿双排扣或三件套西装，面料选用有质感和收腰感觉的，不要选用廓形细窄而锐利的套装；体形偏胖的求职者可穿深蓝、深灰、深咖啡色等西装，忌穿米色、银灰等有膨胀效果的色彩，此外还可以穿着双排四粒扣的西装，以掩饰微挺的肚子；身材较矮的求职者可穿三件套西装，这样能够模糊身体的分割线，既能掩饰缺点，又显得比较帅气。

2. 衬衫

衬衫简单、实用、易于搭配，是男性求职者的理想服饰元素之一。男性求职者在面试时可以穿着白色或蓝色衬衫，以体现沉稳、大方的气质，但最好不要穿着图案繁复、色彩斑斓的衬衫。衬衫的材质则以天然纤维为最佳，不宜穿着容易起皱的棉布衬衫。另外如果天气不是非常炎热的话，一般最好穿长袖衬衫。

3. 领带

领带的选择要与面试时所穿的西装、衬衫相互搭配，其中领带的长度以到皮带扣处为宜，领带的宽度应大致和西装上衣延及胸前的翻领的宽度相似，但最好不要使用领带夹。领带的材质以纯真丝为最佳，能够产生一种优雅、有品位的感觉，而且真丝领带也最容易打好。亚麻领带、毛料领带、合成纤维领带等由于容易起皱，也不好打结，可能会有损求职者的职业形象，因此不宜选用。在颜色方面则应尽量选择明亮的色彩，但也不要太过鲜艳或花哨，以能带给面试官明朗良好的印象为宜。领带的图案，可以选择立体宽条纹等，同时注意避免佩戴有圆点花纹、卡通图案、体育标志以及徽标等的领带。

4. 皮带

求职者应选择与鞋、西装相配的皮带，例如蓝色、黑色或灰色西装以及黑皮鞋可以选择黑皮带搭配，而棕色、棕褐色或者米色的西装以及棕色的皮鞋应搭配棕色的皮带。至于皮带的材料，以皮质为宜。

5. 皮鞋

面试时男性最好穿着黑色或棕色的皮鞋，切勿穿着球鞋，以免给面试官带来不够严肃、吊儿郎当的坏印象。皮鞋不宜选择尖头款式，以免给面试官带来攻击性的感觉，因此最好穿着方头系带的皮鞋。另外，在面试前要注意擦拭鞋面，使鞋面保持清洁光亮，同时要系紧鞋带，以免松开或未系的鞋带给自己带来不安全感甚至将自己绊倒。此外，还要注意避免黑鞋搭配棕色西装，这样会显得十分不协调。

6. 袜子

袜子应和衣服、鞋相协调，从颜色上看最好选择蓝色、黑色、灰色或棕色的袜子，不要穿颜色鲜亮的袜子或花格袜子。长度应该以跷腿时不露出太多的胫骨、移动双脚时也不至于在脚踝部隆起为宜，因此可以选择弹性较好的裹及小腿处的袜子。

7. 外套

如果没有特别需要的话，男性在面试时最好不要在西装外再加穿外套，否则会给面试官凌乱、累赘的感觉，而且进出面试场所时穿、脱外套也比较麻烦。如果一定要穿着外套的话，也最好选择米色和蓝色等式样轻便的外套。

> **思考与活动**
>
> 1. 制作一份个人简历。简历完成后，找一位同学互相交换并提出修改意见。
> 2. 撰写用于面试的自我介绍。
> 3. 在面试过程中需要注意哪些礼仪？

第七章

就业权益

【本章概述】

全面了解与高校毕业生密切相关的法律法规、就业政策以及各类手续办理流程，把握好各个环节，有效防止就业陷阱，充分享受政策福利，保障自身合法权益不受侵害。

【内容要点】

1. 了解高校毕业生的就业权益；
2. 熟悉高校毕业生签订就业协议的流程和劳动合同知识，并掌握加入社会保险体系的步骤与方法。

导入案例

据报道，某学院志愿者晓云披挂起"花木兰"的行头，走进招聘会。几名同学帮她举起一面牌子，上面赫然写着"木兰穿越现代，本欲卸甲归田，无奈工作难寻"，这奇怪的一幕顿时把求职现场搅乱了。"花木兰"称，现在又到了应届毕业生求职高峰期，她决定和身边的女同学一起，在母亲节当天推出这场行为艺术，行动命名为"穿越招聘会"。"花木兰"表示，她们的目的是通过扮演花木兰，呼吁企业招聘时不要明令限制或设置隐形门槛拒绝女性求职者，倡导用人单位给予女性更多机会。"不少工作岗位'限男性'，或对女性的身高、相貌、身材、学历有限制性要求。"

【思考与讨论】

1. 女生在求职过程中受到哪些限制？
2. 你在求职过程中受到过哪些歧视？

第一节 大学生就业的基本权利

一、基本权利阐释

《中华人民共和国劳动法》规定，劳动者享有平等就业和选择职业的权利、取得劳动报酬的权利、休息休假的权利、获得劳动安全卫生保护的权利、接受职业技能培训的权利、享受社会保险和福利的权利、提请劳动争议处理的权利。对于大学毕业生而言，作为就业的一个重要主体，其就业权益具有自己的特点。但目前，我国法律对大学生在就业过程中的权益及其保护缺乏具体的规定，相关研究也比较少，根据目前大学生就业政策和有关法律、法规的规定，大学生主要享有以下就业权益。

二、就业权益的内容

（一）公平权

毕业生享有被学校公正、平等推荐的权利。学校向用人单位推荐毕业生时，应根据毕业生的实际情况如实向用人单位推荐，不能故意贬低或随意拔高毕业生在校的实际表现；学校对毕业生进行推荐时应做到公平、公正，给每一位毕业生推荐的机会平等，不能厚此薄彼；学校在公平、公正的基础上，根据毕业生的在校表现实行择优推荐，用人单位在对毕业生进行录用时也坚持择优标准，真正体现优生优先、学以致用、尊重知识、尊重人才。

毕业生享有受用人单位公平录用的权利。用人单位在录用毕业生时，应公开、公正、公平，不得歧视女性，不得歧视少数民族，男性女性、不同民族都应一视同仁；除国家规定的不适合女性的工种或者岗位外，不得以性别为由拒绝录用女性或者提高对女性的录用标准；在工资方面应贯彻同工同酬的原则。

毕业生享有公平竞争的权利。公平的竞争是市场体制存在和运行的必要条件。毕业生作为就业主体，都具有公平参与竞争的权利。这里的公平是指竞争机会平等、竞争起点平等。竞争主体自觉遵守毕业生就业的法律、法规和政策，制裁非法竞争和不正当竞争，规范竞争主体的行为。公平是毕业生在择业过程中唯一的前提，公平竞争是"自主择业"。

> **相关链接**
>
> 《中华人民共和国宪法》中有平等原则，第三十三条规定："中华人民共和国公民在法律面前一律平等。"
>
> 《中华人民共和国就业促进法》第三条规定，"劳动者依法享有平等就业和自主择业的权利。劳动者就业，不因民族、种族、性别、宗教信仰等不同而受歧视"。第二十五条规定，"各级人民政府创造公平就业的环境，消除就业歧视，制定政策并采取措施对就业困难人员给予扶持和援助"。第二十六条规定，"用人单位招用人员、职业中介机构从事职业中介活动，应当向劳动者提供平等的就业机会和公平的就业条件，不得实施就业歧视"。第二十七条规定，"国家保障妇女享有与男子平等的劳动权利。用人单位招用人员，除国家规定的不适合妇女的工种或者岗位外，不得以性别为由拒绝录用妇女或者提高对妇女的录用标准。用人单位录用女职工，不得在劳动合同中规定限制女职工结婚、生育的内容"。第二十八条规定，"各民族劳动者享有平等的劳动权利。用人单位招用人员，应当依法对少数民族劳动者给予适当照顾"。第二十九条规定，"国家保障残疾人的劳动权利。各级人民政府应当对残疾人就业统筹规划，为残疾人创造就业条件。用人单位招用人员，不得歧

视残疾人"。第三十条规定,"用人单位招用人员,不得以是传染病病原携带者为由拒绝录用。但是,经医学鉴定传染病病原携带者在治愈前或者排除传染嫌疑前,不得从事法律、行政法规和国务院卫生行政部门规定禁止从事的易使传染病扩散的工作"。第三十一条规定,"农村劳动者进城就业享有与城镇劳动者平等的劳动权利,不得对农村劳动者进城就业设置歧视性限制"。

《中华人民共和国民法通则》第三条规定,"当事人在民事活动中的地位平等"。第四条规定,"民事活动应当遵循自愿、公平、等价有偿、诚实信用的原则"。这就是说,在就业市场上,高校毕业生与用人单位在法律地位上是平等的。毕业生在与用人单位签订就业协议和劳动合同时,要以平等的身份与之协商,并最终达成双赢的协议和合同。

(二) 知情权

毕业生有权了解获取就业信息,任何单位或个人不得隐瞒或欺骗。其中包括就业工作的程序,时间安排,政府、学校的政策,用人单位的各种需求信息,还有学生自己的各种资料、档案等。它要求信息公开,即所有用人信息向全体毕业生公开;信息及时,毕业生获取的信息必须是及时有效的;信息全面,毕业生有权获得准确、全面的就业信息。

毕业生有权知道就业管理机构的工作原则、纪律、过程等。就业管理工作的透明化有助于杜绝工作人员的不合法甚至违法行为,防止暗箱操作,提高工作效率。毕业生也能够根据这些程序调整自己的择业方法,明确自己的进度。这对市场的规范化也有巨大的帮助。

毕业生有权全面、真实地了解用人单位使用意图、工作环境、劳动报酬和使用发展前景等各方面的情况,而用人单位则有义务向毕业生和培养单位如实介绍本单位的情况,并提供有关资料。

相关链接

《中华人民共和国劳动合同法》第八条规定,"用人单位招用劳动者时,应当如实告知劳动者工作内容、工作条件、工作地点、职业危害、安全生产状况、劳动报酬,以及劳动者要求了解的其他情况;用人单位有权了解劳动者与劳动合同直接相关的基本情况,劳动者应当如实说明"。因此,毕业生在与用人单位签订就业协议以及劳动合同时,可以向用人单位询问与自己权益相关的问题,例如:具体工作内容、具体工作条件、具体工作地点、公司和个人的安全生产状况、个人劳动报酬、社会保险以及毕业生希望了解的其他与订立和履行劳动合同(就业协议)直接相关的情况,如工作时间、休息休假制度、福利等。

(三) 接受就业指导权

《中华人民共和国高等教育法》明文规定,"高等学校应当为毕业生、结业生提供就业指导和服务"。由此可见,接受就业指导权是毕业生的一项重要权益。为此,各高校都按照国家的有关规定成立专门就业指导机构,配备专门人员对毕业生进行指导,包括向毕业生宣传国家关于毕业生就业的有关政策方针,对毕业生进行择业技巧的指导,引导毕业生根据国家、社会的需要，结合个人实际进行择业，使毕业生通过接受就业指导，准确定位，合理择业。

（四）签约权

毕业生与用人单位达成就业意向后，需要通过签订就业协议或劳动合同，将建立的劳动关系或双方达成的有关约定以书面的形式落实下来，对双方的责、权、利进行明确的说明。这既是一种必要的过程，也是毕业生就业的一种权益。不签订就业协议和劳动合同或是约定内容和条款过于笼统甚至违法、违规，都是对毕业生就业权益的侵犯。

> **相关链接**
>
> 《中华人民共和国合同法》规定，"合同当事人的法律地位平等，一方不得将自己的意志强加给另一方"。此外，《中华人民共和国劳动法》规定，"订立和变更劳动合同，应当遵循平等自愿、协商一致的原则，不得违反法律、行政法规的规定"。

（五）违约及求偿权

违约及求偿权是指毕业生与用人单位签订就业协议书后，如用人单位无故要求解约，毕业生有权依照《中华人民共和国合同法》要求对方履行就业协议，或者支付违约金的权利。因为就业协议虽不具有劳动合同的性质，但是其却是毕业生与用人单位签订劳动合同、建立劳动关系的前提，这是由毕业生就业的特殊性所决定的。

（六）特殊政策

毕业生在就业过程中享受所在城市的一些特殊政策，如落户政策、人才补助等，在住房限购的大环境下，许多城市为吸引人才，推出了一系列针对毕业生的落户政策、人才补贴和购房资格等优惠政策。

1. 2017年四大一线城市落户情况

2017年3月21日，北京发布《关于优化人才服务促进科技创新推动高精尖产业发展的若干措施》，在人才的引进、评价、激励等方面打出"组合拳"；同时，北京开通高层次国内人才引进"绿色通道"，为国家和北京市重大人才工程入选专家、重要科技奖项获奖人直接办理引进，最快5个工作日办理完成引进手续。3年累计获得7000万元融资的创新创业团队可申请落户。

3月26日，上海公布《上海加快实施人才高峰工程行动方案》。对宇宙起源与天体观测、光子科学与技术、大数据等13个领域的高峰人才，给予其"本人及其家属、核心团队成员及其家属可以直接办理本市户籍"等优惠政策。

2017年1月，广州提出适当放宽放开重点群体落户限制，适当放宽入户年龄要求，大力吸引高校毕业生、技术工人、职业院校毕业生和留学归国人员等高层次人才、技能人才、创新创业人才、产业急需人才。

深圳的落户政策一直都比较宽松，2017年还提出35岁以下、具有普通高等教育专科以上学历人员可以迁入深圳户籍。2017年1月，深圳对来深创业的外籍华人可直接申请5年有效的居留许可。获得世界知名大学学士学位及以上的应届外籍毕业生，可直接申请外籍人才来华工作许可。

2. 2017年部分二线城市对高校毕业生的补贴政策

南京：取得全日制大学本科及以上学历并获得相应学位的国内外高校毕业生，毕业两年内在南京就业且签订一年及以上期限劳动合同，或在南京自主创业，缴纳企业职工社会保险后，可申请30平方米左右的公租房或600～1000元的租赁补贴。

成都：对毕业5年内在蓉创业的大学生，给予最高50万元、最长3年贷款期限和全额贴息支持。对急需紧缺专业技术人才和高技能人才，3年内给予每人最高3000元/月的安家补贴。建立人才技能等级、专业技术职称提升奖励制度，给予每人最高6000元补贴。

长沙：对新落户并在长沙工作的博士、硕士、本科等全日制高校毕业生（不含机关事业单位人员），两年内分别发放每年1.5万元、1万元、0.6万元租房和生活补贴；博士、硕士毕业生在长工作并首次购房的，分别给予6万元、3万元购房补贴；新进长沙市企业博士后工作站的博士后科研人员，给予10万元生活补贴。

济南：对企业新引进入户的全日制博士、硕士研究生，按照每月1500元、1000元的标准连续发放三年租房补贴。对国家级、省级、市级领军人才，可给予最高100万元的购房补贴或最长免租5年的住房。

大连：对于普通高等院校在校生和毕业未满5年的高校毕业生，在中山区、西岗区、沙河口区、甘井子区购买新建商品住房并办理房屋买卖合同网签备案的，在取得房屋所有权证后，政府给予购房补贴，购买几套即可享受几次补贴，单套补贴额以网签备案人（产权人）中最高学历为准。补贴标准为：博士每平方米补贴400元，硕士每平方米补贴300元，本科及大专学历每平方米补贴200元。

杭州：新引进应届高学历毕业生生活补贴标准为硕士研究生每人2万元，博士研究生每人3万元。

杭州余杭：在应届高学历毕业生生活补贴发放的市级政策基础上，余杭为引进的硕士、博士应届毕业生各增加3万元安家补贴，同时将补贴享受对象拓宽到国内外著名高校以及和余杭区全面合作的省内重点高校的应届本科毕业生，符合条件的应届本科、硕士、博士毕业生到余杭工作分别可领取最高4万元、5万元、6万元的生活安家补贴。

宁波：对高校毕业生、创客、基础人才的购房补贴提高至2%，最高可补贴8万元。

西安：有培训需求的毕业学年高校毕业生，可申请参加就业技能培训，享受最高1800元培训补贴。毕业年度和毕业两年内未就业的高校毕业生，可申请参加就业见习，享受生活补贴每人每月1200元、人身意外伤害保险补贴每人每月20元，不超过6个月。近5年内取得毕业证书或年龄小于35周岁的大学毕业生（含研究生），可申请参加创业实训，享受每月1000元的创业实训补贴，最长不超过3个月。

青岛：在青岛就业研究生住房补贴标准为硕士研究生800元/月，博士研究生1200元/月，紧缺专业硕士研究生1200元/月，紧缺专业博士研究生1500元/月。补贴期限最长不超过36个月。

郑州：技能等级补贴按照初级到高级标准，分别享有800～400元的不同补贴。高校毕业生在就业见习基地参加见习，每月可领见习补贴700元；在毕业年度按规定进行实名登记的离校未就业高校应届毕业生，均可获得一次性300元的求职创业补贴。

福州：对毕业生见习期满留用率达到50%以上的单位，根据留用人数，按福州市最低工资标准两倍予以发放见习补贴。毕业年度在校大学生和高校毕业生参加经人社部门认定的公共实训基地、就业（人才）培训中心和院校等创业培训定点机构举办的创业培训，可按规定享受不超过1000元/人的创业培训补贴。

无锡：对于留在无锡就业的大学生，凡具有博士、硕士、学士学位的全日制普通高校应届毕业生在本市就业并签订劳动合同或在锡自主创业，并在外租房居住的，可领取租房补贴。具体标准为：博士每人每月800元、硕士每人每月600元、学士每人每月500元，连续领取租房补贴期限为2年。

武汉：凡引进的博士毕业生，每月补贴2000元，持续补贴3年；到新城区工作的本科生，每年补贴1万元，持续补贴2年。

厦门：对新引进落户的全日制硕士研究生以上学历的人员，以及获得教育部认可的硕士以上学位归国留学人员发放生活补贴，硕士每人3万元（不超过35岁），博士每人5万元（不超过40岁）。

三、就业权益保护

高校毕业生就业权益保护是个系统工程，是国家与社会、学校、毕业生各负其责、相互配合的和谐就业体系。除了国家加快就业制度改革，创造良好就业环境，不断完善大学毕业生就业市场和大学毕业生就业权益保护的法律体系，高校加强就业指导工作以外，最重要的还是毕业生真正做到就业权益的保护，增强以下五个意识：

（一）法律意识

市场化的就业体制，要求毕业生就业依靠市场这个无形的手，来实现人才资源的合理配置。市场经济是法制经济，毕业生就业也必须走法制化之路。因此，毕业生必须了解与就业相关的法律法规、政策制度，了解劳动用工的相关规定，并且在学习这些法律、政策、规定的过程中，逐步培养成一种用法律进行思维的意识，即法律意识，进而能在这种意识的指导下，真正做到懂得法律、遵守法律、使用法律。

案例

毕业生小刘在新生入学教育的就业指导课时了解到现在的就业市场上陷阱重重。小刘本是计算机专业，她认真学习好了法律基础的同时，利用业余时间学习了《劳动法》《合同法》等法律法规，对于劳动就业方面的法律规定有了比较深的了解。毕业签订劳动合同的时候，公司提出了"试用期8个月，试用期满后签订劳动合同"的要求时，小刘根据相关的法律规定，以《劳动法》规定"试用期最长不得超过6个月，试用期必须包含在劳动合同期限内"为由与单位据理力争，最终使单位按照劳动法的规定签订就业协议，较好地保护了自己的合法权益。

法律意识要求毕业生在求职过程中，运用法律的思维来思考碰到的一些问题，大体知道法律的规定是怎样的，了解哪些情况是违法的，哪些情况又是政策允许的。只有有了这种意识，才能认识到行为的性质以及法律后果，才能有进行自我保护的前提。

（二）契约意识

从某种意义上说，市场经济就是契约经济，市民社会就是契约社会，契约意识要求当事人尊重平等、信守契约。由于我国就业体制的特殊性，就业协议在明确单位和毕业生权利义务等方面扮演着重要角色，因此契约意识的作用在毕业生就业过程中显得更加突出。

契约意识在就业过程中主要体现在两个方面，一是要求毕业生充分重视和深刻理解就业协议的重要性，要有通过就业协议保护自己合法权益的意识，二是就业协议一旦签订，便具有法律效力，必须具有严格遵守、履行就业协议内容的意识。

因此，谨慎签约、积极履约有利于毕业生通过协议书内容的约定保护自己的合法权益。协议一旦订立，双方都必须遵守，任何一方不得无故毁约、违约等，否则将受到经济和法律的制裁。

> **案例** ▶
>
> 毕业生小王由于契约意识淡薄，在就业时碰到一些麻烦。小王在某公司进行毕业实习，实习结束后双方达成了就业录用意向。由于双方比较了解，也比较信任，因此仅就就业录用的相关事项进行了口头约定，没有签订就业协议。小王认为自己工作的事就这么定了。没想到的是，等他毕业后正式到公司报到时，公司以岗位已录满为由拒绝予以录用。由于双方之间没有签订书面的就业协议，小王只能自吞苦果。

（三）维权意识

毕业生在法律意识和契约意识的指引下，认识到自己的合法就业权益受到了侵害，是积极运用法律手段或者其他方法来进行救济以维护自己的合法权益呢，还是息事宁人、当做什么事都没发生过？不同的处理方法就体现了维权意识的不同。具有强烈的维权意识，在碰到问题时能够拿起法律的武器积极主张权利，是毕业生走出权益自我保护的实质性的一步。毕业生只有养成了积极主张权利的维权意识，不畏法、不畏仲裁诉讼，才能够平等地与用人单位对话，据理力争，切实保障自己的合法权益。当然，维权意识要求毕业生应当知道可以采用下列途径维护自己的就业权利：学校出面调解，向劳动监察部门申诉、举报，向劳动仲裁机构申请仲裁，向人民法院提起诉讼等。

> **案例** ▶
>
> 小张毕业前与一家公司签订了劳动合同，毕业后到这家公司报到。工作一段时间后，发现公司存在无故克扣员工工资和无故不缴纳社会保险费的现象。员工们对公司的做法感到气愤，但是大部分员工都考虑到自己的工作岗位和发展机会，没有人敢站出来对公司的行为提出质疑。小张知道公司的做法违反了《劳动法》，强烈的维权意识使他认为一定要采取措施保护自己和同事的合法权益。于是小张以匿名的方式向当地劳动监察部门举报了公司。劳动监察部门接到举报后，马上在查证属实的基础上对公司进行了处罚，并责令公司返还克扣的员工工资，按规定补交各项社会保险费。小张以自己的行动维护了自己和同事的正当权益。

(四)证据意识

法律是用证据说话的,毕业生在就业过程中应"多留一个心眼",牢固树立证据意识。证据意识的培养主要体现在三个方面:一是收集证据的意识,要求毕业生在就业时要有意识地要求对方出示或者提供相关资料,来佐证一定的事实,如要求公司出示营业执照、要求对方出示表明身份的证件等;二是保存证据的意识,要求毕业生注意保存现有的证据,以便将来在仲裁或诉讼时支持自己的观点,如要注意保存单位在招聘时的海报,与单位往来的传真、邮件等;三是运用证据的意识,毕业生要有用证据证明案件事实的意识,知道什么样的事实需要什么样的证据证明,知道一定事实的举证责任是在对方还是己方;等等。

案例

> 毕业生小张通过网络招聘找到了一家有影响力的民营企业。企业要求小张正式就职之前接受企业的培训,于是小张到该企业指定的培训中心交纳了相关的培训费用。该企业承诺,如果职员在培训后因为企业的原因没有被录用,将退还培训费用。结果,由于企业人事调整,小张没有进入该企业工作。当他向该企业要求退还培训费用时,因拿不出交费的证据而被拒绝。
>
> 毕业生在就业过程中经常会碰到单位要求交押金的情况。签订劳动合同时要求劳动者提供押金的做法是法律明确禁止的,但是签订就业协议时单位是否可以收取押金法律没有明确规定。一般认为可以参照劳动合同的做法,签订就业协议收取押金不合理。但是现在的就业市场中,由于某些潜规则的存在,确实在很多场合存在着毕业生不交押金就无法签订协议、得到工作的尴尬。在这种情况下,如果毕业生确实很想去这个单位工作的话,我们认为可以先交押金,但是一定要叫单位出具表明"押金"字样的收据并且注意保存,以便日后作为证据使用。

(五)诚信意识

毕业生在求职就业过程当中应该树立诚信意识。一是毕业生自身要诚信,在求职过程中,毕业生必须如实向用人单位介绍自己的情况。毕业生在应聘时如果故意隐瞒自身情况、欺骗单位,可能导致就业协议无效,并承担缔约过失责任。二是毕业生要判断用人单位是否诚信,比如用人单位介绍的情况是不是属实,招聘的真实目的是什么等。而应届毕业生对用人单位进行判断有些困难。这个时候可以通过不同的方式和渠道全面了解用人单位的情况,但很可惜大多数毕业生在这方面做得不够。在严峻的就业形势下,毕业生不敢向用人单位问太多的问题、提更多的要求,许多初涉职场的毕业生甚至认为单位说的都是对的,一切都按照单位要求去做,不知不觉中自己的权益已经遭受侵犯。因此必须强化毕业生的诚信意识,特别是锻炼其中的第二种能力,以保护自己的合法权益。

第二节　求职陷阱应对策略

随着我国高等教育大众化进程加快，高校毕业生人数增幅很大，使高校毕业生在就业方面面临诸多的困难，高校扩招以来党和政府都非常关注大学生就业的问题。目前我国人力资源市场建设相对滞后，大学毕业生的就业机制不够健全，就业市场中出现了各种不依法用人、违法招聘等为大学生就业设置各种陷阱的现象。

择业"陷阱"是指为求职择业者提供就业为诱饵，或无偿占有求职者的劳动，或骗取择业者的财物，或择业者从事的工作内容并不是双方在协议或原先口头承诺的内容要件，或使择业者的人身、财产受到损害，利益受到侵害的骗术或非法行为。尽管择业"陷阱"形形色色，形态各异，但其目的都是一样的，对大学毕业生的危害都是巨大的。大学毕业生要防范各种择业"陷阱"，首先要了解和认识形形色色的择业"陷阱"，识别和预防择业"陷阱"是至关重要的，这也是我们职业能力中一种非常重要而实用的能力。常见的择业"陷阱"将在下文作详细介绍。

一、各式各样的求职"陷阱"

（一）粉饰招聘岗位陷阱

招聘单位在招聘广告中夸大职位，比如把"业务员"写成"市场总监"，把"保险代理员"写成"保险事业部经理"，求职者到了实际岗位才知道与招聘描述不一。有的单位以"到基层先锻炼锻炼"为幌子，让求职者继续工作下去。粉饰招聘岗位使得求职者就职后往往大失所望，心理落差很大。个别求职者由于种种原因，可能选择了安于现状，继续这份工作，从而对自己的职业生涯产生很大的负面影响。

案例

> 小张看到一条"诚聘有事业心人士担任市场经理"的招聘广告，考虑再三，准备充分后前往应聘。工作后才知道，自己的工作是推销公司的产品，"市场经理"就是一个好听的头衔而已。
>
> 大学生求职的时候应该搞清楚职位的工作职责和工作内容，仔细分析，向单位询问细节。一些用人单位提供的虚而不实的职位，常常冠以好听的头衔，但是却强调无须经验，这其中肯定有问题。一些用人单位为了招聘业务员，就在招聘广告中列出很多职位，其实都是做业务员，很多甚至还没有底薪。

（二）智力陷阱

有些公司由于自身缺乏足够和新鲜的创意，如果另行聘请高水平的工作人员又需要付出较大的代价，便想要通过招聘的方式来获取优秀的创意或文案。这些公司往往在面试时或在实习的过程中让学生做相关的事情，在获取应聘者的创意或方案后却不录用任何人。

案例

小白是北京某重点大学的一名计算机专业应届本科毕业生，编程能力很强。在学校举办的一次大型双选会上，以优异的专业成绩和实习单位较高的评价，被一家小有名气的IT企业相中，并很快签订用人合同，双方商定试用期为3个月，试用期间月薪为2500元。当其他同学还在为找工作东奔西走的时候，满心欢喜的她已经开始上班了。可是天有不测风云，谁曾想，刚结束春节休假上班的小白一到公司，便接到人事部门一纸解约通知，称通过试用，发现小白不适合在本公司工作，决定解除双方的试用合同。公司的决定让她感到非常突然，就在春节前，她通宵达旦、加班加点设计出来的一个财会软件还受到部门经理的夸奖，怎么突然就变卦了呢？她感到十分不解。后来，一位共过事的公司员工向她道明了事情的真相："公司根本没想要你这个人，只是需要你设计的软件，公司只是想无偿占有你开发的软件而已。"小白才幡然醒悟，原来自己天真地掉进了用人单位设下的智力陷阱中。

毕业生在提交自己的智力成果时要尽可能附上自己的版权声明，并要求招聘单位签收。

（三）收费及抵押陷阱

招聘中以不同名目收取"苛捐杂税"是最常见的招聘陷阱之一，这个招数对于很多应聘者来说都是"温柔的陷阱"。这类诈骗的面试过程往往特别简单，对你的学历、工作经验等各方面的条件几乎都没有要求，不关注你在校的表现和能力，只是派人和你进行简单的交流并鼓励你在将来的工作中要努力，然后就告知求职者被公司录用了，对公司的一些情况要么避而不谈，要么胡编乱造。同时，还会对你以后的工作许以高薪、工作环境非常轻松等诺言。这类型公司往往以已经招聘录用，需要收取押金、保证金的借口，或者以入职培训的名义，骗取求职者的费用。

虽然国家劳动部门早就明文规定任何企业在招聘员工时，都不得以任何理由、任何形式收取求职者的押金，或者以身份证、毕业证等作抵押。但有的招聘单位要求求职者提供自己的身份证件，理由是便于管理。有的求职者的身份信息被另作他用，当然，如果出了事，很多责任得由他承担。因此，求职者对自己的个人隐私权要爱惜和保护。

案例

小王和小赵是即将面临毕业的大学生，通过报纸广告，两人相约来到一家房地产广告公司应聘市场部的助理。面试、笔试各个环节进行得都非常顺利，最后面试负责人通知他们被录用了，试用期的主要工作是联系相关写字楼的承租客户，同时，试用期小王和小赵每人必须缴纳3000元的押金。押金的目的是为了保证公司利益不受损失，试用期结束后公司将退还押金。

国家法律规定招聘单位不能向应聘者收取押金以及扣押个人身份证件，所以，那些任职初期就让缴纳各种押金的行为是不合法的，求职者遇到要求交钱和扣押证件的时候一定要提高警惕，捂紧自己的钱包，不能向任何自己不了解的单位透露个人信息。

（四）试用期陷阱

试用期是用人单位对新录用的劳动者是否合格进行考核，劳动者对用人单位是否适合自己进行详细了解的期限。劳动合同试用期作为劳动合同中的一个特殊阶段，对于帮助用人单位以最低的成本风险争取优秀人才加入、促进劳动者的风险意识和竞争意识，都有极其重要的意义。然而，在实际就业市场上，试用期被用人单位滥用：一是没有试用期可能暗藏玄机。试用期是劳动合同的约定条款，对双方都有约束力，试用期长短或有无由双方依法在劳动合同中约定。某些用人单位规定大学生报到就签订劳动合同，马上上岗工作。可当大学生感到单位各方面情况不好想要另谋高就时，才发现自己在"无意"间放弃了试用期这一有利的武器，丧失了自己本该拥有的权利。在这种情况下，如果要单方面解除合同，无疑要付出惨重的代价。二是试用期或见习期过长。大学生就业中，违规违法现象主要表现为见习期与试用期的总期限超过一年；有些单位以见习期的名义不签合同，且借故延长见习期。

一般来说，单位用人有试用期是正常的，试用期的薪水一般都不高，等到转正之后，薪水会有较大幅度的提高。很多公司为了使用廉价劳动力，抓住毕业生急于找工作的心理，堂而皇之地打出试用期的牌子，看起来非常规范，待试用期一过，就以种种理由解聘求职者。这样的公司不断地炒人，毕业生永远不会成为正式员工。

案例

> 2015年6月，应届毕业生小张应聘到杭州开发区一家公司工作，并且与该公司签订了一年的劳动合同，合同约定试用期6个月，实习工资2000元。当试用期到期前10天时，公司人事部通知小张，公司还要对小张进行考察，如果小张同意，公司将再与小张续签3个月的试用期。小张为了今后留在公司里工作，于是同意再签3个月的试用期。当合同再次到期前，公司人事部通知小张在试用期未达到录用条件，不予录用。
>
> 毕业生要了解自己的基本就业权利，这样才能维护自己的正当权益。

（五）协议陷阱

就业协议除具有确立毕业生和用人单位之间的劳动关系、规范二者相关权利和义务、追究违约方违约责任的作用外，还是学校对毕业生就业的一种管理手段，是学校上报就业计划、用人单位申报进人指标、毕业生办理落户手续的证明。就业协议对于学校管理毕业生就业工作，规范用人单位和毕业生在用人、择业过程中的行为，维护各方的合法权益发挥了一定的积极作用。

但这一制度在现实的执行中却产生了许多问题，签订就业协议书本来是出于保护学生的目的，而且协议上也明确规定了学生就业后就执行劳动合同，已签订的就业协议不再生效。但实际上在签订就业协议后，不少单位在试用期间就不再签订劳动合同，所以常常会出现学生在试用期间要跳槽，按照劳动法不需要承担违约责任，而单位则以就业协议为依据向学生提出索赔要求的现象。按照有关规定，就业协议不能代替劳动合同或聘用合同，但实际上就业协议对毕业生和用人单位却又相当于劳动合同，它甚至可以对劳动合同的期限也进行约定。如果就业协议签订时的约定内容不能与随后签订的劳动合同或聘用合同内容吻合，就可能在毕业生和用人单位之间产生纠纷。就业协议内容不规范致使一些用人单位为了避免毕业生随意违约，在劳动合同中不约定试用期，旨在把学生当作廉价劳动力；在就业协议中违约金的数额没有明确，完全由单位与学生协商而定，而由于学生维权意识缺乏以及学生在求职过程中处于相对弱势地位，就使就业协议从某种程度上来说成为"霸王合同"。

当前的就业形势使相当部分大学毕业生在就业市场上处于弱势地位，不少学生在就业时出于种种顾虑，对可能会使自己权益受损的条款不敢提出异议，对单位在试用期不签订合同的做法也不会去追究，甚至被迫接受单位提出的一些不平等条款；甚至在签订就业协议的时候，单位要求附加补充协议，上面规定了学生所有的违约责任，而对单位如违约将承担什么责任则几乎只字不提；有些单位利用学生求职心切的心理对学生要求过多，造成学生在日后利益受损。签合同时，用人单位利用毕业生涉世不深的弱点极力催促大学生在内容与口头约定不一致的合同上签字。

案例

> 小赵是应届毕业生，2016年12月与一家用人单位签订了《高校毕业生就业协议书》。签协议书前双方商定：如果小赵违约，将向用人单位缴纳3000元违约金，却没有约定如果用人单位违约的处理办法。双方签约后，小赵就一直没有找其他工作。直到2017年5月，小赵得到签约单位通知，说由于该单位经营策略上的变化，原本计划招收的20名应届毕业生现缩招为6名，该单位打算解除与小赵的就业协议。
>
> 签订协议或劳动合同前一定要认真研究条款的内容，要明白自己和单位的地位是平等的。

（六）传销陷阱

所谓传销，本是指生产企业不通过店铺销售，而由传销员将本企业产品直接销售给消费者的经营方式。该经营方式受到国家的明令禁止。现在的传销已大多演变为非法组织以欺骗乃至胁迫的手段，靠强收"入门费"敛财。虽然国家加大了对传销的打击力度，传销在一定范围、一定程度上得到了较为有效的控制，但是有的传销人员并未死心，他们转为"地下"活动。当前日益严峻的就业现实使毕业生降低了审核标准和防范意识，对于传销组织来说，由于大学生拥有的潜在社会资源很丰富，他们未出校门，缺乏社会经验，因而深得"青睐"。加上就业困难形势下部分毕业生非理性的就业观的存在，更给了传销组织较大的空间。一些非法传销组织利用大学毕业生的不良心理，以知名企业或单位的名义招聘毕业生。传销组织一般以招工为由，利用学生社会接触面不广、对生活的期望值过高的弱点，掩盖非法传销的事实，以"好工作、高收入"来诱惑学生。受骗人或听信于传销头目欺骗父母，或经传销组织"洗脑"骗拉熟人，甚至成为传销骨干坑害他人。且传销组织采取扣押身份证、现金、通信工具、限制人身自由等手段，导致一些学生或主动或被动地迷失于传销漩涡中难以自拔。

第七章　就业权益

> **案例**
>
> 据新华网11月2日报道，南京破获的一起传销大案中，传销头目之一竟是"放弃本硕连读也要做传销"的高校学生，而834名受害者中，几乎清一色是在校大学生，涉及33所高校；菏泽警方日前查获的一起传销案件，117名成员中也有三成是被从外地骗来的大学生。
>
> 传销好像离我们很远，但其实就在我们身边。大家一定要提高警惕，出现情况要及时寻求帮助。

（七）网络陷阱

传统的集市型的人才交流市场通常受时间、地域等因素限制，不利于统一开放的人才大市场的形成。而网上人才市场则突破了这些局限，通过网络实现了市场信息的共享。网络的便捷、快速、低成本、大信息量等特点使得越来越多的企业和求职者选择人才网站作为招聘和求职的中介。网上求职不受时间、地域、空间的限制，避免了人群大范围集中和对场地依赖的局限，同时又有丰富的信息，所以很多即将毕业的大学生都把网上招聘作为求职的一个主要"路径"。求职者网上求职方便快捷、信息共享的优越性，确实是电视、报刊、杂志等传统广告载体与现场招聘会所难以企及的，但凡事有利必有弊，网络求职也有其难以克服的障碍。如果轻易相信网上的招聘信息，可能会遇到比传统招聘形式更多的麻烦、更大的问题。网络求职涉及隐私权问题。个人在网络上输入的信息，有可能被他人窃取、利用，造成名誉上、经济上的损失。另外，与其他广告载体相比较，网络招聘广告的真实性也值得推敲。

> **案例**
>
> 郑州某大学应届毕业生袁某按照同学的推荐到网上寻求职业时，相中了一家远在深圳的公司。按照该公司提供的电子邮箱，袁某将简历发送过去。很快，该公司回了一封热情洋溢的信，称袁某才思敏捷，深深打动了该公司人力资源部领导，决定破格聘用袁，但由于袁所学专业与该公司不吻合，需要进行培训，由于郑州和深圳之间路途遥远，该公司非常"体谅"，提出袁某可以先在家学习有关教材，再来深圳参加培训。按照该公司规定，袁某汇去了教材、档案和服装等各类费用共400元。就在袁某等待前往深圳发展时，却发现该公司不再回复自己的任何邮件，此时袁某才意识到上当了。
>
> 面对网络，大家一定要保持谨慎，应该到信誉度高的网站应聘，对收取相关报名费的网站要特别小心，对招聘单位最好有个实际的考察。不要公布自己的个人信息，一般留邮箱进行联系即可。毕业生应该正确认识网络求职的优劣，充分发挥其积极的作用，为自己择业助力。

二、大学生就业"陷阱"的表现特征

大学生就业陷阱是指招聘单位利用大学生的弱势地位，以提供就业机会为诱因，采用违法等手段，与大学生达成权利与义务不对等的各类就业意向（协议），侵害大学生合法权益的现象。当前大学生就业陷阱主要表现出四个典型的特征。

（1）欺骗性。主要表现为招聘单位以虚假宣传、不实承诺取得大学生的信任和期望，在协议中提出苛刻的条件，隐藏各种不法目的。

（2）诱惑性。主要表现为招聘单位着力包装，夸大事实，并以单位各种招牌、荣誉、待遇和发展前景诱惑大学生。

（3）隐蔽性。主要表现为招聘单位都有十分华丽的诱人说辞，让应聘者听起来合情合理，其实处处都是陷阱。

（4）违法性。就业中的各种违法行为目的各有不同。有些为留住人才而扣留大学生的户口、证件等使大学生欲走难行。有些软硬兼施，用非法手段迫使应聘者工作。还有的使大学生掉进自己挖下的高薪陷阱、中介陷阱、培训陷阱和传销陷阱等，还有些用人单位给大学生设置了协议陷阱、合同陷阱或试用期陷阱。

三、对择业"陷阱"的自我防范

缺乏社会经验的大学生，在求职中容易误入各式各样的招聘"陷阱"。要消除择业"陷阱"，需要进一步规范人才市场的秩序，完善相关的法律法规，加大监督力度。但对毕业生而言，如果预先有了防范意识，可避免落入任何诱人的陷阱。为此，毕业生可从以下七个方面入手，增强自己对择业"陷阱"的防范能力。

（1）防范意识的培养。毕业生对择业"陷阱"的防范意识，它是毕业生对择业"陷阱"自我保护能力的重要组成部分，培养和增强毕业生对择业"陷阱"的防范意识，是通过毕业生自我教育、自我完善来实现的。

（2）加强相关的法律法规的学习。毕业生应该主动学习与求职择业密切相关的法律法规、文件，如《中华人民共和国就业促进法》《中华人民共和国劳动合同法》等，提高自己的求职素质和独立思考、明辨择业"陷阱"的能力。

（3）树立正确的择业观和择业心态。毕业生必须转变就业观念，理性地认识就业形势，先就业求生存，后择业谋发展。毕业生应该转变求职理念，降低就业期望，客观评价自己。从低层做起，从基础做起，着眼于非政府部门、劳动密集型企业、中小型企业就业或自主创业。

（4）对就业信息的防范。一般情况下，从学校就业指导部门、高校或当地毕业生就业主管部门组织的毕业生供需见面会和人才招聘会、正规权威的人才招聘类专业网站、值得信赖的社会关系、有权威的报纸等途径获取的就业信息比较真实可信。对自己重点关注的就业信息，即使其来源可靠，毕业生也要对信息的内容做进一步的核实。毕业生在投递简历前应充分了解用人单位的情况，最好自己到用人单位去看一看。

（5）对中介机构的防范。中介机构为用人单位和毕业生双方沟通联系并进行择业指导，由双方订立劳动合同实现就业。这种方式近年来也成了部分大学生的就业渠道。但大学生在选择中介机构时，一定要认定其合法性。一般来说，一个合法的中介组织必须五证俱全——工商营业执照、税务登记证、企业资质证、执业许可证和法律、法规规定的其他必须公开的证照。同时还应当公布服务内容、服务规范、收费项目及标准、监督、投诉机构的电话及地址等事项。大学生在选择中介机构时，切记要对其合法性进行鉴别，以免上当受骗。

（6）网上求职选择正规网站。随着信息时代的发展，人才网络系统已粗具规模，一般来说，合法网站的建立，都有工商部门下发的经营许可证和通信管理局下发的ICP证。因此应聘者在投递个人简历时，可以先看看该网站是否两证齐全，以防误落不法网站。要强化自己的保密意识，时刻提高警惕。在填写个人简历时，尽量不要填写家庭详细地址及家庭固定电话号码，以免受不正当的干扰，树立个人信息保密意识。

（7）对面试的防范。大多数用人单位都会提出面试的要求。择业"陷阱"的设置者，也大多以面试形式对求职者实施欺骗。因此，面试也是毕业生需要特别注意的环节。正式面试之前要通过多方途径对招聘单位的资料进行确认，如通过上网查询，拨打当地114电话核实对方公司的联系电话与地址，到工商登记、税务登记、人事、劳动等主管部门了解该企业性质情况，必要时到公司所在地明察暗访，了解公司背景资料、职责范围或行业，落实单位资信情况和信誉，等等。

正常的面试，用人单位一般会安排在正常工作时间，地点就在自己单位。面试的时间、地点一经确定，没有特殊的原因一般不会无故改变。女生一定要避免到僻静或私人场所去面试；不要随便喝别人提供的饮料；女生在前往面试或找工作地点前后要注意及时跟家人或师友报告自己的行踪。到外地参加面试时，无论任何理由都不能留下重要的证件。

案例

小张收到某公司的一条短信，请其尽快到公司来面试，但小张没有投过简历到这个公司，就打电话去询问。对方答复说在某人才网上看到的。小张按时赴约，但找不到地方，就再次联系公司。很快一个骑摩托的人过来接他。刚坐上车，骑摩托的人就让小张通知公司说很快就到了，在电话中公司对他说让骑摩托的人接下电话，另有事安排。小张刚把电话递给骑摩托的人，一份文件就从车上落了下来。出于礼貌，小张下车帮忙捡文件，等捡起文件，摩托车已经不见了，小张随手放在车后的手机和包也跟着不见了。

小刘很顺利地通过了一家公司的面试，并参观了公司，觉得很正规。很快公司通知其参加培训，并要缴纳250元的培训费。小刘觉得机会难得，交了钱并参加了培训。培训后公司又组织进行体检，体检费100元，但却因为视力较低公司拒绝录用。后来小刘发现差不多每次招聘会这个公司都在招人，才知道自己受骗了。

小韩在一招聘会上投了一家科技公司，经过简单的现场面试，即被通知下午去公司面试。下午，接待她的还是上午的招聘人员。招聘人员把她领进一个办公室，当着她的面给"经理"打电话，然后对她说"经理"要等会才来，让她先等一会。过了约五分钟，"经理"还没过来，招聘人员就欲再次打电话给"经理"，不巧手机没电了，便要求借小韩的手机一用，小韩也没多想就直接给了他，招聘人员称在室内电话听不清楚就出去了，结果一去不复返。

（8）对签约的防范。签订劳动合同是一种法律行为，毕业生应该正确认识和严肃对待，慎重签订。毕业生要对准备签订的协议仔细研究，协议必须公平、公正，明确双方的权利与义务。协议应对服务期、工作岗位和工作内容、劳动保护和工作条件、工资报酬和福利待遇、劳动纪律、协议终止的条件、违反协议的责任等做明确规定。签订劳动合同时，要注意保护自己的权益，认真检查合约内容、附带条款。在签合约时仔细阅读所有条款，如有不清楚或对自己不利的地方，不要立即签约，要带走仔细研究。

需要提醒毕业生的是，一定要签订合法、有效的书面协议。特别是涉及工作内容、工资报酬、福利待遇、违约责任等敏感内容的，毕业生要尽可能地与用人单位达成书面协议。

（9）发觉被骗，及时报案。毕业生一旦发觉自己上当受骗，要及时向招聘单位所在地的人事局、劳动局监察大队或公安局报案，寻求法律保护。

总之，只要毕业生培养防范意识，掌握防范对策，就能够识破择业"陷阱"，达到顺利就业的目的。

第三节　就业协议与劳动合同

一、就业协议

（一）就业协议的含义、内容及作用

1. 就业协议的含义

就业协议是《全国普通高等学校毕业生就业协议书》的简称，它是普通高等学校毕业生和用人单位在正式确立劳动人事关系前，经双向选择，在规定期限内确立就业关系、以确双方权利和义务而达成的书面协议，是用人单位确认毕业生相关信息真实可靠以及接收毕业生的重要凭据，也是高校进行毕业生就业管理、编制就业方案以及毕业生办理就业落户手续等有关事项的重要依据。其主要作用是在正式合同签订前保护学生的就业权利，防止用人单位违约，另外也对学生进行约束，避免随意违约。就业协议一般由国家教育部或各省区市就业主管部门统一制表，协议在毕业生到单位报到、用人单位正式核实后自动终止。

2. 就业协议的内容

毕业生基本情况及意见。包括：姓名、性别、年龄、民族、政治面貌、培养方式、健康情况、专业、学制、学历、家庭住址、应聘意见等。即毕业生应按国家规定就业，向用人单位如实介绍自己德、智、体诸方面的实际表现和情况，不得弄虚作假。在签订就业协议书前，毕业生还应了解用人单位的使用意图和拟提供的工作岗位，并结合自己所学的专业和实际情况综合考虑该岗位是否适合自己，表明自己的就业意见，在规定的时间内到用人单位报到，如遇特殊情况不能按时报到，需征得用人单位同意。

用人单位情况及意见。包括：单位名称、单位隶属、联系人、联系电话、邮政编码、通信地址、所有制性质、单位性质、单位地址、用人单位意见、用人单位上级主管部门意见等。即用人单位要如实介绍本单位的情况，明确对毕业生的要求及使用意图，做好各项接收工作。本条款是对用人单位提出的要求。毕业生持《报到证》到用人单位时，用人单位要做好毕业生接收工作。接收工作包括内容，如为毕业生办理人事关系、户口关系、档案关系。

学校意见。包括学校联系人、联系电话、邮政编码、学校通信地址、院系意见等。学校意见主要包含两层意思：第一层意思是要求学校作为签约的一方要实事求是地向用人单位介绍毕业生的情况，做好推荐工作；第二层意思是说学校的管理职能，学校要对毕业生与用人单位签订的就业协议书进行审核。

各方应严格履行协议，任何一方违反协议，都应承担违约责任。

如有其他约定，应在备注栏中明确，并视为协议的一部分。

3. 就业协议的作用

就业协议是学校制订就业方案并派遣毕业生、用人单位申请用人指标的主要依据。毕业生通过双向选择落实了用人单位，就必须签订就业协议，经毕业生、用人单位和学校分别签字、盖章后，对签约的三方都有约束力。就业协议的作用主要有以下三个方面：一是作为毕业生落实用人单位、用人单位同意接收毕业生的主要依据，也是毕业生就业主管部门编制毕业生就业计划、学校制订毕业生就业方案的重要依据之一；二是作为转递毕业生档案和户口关系、办理报到落户手续的依据，学校凭毕业生已签订的就业协议派遣毕业生的档案、户口等关系；三是毕业生落实用人单位后，与用人单位订立就业协议，可以杜绝用人单位和毕业生在双向选择过程中的随意性，以保护双方的权益，避免给毕业生就业计划的制订带来混乱。

（二）就业协议的签订、解约及违约金赔偿

1. 就业协议的签订程序

毕业生与用人单位达成一致后，签约程序如下：第一，毕业生认真如实地填写基本情况及应聘意见，并签名。第二，用人单位、主管部门及人事调配部门签订意见。第三，用人单位一定要将档案详细转送地址填好。第四，各院系签意见并盖章。第五，学校就业指导中心签署意见并盖章。但现实中，由于用人单位的要求，或者毕业生自己图方便，往往要求学校先对就业协议签章。这样可能使用人单位在毕业生不知情的情况下，另外增加有损于毕业生权益的条款和内容。按程序最后才到学校签章，其意义就在于由学校最后把关，不仅有利于维护毕业生的合法利益，避免去了用人单位却无法报到等情况，还能确认签约手续是否完备，以免由于手续不齐等原因，导致报方案时通不过，影响毕业生正常入职。

2. 就业协议的解约程序

就业协议发生法律效力后，任何一方不得擅自毁约。如果毕业生确实要违约，须与原签约单位履行解约手续，并赔偿由此给用人单位造成的损失。毕业生与原签约单位协商一致以后，必须与原单位解除就业协议，并及时持证明回学校办理相关手续。具体程序如下：①原签约单位开解约证明，盖公章。②本人申请阐明理由，学院主管领导签署意见并盖章。③凭解约证明、书面申请、原就业协议换取新的就业协议。

3. 就业协议的违约金规定

《劳动法》没有规定违约金和赔偿金的最高限额与具体数额。约定违约金的基本原则是违约金的数额应考虑双方当事人的承受能力，约定违约金时双方要对等。毕业生和用人单位可能就违约问题约定了很高的违约金，一般情况下，为保护劳动者的利益，过高的赔偿金法院一般不予支持，多数都是考虑劳动者的实际工资收入，以实际赔偿为原则，即违

约金和单位实际损失相符。有些地方规定毕业生与用人单位签订协议后，如出现违约情况，违约金被限定为不超过毕业生就业后一个月的月收入。所以，如果规定了过高的违约金，毕业生应该积极维权。

（三）有关就业协议需注意的问题

1. 妥善保管协议书

每位毕业生只有一套就业协议书，每套一式四份，就业协议书不可以复印、复制和翻制。在没有该协议书的情况下，按正常应届生接收办法，毕业生无法与用人单位签订协议，并可能会使毕业生失去部分就业机会。因此，就业协议书如果出现破损等情况，可持原件到学校学生就业部门更换，不得转借、涂改，否则视为无效。

2. 慎重签订协议书

毕业生在协议书上签字，用人单位在协议上签字盖章后，该协议即开始生效，毕业生不得单方面终止协议。因此，在签订合同或解除协议之前，该协议都具有效力。如在签订之后又有其他就业选择，必须与原单位办理书面解约手续，经用人单位上级人事主管部门备案后，办理改派或其他手续。但毕业生可能要承担相关违约责任。

3. 注重协议书备注栏的使用

就业协议书都有备注栏，毕业生、用人单位、学校三方如有其他约定，可在该栏注明，这些备注内容视为协议书的一部分。因此，毕业生与用人单位为便于日后双方明确责任，减少纠纷，可以将如违约或违约金等事宜补充在备注栏内。

二、劳动合同

（一）劳动合同的概念

合同，又称契约，是指双方当事人之间为实现一定的目的，根据法律规定，变更或解除权利义务关系的协议。根据《劳动法》第十六条的规定，劳动合同是指劳动者与用人单位确立劳动关系、明确双方权利和义务的协议。劳动合同的签订，在法律上确立了劳动者与用人单位之间的劳动关系，双方的有关权利、义务通过书面合同的形式确立下来，并使之特定化、具体化。劳动者依据劳动合同在用人单位内担任一定的职务或工种的工作，遵守劳动法律法规和用人单位的规章制度，并完成劳动合同约定的生产（工作）任务；用人单位则依据劳动合同的约定，安排被录用的劳动者工作，并按照劳动者的劳动数量和质量支付劳动报酬。

劳动合同是确立劳动关系的法律凭证和法律形式。它的法律特征可以从以下几方面来考虑：

劳动合同的主体是特定的。劳动合同一方当事人是企业、个体经济组织、国家机关、事业组织或社会团体等用人单位，另一方是劳动者本人。也就是说，劳动关系是在拥有生产条件的用人单位与具有劳动权利能力、劳动行为能力的劳动者之间形成的。

劳动合同当事人法律地位是平等的，劳动合同是双方当事人在平等自愿、协商一致的基础上达成的协议，是双方意志一致的产物，劳动合同的订立，真正实现了企业的用工自主权和劳动者的择业自主权。

劳动合同的目的，在于劳动过程的实现，而不仅仅是劳动成果的给付。劳动过程十分复杂，其成果也多种多样。有的劳动成果在当时就可以衡量，有的则要过一段时间才能衡量，有的劳动有独立的成果，有的劳动物化在集体劳动成果中。无论劳动成果属于哪一种，只要劳动者按时按量完成了劳动合同规定的工作量，企业就应当按照劳动合同的约定支付劳动报酬。总之，劳动合同的目的主要是使劳动者与用人单位构成具体的劳动关系。

（二）劳动合同的订立、变更及解除

1. 劳动合同的订立

大学毕业生根据就业协议正式到单位报到上班时，双方即建立劳动关系，双方的权利义务应当严格按照《劳动合同法》的相关规定来执行，最重要的程序就是双方要签订劳动合同。订立书面合同的时间与建立劳动关系的时间并不完全同步。《劳动合同法》规定用人单位与劳动者必须签订书面的劳动合同。为了达到这个立法的目的，《劳动合同法》进行了明确的约束：第一，用人单位必须从用工之日起一个月之内与劳动者签订劳动合同，合同的形式必须是书面的；第二，一个月之后仍然没有签订，则应当向劳动者发放双倍的工资；第三，如果超过一年仍然没有签订书面的劳动合同，则法律直接视为双方之间存在无固定期限的劳动合同。毕业生到单位报到后，应尽快与用人单位签订劳动合同，使双方的劳动关系能以法律的形式确认下来，使自己的合法权益能得到及时保护。签订劳动合同后，毕业生也要持有一份合同，将其作为享受权利、履行义务以及处理劳动争议的依据。

《劳动合同法》第十七条规定了劳动合同的必备条款和约定条款。必备条款是法律规定的劳动合同必须具备的内容，在法律规定了必备条款的情况下，如果缺少此条款，劳动合同就不能成立。必备条款共九项，包括用人单位的名称、住所和法定代表人或者主要负责人，劳动者的姓名、住址和居民身份证或者其他有效身份证件号，劳动合同期限，工作内容和工作地点，工作时间和休息休假，劳动报酬，社会保险，劳动保护、劳动条件和职业危害防护，法律、法规规定应当纳入劳动合同的其他事项。约定条款可由用人单位和劳动者自愿选择是否约定，劳动合同缺乏约定条款不影响其效力，但当双方当事人决定选择约定事项时，有关约定事项也不得违反法律规定。约定条款包括试用期、培训、保守秘密、补充保险和福利待遇等其他事项。社会生活千变万化，劳动合同种类和当事人的情况也非常复杂，法律只能对劳动合同的条款进行概括，无法穷尽劳动合同的所有内容，当事人也可以根据需要在法律规定的约定条款之外作新的补充性约定。

劳动合同的期限是指合同的有效时间，它一般始于合同的生效之日，止于合同的终止之日。按劳动合同期限的长短，劳动合同分为固定期限合同、无固定期限合同和以完成一定工作任务为期限的劳动合同三种。其中，无固定期限劳动合同，是指用人单位与劳动者约定无确定终止时间的劳动合同。根据《劳动合同法》的规定，订立无固定期限劳动合同有两种情形：一是用人单位与劳动者协商一致，可以订立无固定期限劳动合同。二是在法律规定的情形出现时，劳动者提出或者同意续订劳动合同的，应当订立无固定期限劳动合同，包括：劳动者在该用人单位连续工作满十年的；用人单位初次实行劳动合同制度或者国有企业改制重新订立劳动合同时，劳动者在该用人单位连续工作满十年且距法定退休年龄不足十年的；连续订立二次固定期限劳动合同，且劳动者没有该法第三十九条和第四十条第一项、第二项规定的情形，续订劳动合同的。用人单位自用工之日起满一年不与劳动者订立书面劳动合同的，视为用人单位与劳动者已订立无固定期限的劳动合同。

2. 劳动合同的变更

劳动合同的变更是指劳动合同的双方当事人对尚未履行或尚未完全履行的合同，依照法律规定的条件和程序，对原劳动合同进行修改和增删的法律行为。合同一旦签订，双方当事人应当严格履行，任何一方不得随意变更。但是，在不违反法律强制性规定的前提下，双方当事人可以依据各自的实际情况和需要，本着公平合理和对双方有利的原则，协商适当变更劳动合同的内容。《劳动合同法》第三十五条规定："用人单位与劳动者协商一致，可以变更劳动合同约定的内容。变更劳动合同，应当采用书面形式。变更后的劳动合同文本由用人单位和劳动者各执一份。"原则上，变更劳动合同需经双方当事人协商一致，但在下列两种法定情形下，用人单位可以单方面调整劳动者的工作岗位，无须经过劳动者同意：第一，劳动者不能胜任工作的要求；第二，劳动者患病或非因工负伤，医疗期满劳动者不能从事原来工作的。

3. 劳动合同的解除

劳动合同解除是指劳动合同当事人在劳动合同期限届满之前依法提前终止劳动合同的法律行为。劳动合同的解除分为协商解除、劳动者单方面解除、用人单位单方面解除三种。劳动合同解除之后，不再具有法律效力，劳动合同所规定的用人单位与劳动者的权利、义务不再对当事人有任何约束力。劳动者与用人单位往往因劳动是否可以解除、解除后如何对劳动者进行补偿等问题产生分歧，从而引发劳动合同解除纠纷。

4. 劳动合同的终止

劳动合同的终止是指符合法律规定或当事人约定的情形时，劳动合同的效力即行终止。我国《劳动法》规定："劳动合同期满或者当事人约定的劳动合同终止条件出现，劳动合同即行终止。"《劳动合同法》第四十四条规定，劳动合同终止的情形有：第一，劳动合同期满的；第二，劳动者开始依法享受基本养老保险待遇的；第三，劳动者被人民法院宣告死亡或者宣告失踪的；第四，用人单位被依法宣告破产的；第五，用人单位吊销营业执照、责令关闭、撤销或者用人单位决定提前解散的；第六，法律、行政法规规定的其他情形。《劳动合同法》第四十六条规定，终止劳动合同，用人单位应当向劳动者支付经济补偿的情形有：第一，除用人单位维持或者提高劳动合同约定条件续订劳动合同，劳动者不同意续订的情形外，依照《劳动合同法》第四十四条第一项（劳动合同期满）规定固定期限劳动合同的；第二，用人单位被依法宣告破产，终止合同；第三，用人单位被吊销营业执照、责令关闭、撤销或者用人单位决定提前解散、终止合同。

三、就业协议与劳动合同的关系

就业协议与劳动合同是用人单位录用毕业生时所订立的书面协议，但两者分处两个相互联系的不同阶段，表现在：

第一，毕业生就业协议是毕业生在校时，由学校参与见证，与用人单位协商签订的协议，是编制毕业生就业计划方案和毕业生派遣的依据。劳动合同是毕业生与用人单位明确劳动关系中权利义务关系的协议，学校不是劳动合同的主体，也不是劳动合同的鉴证方，劳动合同是上岗毕业生从事何种岗位、享受何种待遇等权利和义务的依据。

第二，毕业生就业协议的内容主要是毕业生如实介绍自己情况，并表示愿意到用人单位就业、用人单位表示愿意接收毕业生，学校同意推荐毕业生并列入就业计划进行派遣。劳动合同的内容涉及劳动报酬、劳动保护、工作内容、劳动纪律等方方面面，更为具体，劳动权利义务更为明确。

第三，一般来说，就业协议签订在前，劳动合同订立在后，如果毕业生与用人单位就工资待遇、住房等有事先的约定，亦可在就业协议备注条款中予以注明，日后订立劳动合同时对此内容应予认可。

第四，就业协议是毕业生和用人单位关于将来就业意向的初步约定，对于双方的基本条件以及即将签订劳动合同的部分基本内容大体认可，并经用人单位的上级主管部门和高校就业部门同意和鉴证，一经毕业生、用人单位、高校、用人单位主管部门签字盖章，即具有一定的法律效应，它是编制毕业生就业计划和将来可能发生违约情况时的判断依据。

第四节　社会保险

社会保险是指国家通过立法强制建立社会保险基金，对参加劳动关系的劳动者在丧失劳动能力或失业时给予必要的物质帮助的制度。社会保险不以盈利为目的。目前社会保险主要包括基本养老保险、基本医疗保险、工伤保险和失业保险。

一、基本养老保险

基本养老保险是指用人单位和劳动者必须依法缴纳养老保险费，在劳动者达到国家规定的退休年龄或因其他原因而退出劳动岗位后，社会保险经办机构依法向其支付养老金等待遇，从而保障其基本生活。《社会保险法》第十二条规定，"用人单位应当按照国家规定的本单位职工工资总额的比例缴纳基本养老保险费，记入基本养老保险统筹基金。职工应当按照国家规定的本人工资的比例缴纳基本养老保险费，记入个人账户"。

二、基本医疗保险

基本医疗保险是指当人们生病或受到伤害后，由国家或社会给予的一种物质帮助，即提供医疗服务或经济补偿的一种社会保障制度。基本医疗保险的实质是社会共担医疗风险，目的在于鼓励用人单位和个人按照国家有关法律规定缴纳一定的医疗保险费，通过社会调剂，保证劳动者在健康受到损害时得到必需的基本医疗服务或经济补偿。

基本医疗保险具有社会保险的强制性、互济性、社会性等基本特征。基本医疗保险由国家法强制实施，建立基金制度，费用由用人单位和劳动者共同缴纳，医疗保险费由医疗保险机构支付，以应对解决劳动者因患病或受伤害带来的医疗风险。

三、工伤保险

工伤保险是指劳动者因在生产经营活动中所发生的或者在规定的某些特殊情况下，遭受意外伤害、职业病以及因这两种情况造成死亡，在劳动者暂时或永远丧失劳动能力时，劳动者或其遗属能够从国家、社会得到必要的物质补偿。这种补偿一般以现金形式体现。

用人单位有为劳动者缴纳工伤保险费的法定义务，劳动者享有工伤保险待遇的法定权利。因此，用人单位不参加工伤保险，不缴纳社会保险费，不影响劳动者申请工伤认定，不影响职工享受工伤保险待遇的权利。同时，为了防止少数用人单位钻法律空子，以没参加工伤保险为借口，不支付职工工伤保险金，《社会保险法》第四十一条规定，"职工所在用人单位未依法缴纳工伤保险费，发生工伤事故的，由用人单位支付工伤保险待遇。用人单位不支付的，从工伤保险基金中先行支付。从工伤保险基金中先行支付的工伤保险待遇应当由用人单位偿还。用人单位不偿还的，社会保险经办机构可以依照本法第六十三条的规定追偿"。

工伤保险实行无过错补偿原则，这是对工伤劳动者实行的保护性补偿原则，此原则规定了即使职工本人存在一定的过错，仍应按照工伤保险待遇给予补偿。违章操作的行为并不影响工伤性质的认定。违章操作属于过失行为，只要不是蓄意违章，便可认定为工伤。《社会保险法》第三十七条规定，"劳动者在工作中伤亡，不认定为工伤的情形包括故意犯罪、醉酒或者吸毒、自残或者自杀以及法律、行政法规规定的其他情形"。

四、失业保险

失业保险是国家通过立法强制实行的，由社会集中建立基金，对因失业而暂时中断生活来源的劳动者提供物质帮助的制度。失业保险由用人单位和劳动者按照国家规定共同缴纳失业保险费。失业保险是社会保障体系的重要组成部分，是社会保险的主要项目之一。《社会保险法》第四十六条规定，"失业人员失业前用人单位和本人累计缴费满一年不足五年的，领取失业保险金的期限最长为十二个月；累计缴费满五年不足十年的，领取失业保险金的期限最长为十八个月；累计缴费十年以上的，领取失业保险金的期限最长为二十四个月。重新就业后，再次失业缴费时间重新计算，领取失业保险金的期限与前次失业应当领取而尚未领取的失业保险金的期限合并计算，最长不超过二十四个月"。

五、生育保险

生育保险是通过国家立法规定，在劳动者因生育子女而导致劳动力暂时中断时，由国家和社会及时给予物质帮助的一项社会保险制度。用人单位按照国家规定缴纳生育保险费。劳动者不缴纳生育保险费。

生育保险待遇包括生育医疗费用和生育津贴。生育医疗费用于保障女职工怀孕、分娩期间以及职工实施节育手术时的基本医疗保健需要。生育津贴用于保障女职工休产期间的基本生活需要。

> **案例**
>
> 小王毕业后应聘到宜家公司工作，每月工资5000元，其中400元用于缴纳社保等费用，同时，公司也会替他缴纳800元的社保。小王觉得没有必要，认为自己不是当地人，有没有社保都没有关系，于是和公司谈条件，要公司将缴纳社保的费用直接现金折算给他，并和公司签下承诺书。

第七章　就业权益

> 本案中这种以高薪来取代职工的社会保险费的做法在现实生活中比较普遍。社会保险是强制性的，用人单位和劳动者必须依法参加。不管工资多高，用人单位和劳动者都应该按规定缴纳社会保险费。该公司以高薪来取代职工社会保险费的做法是违反法律规定的。

相关链接

维权意识自我能力的测试

一、试用期内，老板克扣工资，你会想起维权吗？

```
0   1   2   3   4   5
不会              会
```

在试用期内，老板克扣你应得的工资，是经常发生的事。因为他掌握了你想留下继续工作、怕失去这份工作的心理。为了获取廉价的劳动力，他们常常会把试用期延长，以达到赚取更多利润的目的。

方略：遇到这类情况，先通晓劳动法有关条款和当地政府颁发的地方性补充法规，这样有利于自己跟老板理论。在地方性法规中，都会有最低生活标准的限制和试用期期限以及相应报酬的规定。

二、你知道有消费者协会这样一个组织吗？

```
0   1   2   3   4   5
不知道            知道
```

消费者协会是保护消费者权益的一个组织，它们的办事程序都是在法律许可的情况下进行的，是为消费者提供法律咨询、法律维权的一个重要部门。这个部门一般直属于工商行政管理机构。

方略：多参与一些有关消费者权益保护法方面的知识讲座活动。在消费中遇到有质量问题或有欺诈行为时，都可找消协予以解决。该机构办事效率是很高的，当然，你得保留证据。

三、面对劳动合同条款中的不合理现象，你会提出质疑吗？

```
0   1   2   3   4   5
不会              会
```

在与企业签订的劳动合同中，常会出现这样一些情况：试用期过长，收取一些不合理的费用、押金之类，休息时间缩短，节假日上班不给法定的加班工资，或因工伤不负担相应赔偿等。面对这一系列类似问题，你该如何处理？

方略：通晓劳动法，并掌握相关的证据。先冷静处理，直接找到负责人及老板进行交谈，否则，就按照法定程序找劳动仲裁委员会进行仲裁或直接到法院上诉。

四、你了解劳动法的主要条款吗？

```
0   1   2   3   4   5
不了解            了解
```

劳动法的主要内容包括十三章一百零七条条款,是用人单位和服务者都相应遵守的。它是为保护劳动者合法权益,调整劳动关系,建立和维护适应社会主义市场经济的劳动制度,促进社会经济发展和社会进步的法律准则。

方略:多参加有关劳动、工伤保险条例的学习。这样自己既学到了知识,又可为其他工友提供法律咨询。这样对于提高维权意识及维权能力很有帮助。

五、你知道签订劳动合同时应注意的问题吗?

```
 0   1   2   3   4   5
───┼───┼───┼───┼───┼───┼──→
不知道                知道
```

签订劳动合同时,应主要注意以下几点:首先,组成劳动合同条件,订立合同。其次,应遵守以下原则:

(1) 合法原则。主体合法、内容合法、程序合法。

(2) 平等自愿原则。双方自由地表达自己的意志,不存在压制或威胁等手段签订劳动合同的情况。

(3) 协调一致原则。否则,用欺骗或威胁等手段签订的劳动合同均属无效合同。违法的将追究其相应法律责任。

方略:先通读劳动合同的范本,然后对照劳动法弄清楚是否有不符合规范的内容。像风险性较高的工种,其合同覆盖的范围就要加大,尽量使自己站在法的角度去思考问题。胸有成竹不是坏事,反而很有可能让决策者因此对你刮目相看。

六、当自己的权益受到损害时,你会想一走了之吗?

```
 0   1   2   3   4   5
───┼───┼───┼───┼───┼───┼──→
不会                  会
```

有些企业的工作条件相对较差,待遇也很差,而有些老板则利用大学生思想不够成熟、吃不了苦的心理,而故设障碍。只要你自己一走了之,工资也就不用付了。或者有些企业本身不想招人,而是当本企业遇到难题时,故意出一个招聘的点子,让大家共同为其找到解决难题的方法。甚至以面试通过后交份比较有可操作性的方案为手段,窃取应聘者的劳动成果。

方略:准备好两方面证据。一方面是你自己留下的证据,如招聘广告、签约书等之类,另一方面是对方的证据,如上班考勤卡或对方使用的其他手段的相关依据。

七、你知道劳动纠纷的仲裁部门吗?

```
 0   1   2   3   4   5
───┼───┼───┼───┼───┼───┼──→
不知道                知道
```

劳动纠纷的仲裁部门,可对用人单位与职员的劳动争议进行仲裁。我国劳动仲裁兼有行政司法的双重特征。对仲裁不服的一方可向法院起诉,但仲裁未出结果的,法院不予受理。

方略:多学习这方面的知识,弄清楚知识条款。因为它可维护劳动者的合法权益。切记:首先要以良好心态去进行调解,其次是以法律为依据进行劳动仲裁。如果对仲裁结果不服还可向法院起诉。总之,解决劳动争议,应当根据合法、公正、及时处理的原则,依法维护劳动争议当事人权益。

八、得分指导及说明

按照自我想法、沿着标杆移动，以此来计分。然后把你上述每一项自我评价的分加起来，并运用下面的得分对你的维权意识进行评价。

总分	说明
28～35	非常有维权意识
21～27	比较有维权意识
14～26	有一定的维权意识
7～13	没有维权意识

这个评价并不是对你的维权意识的准确衡量，而是衡量你如何创造性地对待你自己和你的生活的一般标准。你的分数表明目前你的维权意识程度如何，而不表明你潜在的维权意识如何。如果你的得分比预期的要低，那就说明你没有充分地发挥你的维权意识。你需要按照本章建议，最大限度地提高你的维权意识，相信你一定能成功！

思考与活动

1. 求职择业前需要做哪些必要的准备？
2. 在求职过程中，如何正确运用法律武器维护自己的合法权益？
3. 如何从自身做起，防范求职陷阱？
4. 请走访学校保卫处、就业主管部门，了解本校学生的就业权益保护情况。

第八章

角色转换与职场成长

【本章概述】

本章阐述了应届毕业生为什么要向职业人角色转换的原因,以及如何从一名大学生成功转换为职业人的方法和技能,并从技巧、心态、情商、智商、思考力、努力度等多个方面阐释如何适应职场,并快速成长。

【内容要点】

1. 理解角色转换的重要性,并了解实现职业化心态的方法;
2. 掌握如何提高执行力和思考力的途径。

导入案例

如果说校园是象牙塔,那么进入职场就是进入了江湖。象牙塔和江湖有什么区别?我们先来看这个真实案例。

莫名吃不下饭,睡不着觉,我要崩溃了!

小芹是一名市场营销专业应届毕业生,通过一轮二轮三轮的面试复试,终于在一家规模颇大的民营企业获得电话销售一职。这是一家销售型公司,营销部门对员工要求严格,对销售业绩考核自然也不少。经过半个月左右的培训和实操后,小芹的工作基本进入了正常状态:根据公司提供的现有客户库名单,与这些客户进行联络,并获得销售订单。遇到问题,主管会及时帮她梳理,并引导她学会处理和解决。

团队业绩排名、末尾淘汰制是管理的一种手段,该主管也采用了这种方式。为了完成任务,提高业绩,并将自己排名提上去,小芹非常努力。她每天下班都很晚,不断地与客户联系,下班后又整理客户资料,但她的热情并不是都会得到电话那头同样热情的回复。有些客户抱怨:"你怎么这么烦啊!""我不要广告!""别再打电话来了!"这样的声音不绝于耳。

尽管小芹一个月后的业绩排名不是垫底,但她仍然向主管以及HR提交了辞职信。她流着泪告诉HR:"工作压力太大,经常莫名地吃不下饭,睡不着觉,脑子里经常想的都是业绩和无数次的拒绝,一个月下来我要崩溃了!我想我不适合这份工作。"

【思考与讨论】
1. 初入职场你最看重的是什么？赚钱、赚经验、赚人脉、找存在、找方向，还是寻求安稳？
2. 职场与学校是不同的，当你遇到挫折和压力，你会怎么办？
3. 你认为工作是快乐的还是痛苦的？

第一节　认知职场转换角色

一、职场不是温床

（一）职场的定义

职场，可以从狭义和广义两方面来理解。狭义的指工作的场所；广义的指与工作相关的环境、场所、人和事，还包括与工作、职业相关的社会生活活动、人际关系等。

我们一般所指都是广义的职场。除了工作本身职责外，还会有日常工作所在的环境和场所，例如老师的工作场所是学校，建筑师和建筑工人的工作场所是建筑工地，环卫工人的工作场所是马路，白领的工作场所是写字楼的办公室，超市营业员的工作场所就是超市，等等。而人则是包括公司内部，如公司的领导、同部门同事下级、跨部门同事等；公司外部，如供应商、上下游合作商、媒体单位、政府机关、直接客户、间接客户甚至竞争对手等，以及跟他们沟通的具体事务。与人相处的关系、因工作而起的事，都包含在职场范畴中。

（二）象牙塔和职场的距离

从象牙塔到职场的距离，不是从学校到职场的路程距离，也不是从学校毕业到工作入职的时间距离，而是从一个学生到职业人的心理距离（表8-1）。

表8-1　大学环境与工作环境的比较

环境类型	大学环境	工作环境
学习过程	①抽象性、理论性的原则 ②正规的、结构性的和象征性的学习 ③个性化的学习	①具体问题的解决和决策制订 ②以工作中发生的临时性事件和具体真实的生活为基础 ③社会性、分享性的学习
文化	①弹性的时间安排 ②能够逃课 ③更有规律、更个别的反馈 ④长假和自由的节假休息 ⑤对问题有正确的答案 ⑥教学大纲提供清晰的任务 ⑦分数上的个人竞争 ⑧工作循环周期较短：每周1～3次班级会面，每学期为17周 ⑨奖励以客观性标准和优点为基础	①更固定的时间安排 ②不能缺工 ③无规律和不经常的反馈 ④没有暑假，节假休息很少 ⑤很少有问题的正确答案 ⑥任务模糊、不清晰 ⑦按团队的业绩进行评估 ⑧持续数月或数年的更长时间的工作循环 ⑨奖励更多的是以主观性标准和个人判断为基础

续表 8-1

环境类型	大学环境	工作环境
直属领导	教授： ①鼓励讨论 ②规定完成任务的交付时间 ③期待公平 ④知识导向	老板： ①通常对讨论不感兴趣 ②分派紧急的工作，交付周期很短 ③有时很独断，并不总是公平的 ④结果（利益）导向

刚从校园象牙塔里走出来，心中装的满是雄心壮志，远大抱负。十多年来的压力仅仅只有考试和分数，大多数同学甚至连经济也不需要考虑，因为仗着自己还是"学生"的这个身份，已经习惯了伸手向父母要钱，过着衣食无忧的象牙塔生活，所以心态上是非常放松的。

然而，从学校毕业到正式走向职场，就意味着你的"学生"标签已经撕下，与你接下来相陪数十年的将是"职业人"的标签，没有了无忧无虑的学生生活，这之后的你将要为自己的生活而负责，为未来而努力。由学生过渡到职业人，你将面对的是公司领导的任务要求，更残酷的竞争，来自同事、客户、合作伙伴，以及竞争对手、人工智能，甚至还要处理形形色色的职场人际关系。如果你之前没有太清晰的职业规划，对职场也缺乏更多的认知，尤其是第一份工作与你之前理想中的职业、职能相距甚远的话，那么你就会像小芹一样，面临着巨大转型压力，轻则迷茫彷徨，重则抑郁崩溃。

在这个强调个性的年代，大学生更是时时展现自我风采，展示自我才华，表达自我观点，时时不忘炫出其个性，绽放其光彩。在大学里，你拥有更多展示机会。但职场却不是上演个人秀的舞台，尤其是初入职场的新鲜人，首先就要撕掉自我标签，不在工作中特立独行，在还不熟悉公司理念和风格之前，低调做人做事，少说多看，尽快熟悉人际关系，融入环境。锐气藏于胸，和气浮于脸，才气见于事，义气施于人。处事对上司先尊重后磨合、对同事多理解慎支持、对朋友善交际勤联络，复杂的人际关系是社会构成的一部分，亲和力太小，摩擦力太大。你稍加不小心，天时、地利、人和就都会离你而去。而当你适应了新的角色、新的环境、新的人群，你会发现，你的工作状态更好了，效率更高了，感觉好像找到了职场的那条光明大道。

二、为什么要转换角色

（一）人生七次机会

《哈佛商业评论》里曾说过，一个人的人生中通常有七次决定人生走向的机会，每隔 7 年一次。一般情况下，大约 22 岁以后开始出现机会，经过 50 年的时间，75 岁以后就不会有什么机会了。

第一次是家业机会：在 22～25 岁之间，此时正是选择爱人和第一份工作的时候，很多人会因为太年轻不重视，而错失良机。

第二次是学习机会：在 32 岁，绝大多数人将这次机会把握住了，确定了自己的事业。因此，这次机会很重要。

第三次是创业机会:在39岁,很多人在从政、从学、从商上获得了成功,有些人更上一层楼,提干、升职称、企业进一步做大,放弃了这次机会的成本是非常高的。

第四次是成长机会:在46岁,对于更多的中国人来讲,这个机会只能是锦上添花,很难雪中送炭了。转换职业,谋求突破,突然反转的可能性要小一些。因此,在这个年龄的机会的边际效用要小于前几次的效用。

第五次是人际关系机会:在53岁,有的人在此时已经位高权重,但还要搞好人际关系,提防小人或误入歧途。

第六次是学习机会:在60岁,已经知道人生剩下的时间不多,所谓活到老学到老,抓住最后的机会充实自己。

第七次是健康机会:在67岁,此时健康状况每况愈下,此时应注意养生保健,方可在晚年不因身体机能的衰退而退出人生舞台。

由此可见,人生第一次真正的机遇出现在二十几岁,正是刚从高校象牙塔走出来、迈向职场的时刻。然而那时候绝大多数人太年轻,还不懂得把握机会,或者说还不知道什么样的机会才是自己的机会,所以就因为年轻而失去第一次机会。等到人老了之后可能还会有一次机会,然而那时候已经力不从心,无法把握最后的机会,所以又失去一次机会。然而也会有些人,抓住了第一次机会,找准自己的方向和目标,经过经验和能力的积累,自然比别人更快实现自己的规划。因此毕业后的第一次工作一定是很重要的机会,也是从学生过渡到职业人的一个重要转型期。

(二) 不同的角色模式和角色冲突

大学生角色与职业人角色的区别见表8-2。

表8-2 大学生角色与职业人角色区别

	类别	大学生角色	职业人角色
角色不同	社会权利不同	学生角色的权利主要是接受教育	职业人角色依法行使职权,开展工作,并在履行义务的同时取得报酬
	社会责任不同	学生角色的主要责任是接受教育、锻炼能力;学生角色责任履行得如何,主要关系本人知识掌握的多少和能力培养的程度	职业人角色的责任则是以特定的身份去履行自己的职责,依靠自己的本领或技能去创造社会效益和经济效益;职业责任履行得如何,影响较大,职业角色要求职业人能在社会中承担某部分工作,充分履行其职业责任
	社会规范不同	学生规范多是从培养、教育的角度出发,促使其以后能顺利成长为合格的人才,学校制订有明确的规章制度;社会对于成长期的学生也有一些约定俗成的要求,如怎样学习、怎样做人等	社会赋予职业人角色的规范、提供行为的模式,因职业的不同而千差万别。这些模式既具体又严格,若违背了就要承担一定的责任,甚至法律责任。比如国家工作人员必须严于律己、克己奉公。渎职、玩忽职守、收受贿赂等就要受到纪律甚至法律的处罚

续表 8-2

类别		大学生角色	职业人角色
要求不同	独立性不同	大学生的生活在经济上主要依赖于家庭的供给,在接受教育和管理方面有老师、家长的引荐和同龄人的沟通和交流	走上工作岗位后,不但经济上要走向独立,而且工作中的各个方面都需要独立承担,如生活的安排、工作中问题的思考与解决、参与竞争、承担责任以及职业生涯的定位与抉择等
	规范性不同	大学生虽然也应当遵循学校的规章制度和纪律要求,但学生的行为规范相对于社会中的职业规范要简单得多	每种职业都会有其相应的行为规范、职业道德规范和技术操作规范,要求员工遵守一定的劳动纪律和规则

我们身处的社会是个大舞台,每个人都客观地承担着多个身份和社会角色,例如你不仅是你父母的孩子,还是老师的学生,也是公司的员工,甚至还有其他社会身份。每一种社会角色都有一套与之对应的约束和模式。

从心理学上的角色转换理论来看,在新旧角色的转换过程中,不论是从主人到客人、从上级到下级,还是从学生到职员,都必然伴随着不同角色的冲突和强烈的心理不适感。当还处于学校,角色为学生的时候,各角色之间的关系是相对简单的,约束重点是遵纪守法,遵守校规班纪,完成作业考试是要务,而进入职场,你就是这家企业的员工,遵守公司规章制度是必须要做到的,仅拿"不迟到不早退"这一条简单而必须的制度来说,很多职场新鲜人就无法适应,这就是无法适应强烈的角色冲突,需要自身主动调节。其实,不仅仅是学生角色向职场新人角色的转换,其他各种角色的转换而引起不同的冲突也是非常普遍的,但这都可以通过角色协调,使角色冲突尽可能地降至最低,而协调最好的方法就是角色学习,即通过新角色的认知培养和技能训练,来提高该角色应该拥有的能力,从而使角色成功转换。

(三)第一份职业的重要性

人生第一份工作职业的选择,更多体现的是未来生活方式的选择,自然也会较长时间地影响一个人未来的职业发展方向。而当你兜兜转转、发现之前不是你所想要的职业发展方向、不是你理想的职业时,越到后面,想要摆脱已经逐渐熟悉的职业路径,所付出的时间成本也就越高,风险自然也就会越大。2017 年,中国青年报社会调查中心的一项调查显示,有 82.6% 的受访者认为第一份工作对职业生涯重要,33.9% 的受访者认为日后转行很难,一定要入对行。

在几十年的职业生涯中,真正给我们的学生转换到职业人的时间很短,快的话只要 3 到 6 个月,慢则 2~3 年。尽管时间很短,但仍需要非常认真地对待,才能顺利过渡,甚至这还能成为一个人职业生涯发展的黄金期。对职业生活适应也是"调整—适应—再调整—再适应"的循环往复活动,是螺旋式上升、波浪式前进的过程,这是职业适应的一般规律。而作为刚从校园跨入职场的新人,更需要学会的是从智向慧的转变,从理论知识向实践能力的转变,从学生心态向职业心态的转变,这样,你的职业生涯必然会得到快速成长

第八章　角色转换与职场成长

和发展。

案例

> 这个年轻人在名校还没毕业，受《硅谷之火》中创业故事影响，就与两位同学一起琢磨创业，创办了一家名为"三色"的IT公司。但是很不幸，半年之后，他们的创业项目无疾而终。清点资产时，这位年轻人最后只分到了一台286电脑和一台打印机。
>
> 接下来的故事丝毫没有反转的迹象，年轻人毕业后，老老实实找了一家公司——金山公司打工，从最基层员工做起，一做就是16年，后来他担任了该公司总经理，公司股份制改组后，他又出任该公司总裁。这本是我们父辈最常见的剧本，把第一份工作做成自己的终生工作。
>
> 这位青年花十几年时间等来了反转，在这家公司做了16年后才辞职，他用积攒的资金和人脉出来创业，公司名字叫小米，这位青年叫雷军。
>
> 第一份工作对雷军有多重要？
>
> 很多人认为，小米就是雷军在金山积累了十余年商业经验后的"毕其功于一役"。

三、如何成功实现角色转换

（一）角色转换引发心理问题

角色转换，是大学生初入职场的核心第一步，这决定了其在职场的适应效率。面对环境的变化，大学毕业生们往往会产生较大的心理落差，从而引发一系列心理问题。不少应届求职者和岗位之间存在着天然的信息不对称，进入职场他们才发现理想和现实总有一定落差，刚从学校出来，自身还不完全适应职场的"游戏规则"，对职场的认识不够全面，心态不够成熟，也比较浮躁，管理不好自己的情绪……而每个人的适应能力或忍受力也不一样，有的在"格格不入"的工作环境中一刻也无法停留，巴不得赶紧辞职，还有的则积郁成疾，每天工作紧张而惶恐，不想要又不敢扔。

（二）七个方面转换

从学生角色转变为职场人，这个过程的过渡，一般需要七个方面的转换：良好的职业化心态、扎实的实操技能、正确的职业目标、任务型的成长模式、获取资源的途径、快速提升执行力以及复杂人际关系。这七个方面是职场新人成功转型的核心要素，应尽快调整心态，完成角色转换，才能更好地适应社会、适应职场。

1. 学生心态向职业化心态转换

脱下一身随意的休闲服，换上一套笔挺的职业套装，再化个精致的妆容，你顿时感觉自己离职业人又近了一步，祝贺你，你已经做好了进入职场的准备。可仅仅如此便可以了吗？这个时候更需要转换的是你的职业化心态。

什么是职业化？什么又是职业化心态？

简单地讲，职业化就是一种工作状态的标准化、规范化、制度化，即在合适的时间、合适的地点，用合适的方式，说合适的话、做合适的事，使员工在知识、技能、观念、思维、态度、心理上符合职业规范和标准。

什么样的职业心态将决定什么样的生活、什么样的职业发展。唯有心态调整好了，你才会感觉到生活与工作的快乐。职场中有句名言："心态决定一切。"职业化心态是职业人在从事的职业中尽自己最大的能力把工作做好的素质和能力的基础，它不是以这件事做了会对个人带来什么利益和造成什么影响为衡量标准的，而是以这件事与工作目标的关系为衡量标准的。更多时候，良好的职业心态应该是衡量一个职业人成熟度的重要指标。

在大学四年，不少同学上课相当随心随性。这门学科没兴趣了，不去上课；心情不好了，要发泄情绪，不去上课；朋友来了，得陪他，不去上课；这门学科感觉自己学得不错了，去学其他有意思的、新鲜的学科……迟个到、缺个课都成了随心所欲的事。

到了职场，如果仍然是想来就来，想什么时候来就什么时候来，想怎么做就怎么做，如此随心所欲可是职场大忌。

职场与学校不同，学校的检验方式是通过考试来检验学习成果，而职场则会有更多形式的检验，例如，是否遵守企业规章制度，能否完成上级交代的任务，能否在团队中起到一定的作用，能否独立完成指定工作，能否给企业带来收益……所以，首先就一定要摆正心态，一颗浮躁的心会带着你的眼睛在各个职位、各个企业之间来回游移，你会觉得这个工作你能做，那个工作你也能做，最后导致你连最简单的都做不好。

如何做到职业化心态呢？首先就要认同自己公司的理念，对公司产品抱有极大的兴趣，始终表现对公司及产品的兴趣和热爱，热爱并专注于自己的工作，不断自我更新。有效利用时间，用大脑去工作，善于动脑子分析问题，妥善解决问题，并合理有效地利用时间，准时做事。从时间手中赢得机会，并及时向公司提出合理化建议。职业化的作用体现在，工作价值等于个人能力和职业化程度的乘积，职业化程度与工作价值成正比，即：

$$工作价值 = 个人能力 \times 职业化的程度$$

2. 专业学科知识向实操技能转换

专业知识学习了四年甚至更长，进入职场却发现用得到的地方实在太少，而在职场中更多是自己没有接触过，甚至闻所未闻的实践操作。仅有的那些能用得上的知识，还需要不断研究，使之运用在工作中更深更透彻。这就好似练就一身好武功，却找不到用武之地。然而，事实真的是这样吗？

学校里学到的知识，是为你提供工作中可能会需要的基础知识和技能，而学生在学校里需要将这些基础知识学好学扎实，进入职场后，要做的是将这些知识和技能结合工作中实际需求和情况，将知识落地，并转化为工作中所需的综合能力、专业知识和技能。随着时代的快速变革，每项工作的要求也会随之发生变化，不少新鲜行业如春笋般一夜间冒出来，这就需要我们将知识转化为适应当前社会和工作需要的内容和能力。

在当今社会，一个人一辈子只从事一种工作的可能性也越来越低，转行、跳槽的可能性都有不少。不论是否从事自己本专业工作或是跨行工作，都需要通用知识的基础，也就是说基础知识掌握得越牢，学习能力越强，转到其他行业的适应性也就会越快。因此，个人的发展也会越来越好，收入和职位也会得到相应提升。

第八章　角色转换与职场成长

3. 理想化思维方式向现实性职业目标转换

不论你是快速获得 offer、找到理想的工作，还是历经千辛万苦才获得这份来之不易的岗位，内心肯定都是喜悦的、激动的：终于要将多年所学知识化为能力，在工作中体现自己的价值了！终于可以赚到自己辛苦所得的薪水了！

然而，第一份工作对大学生们的冲击也是巨大的，从高高的象牙塔走下来，我们雄心壮志，心怀天下，脑中全是理想化的思维方式，憧憬着未来让我们指点江山。理想是丰满的，然而现实却是那么骨感。与千军万马PK，终于上了这座独木桥，获得了阶段性的胜利，可也让我们真真切切感受到了理想与现实之间的落差太大，先前宏伟的理想，在职场的现实面前已经失去目标，没了动力，只感到实现它已是遥遥无期，自然就情绪低落。

成为一名职业人，需要将理想转换为职业目标，并制订出针对自己的切实可行的方式方法和计划，再逐一分解成每一个小目标，万达王健林的"先定一个能达成的小目标"言犹在耳。什么是职业目标的设定？职业目标是一个人职业生涯规划的关键点。一个人事业的成败，很大程度上取决于有无正确适当的目标。目标的设定，是在继职业选择、职业生涯路线选择后，对人生目标做出的抉择。其抉择是以自己的最佳才能、最优性格、最大兴趣、最有利的环境等信息为依据。通常目标分短期、中期、长期和人生目标。短期目标一般为一至二年，可以拆分成日目标、周目标、月目标、年目标。作为新入职场的人士，这个短期目标能让他快速进入新的职业角色。中期目标一般为三至五年。长期目标一般为五至十年。中期目标和长期目标有可能会随着职场进入的深度以及对自我的进一步了解而调整改变。

在确定了职业生涯目标后，行动便成了关键的环节。没有达成目标的行动，目标就难以实现，也就谈不上事业的成功。这里所指的行动，是指落实目标的具体措施，主要包括工作、训练、教育、轮岗等方面的措施。例如，为达成目标，在工作方面，你计划采取什么措施提高你的工作效率？在业务素质方面，你计划学习哪些知识，掌握哪些技能，提高你的业务能力？在潜能开发方面，采取什么措施开发你的潜能？这些都要有具体的计划与明确的措施，并且这些计划要特别具体，以便于定时检查。实现职业目标有很多的途径，要结合自己的综合因素去选择一条最适合自己的途径，更快地实现职业目标，从而最终实现职业理想。

4. 由系统学习成长向任务型成长转换

什么是系统学习？系统学习是一种学习方法，是指把所学内容当成一个系统看待，力求从大方向出发指导学习，这样，在学习和复习的时候不是按部就班按章节行进，而是先模糊概括，再逐渐在大框架下逐步明晰细节、完善结构、针对缺陷和不足专攻的学习方法。举个例子，先来看看市场营销专业，需要从经济学、管理学、统计学、市场营销学、广告学等课程层层递进，全面而系统地学习，进而形成完整的专业系统知识体系。

由此可见，大学本科毕业时，我们至少已有 16 年的学生生涯，已经养成了系统学习的习惯。作为学生，有充足的时间、优渥的环境、便利的条件和充沛的精力，重心全在学习上，这些都为系统型学习方式提供了有利条件。

然而在职场，工作任务更具体，环境和条件都没有学校那么充足，时间和资源的紧迫性成为了系统学习的强大约束条件,导致系统学习专业知识成为了不可能,而任务型学习方式成为了个人成长的重要方式,我们人人都需要学会在碎片化、实操化的任务中汲取专业知识。

5. 内部单一渠道获取资源向外部广泛渠道借力转换

在学生生涯中,获取各类资源的方式主要依靠两方面:老师、图书馆。老师自然不在话下,学生时代依靠的资源,一方面是老师,老师的职责在于传道授业解惑,另一方面是学校的各种公共资源。同学之间的信息不对称相对较少,成长所依赖的资源往往都在图书馆。

而在职场中,由于没有特定的引导人,而且同事之间在职位、能力、经验方面存在着较大差异。人的主观能动性就要得到全面的发挥,职场新人需要敢于向同事、领导索取资源,寻求团队的力量,摆脱学生时代自我摸索的观念,这样不仅能够帮助自己快速成长,也会促进工作团队整体的沟通和交流,达到事半功倍的效果。

6. 由完成任务向提升执行力的转换

初入职场,不论你是销售岗、行政岗、财务岗还是技术岗、研发岗位,相信很多人都有过这样的经历:入职培训之后,感觉自己已经跃跃欲试,肩挑重任了。可现实却是,领导交给自己一堆毫无技术含量的任务,做些琐碎的杂事,给同事打打下手,订订盒饭,跑跑腿,简直浑身洪荒之力无处可泄。

有些人以为职场就是这样,于是选择了逃避,有些人以为工作就是这样,完成就行,可还有些人,在做的过程中,会不断思考,会多问问这个工作成果是不是大家都能做的,如果是的话,他会考虑如何提高这项工作本身的技术含量,或者如何超预期完成老板交给的任务,如何体现自己的贡献值。他还会提升自己的执行力,当老板或者上级、同事给他安排了某项工作,他就立刻去做这项任务。哪怕他手中正在做某项工作,他也会放下手中的活,立刻去做领导安排的新任务,这样下来不仅效率超出了老板预期,他也养成这样一个非常好的习惯,执行力自然也就噌噌地往上涨了。

何谓执行力?按照余世维博士的说法,执行力"就是按质按量地完成工作任务"的能力。个人执行力的强弱取决于两个要素——个人能力和工作态度,能力是基础,态度是关键。所以,我们要提升个人执行力,要通过加强学习和实践锻炼来增强自身素质,而更重要的是端正工作态度。

什么是高效执行力?有人归纳了执行力强的人的九个特征:

(1) 自动自发;

(2) 注重细节;

(3) 为人诚信,敢于负责;

(4) 善于分析判断,应变力强;

(5) 乐于学习,追求新知,具有创意;

(6) 对工作投入;

(7) 有韧性;

(8) 有团队精神,人际关系良好;

（9）求胜的欲望强烈。

其中前两点最为重要。

所以，当你不断提升个人能力的同时，还应端正工作态度。同样的初入职场经历，可能出现不同的出路和结局。关键是你自己的路你要怎么走，尽管是自己做主，但也要首先认识到究竟要在工作的过程中获得什么，怎么才能把握职场更多机会，为自己成为核心骨干增加砝码。

7. 简单独立思考问题方式向复杂人际关系转换

在学校完成各科作业是一种个体行为，是否完成、完成质量如何，最终由个人承担责任。

而工作是一种群体行为，会牵涉到其他同事和部门。因此，在完成工作的过程中，一定会有复杂的人际关系需要面对。这让一些职场新鲜人不习惯，他们没有经验也没有耐心思考一些细节上的问题，自然就会难以适应，甚至四处碰壁。

所谓人际关系，是指人们在各种具体的社会领域中，通过人与人之间的交往建立起心理上的联系，它反映在群体活动中，人们相互之间的情感距离和亲密的人际关系都属于良好的人际关系，对于一个人的工作、生活和学习是有益的；相反，不和谐、紧张、消极、敌对的人际关系则是不良的人际关系，对一个人的工作、生活和学习是有害的。社会心理学的调查研究表明，良好的人际关系是一个人心理正常发展、个性保持健康和生活具有幸福感的重要条件之一。美国著名成人教育家戴尔·卡耐基经过大量的研究，认为："一个人事业上的成功，只有百分之十五是由于他的专业，另外百分之八十五要靠人际关系、处世技巧。"此话也许说得绝对，但也从另一侧面说明了良好人际关系对成就事业的重要性。

如何在复杂的职场建立良好的人际关系？

第一，建立良好的第一印象。人际关系是在人们的交往中产生的。第一次见面交往会形成对人八成的印象分，并之后很长一段时间会以这个印象相处。不论是与上级领导，还是与平级同事，或是下级下属，又或是工作上的其他伙伴，你都应该注意仪容仪表。一个人的相貌是改变不了的，但穿着、仪态、风度却可以改变他的仪表。毕竟谁都不愿意和一个穿着邋遢、举止轻浮的人交往。人们总是倾向于觉得仪表有魅力的人更活泼愉快，更友善合群。衣着整洁、大方，仪表举止自然，会给人一种亲近感，反之，过分修饰，油头粉面，浓妆艳抹，则会给人一种不合宜的印象。

第二，态度诚恳而友善。对人讲话时，态度应该诚恳，要避免油腔滑调，高谈阔论，哗众取宠，垄断话题，否则会使人感到不愉快。实事求是，态度热情，往往给人一种信赖感、亲近感，这有利于交往的继续深入；反之，如果言不由衷，转弯抹角，态度冷淡，则给人一种虚假、冷淡的感觉，交往很难再深入下去。

第三，主动伸出援手。工作中，讲究的是团队合作，但也经常会有个人任务需要完成。不论是什么样的工作任务，当你有能力给予他人支持和帮助时，你能主动伸出援手，别人都会感激你，主动和你拉近距离，而当你面对困难时，他们也会给你更多帮助。

第四，团队协作。在团队协作中，要主动沟通，遇到问题及时反馈，以便调整任务方向和进程。新人尤其要放下学生心态，遇到问题别自己硬扛，多主动和前辈请教，要记住，你们是一个团队在作战，只有一起完成了这项任务，才是取得了任务的成功。

案例

7个习惯，让你成为高效能人士

习惯不是与生俱来的，是后天养成的。作为即将进入职场的大学生，要想成为一名高效能人士，应该养成一些好的习惯。

高效能人士应该拥有哪些习惯呢？被《时代》杂志誉为"人类潜能的导师"史蒂芬·柯维在《高效能人士的七个习惯》一书中告诉人们，高效能的人士有7个好的习惯，并且告诉我们如何做到这7好的习惯。

习惯一、积极主动：无论做小事还是大事，行动是第一位的，只有积极主动去做，才有成功的可能。

习惯二、以终为始：目标引导行动，成功的关键并不在于你流了多少血汗，而在于你努力的方向是否正确。

习惯三、要事第一：歌德："重要之事决不可受芝麻绿豆小事牵绊。"我们每天总会有许多事情需要去处理，常常忙得焦头烂额，恨不得长出三头六臂。有时候忙是真忙，也是瞎忙，因为忙得没有章法。可是为什么高效能人士总能有条不紊地工作呢？因为他们懂得如何在日常工作中用科学地划分工作的轻重缓急，如何用先进的时间管理方法来安排自己的工作日程，从而使自己的工作忙而不乱。

习惯四、双赢思维：双赢思维是一种基于互敬、寻求互惠的思考框架与心意，目的是分享更多的机会、财富及资源，而非敌对式竞争。双赢既非损人利己，亦非损己利人，而是从互赖式的角度来思考，争取互不损害，利己又利人。

习惯五、知彼解己：知彼解己，就是要善于发现别人的人性中闪光的亮点，更要敢于直面自身的丑陋。

习惯六、统合综效：一个篱笆三个桩，一个好汉三个帮，个人的力量终归是有限的，只有依靠团队的力量，我们才能完成个人难以完成的事情。为什么成功人士们总能很快地取得别人的信任并在困难中得到别人的帮助呢？因为他们认为圆满人生不仅限于个人的成功，还要追求人际关系的成功、团队成员的共赢。

习惯七、不断更新：不断更新就是一个自我提升和完善的过程，是一个在成长和转变之间螺旋式上升过程，一个不断完善自我的过程。不断更新需要在身体、精神、智力、社会/情感中不断更新自己，以睿智而均衡的方式，经常并持续运用好这4个层面，不断迈向新的成长之径，从而提升了其他六个习惯的实施效率。

越积极主动（习惯一），就越能有效地实施目标（习惯二），把要事放在第一位（习惯三）；越能理解别人（习惯五），就越能找到统合综效的双赢解决方案（习惯四和习惯六）；越是改善培养独立性的习惯（习惯一、二、三），就越能在相互依赖的环境下提高效能（习惯四、五、六）；而自我更新则是强化所有这些习惯的过程（习惯七）。

思考与活动

1. 一个人从学校进入职场要实现哪些身份的转变？
2. 作为即将进入职场的新人，你认为这7个习惯哪一个最重要？
3. 如何训练这7个习惯？

第二节　适应职场谋求发展

> **案例**
>
> Grace 和 Tina 是一前一后进入同一部门的两名应届毕业生。Grace 认真踏实，做事非常仔细，而 Tina 能干而聪慧，是个有想法的姑娘。她俩的工作性质一样，都是负责新媒体运营，不同的只是渠道的区别而已。
>
> 新媒体运营的事务相当繁杂琐碎，从早到晚都有做不完的工作在等着她们。每次工作到最后的总是 Grace，为了赶时间，中餐、晚餐她总是点个外卖，速战速决；晚上回家后，她还忙碌在各个社交平台，回答着答不完的问题，做着各项数据统计报表，事无巨细，亲力亲为，每天晚上不到十一二点睡不了觉。困在这些烦琐的事务中，已经让她无暇去思考问题。
>
> 而面对同样的工作任务，Tina 却显得轻松很多。她利用社群的力量，找来一些志愿者，给志愿者做了相关培训后，很快将一些简单重复的工作任务分配下去，她从这些琐碎的事务中抽身而出，运筹帷幄，把握全局。同时她也有更多时间去思考问题，不断迸发出一些极富创造力的新点子来，提交出一些别具一格的活动方案，时时关注潮流动向，与领导沟通，再落地执行。
>
> 毫无疑问，Tina 的工作效率大大超过了 Grace，领导对她的赏识也更多些。
>
> 【思考与讨论】
> 1. 初入职场，是应该按部就班，一步步稳健行事呢，还是多动脑筋，敢于创新？
> 2. 新人必须要常加班才会给领导留下好印象吗？

一、适应职场

（一）提升技能和责任心

1. 工作技能之一：四象限工作法

认识了职场，了解了与之前一二十年校园生活的不同之处，你可能想：这都不是难题，我好像可以适应职场了。如何知道自己是否能适应职场？你不妨从以下这些方面与自身对比，看看哪些方面能做到，又有哪些方面需要进一步提升。

超越往往来自对现状的挑战，对个人、对团队来说都是如此。这种精神在职场新人身上相对比较缺乏。从小我们就被教育要做乖乖女乖乖仔，循规蹈矩不逾矩，重纪律守规则，很少跳到日常工作的框架之外去探索，甚至分不清事情的轻重缓急。

但事实上，如果按紧急程度和重要程度划分，我们所有的工作都可以放进这四个象限里：重要且紧急的，不重要但紧急的，不重要且不紧急的，重要但不紧急的（图 8-1）。

现实中，我们通常出于紧迫性，会去做第一、二象限的事，而往往忽略了第四象限——不紧急但非常重要的事。

第四象限的工作杠杆率通常会更高,它决定了你工作的未来发展走向。

准备工作、预防措施、能力培养、人际关系、中长期规划等都属于第四象限,它看起来不紧急,也正是因为不紧急,所以最容易被忽略,但后果往往是致命的(图8-2)。

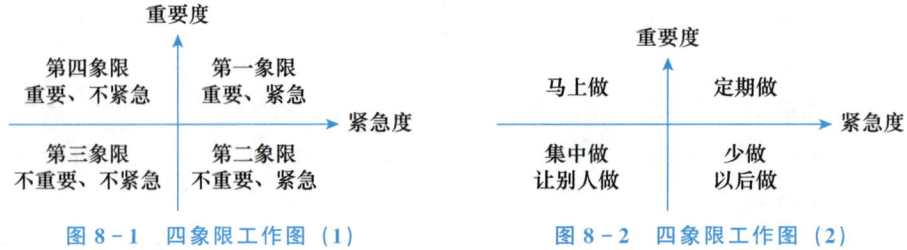

图8-1　四象限工作图(1)　　　　图8-2　四象限工作图(2)

就拿本节案例中的Grace来说,你能说她不努力吗?她出色地完成了每天必须完成(紧急)的任务,每天疲于应付具体的事务,工作时间远远超过了正常的工作时间,但是她留给思考以及自我中长期规划的时间却非常有限。长此以往,给领导的印象就是,她只能做具体执行层面的工作,尚不具备独挑大梁或带领团队的能力。

而Tina将第二象限(不重要但紧急)的内容充分授权给他人,自己更专注在第四象限(很重要但不紧急)的工作中。未来他们的发展不用我说,大家都可以预见。

2. 踏实和承担,帮你更快成熟

多年的专业知识学习,培养了大学生自信。虽说自信是一种积极、有效地表达自我价值、自我尊重、自我理解的意识特征和心理状态,但进入陌生的职场,不少大学生仍然保有这种谜之自信,让其悬在空中下不来。

> **案例**
>
> 成绩优异的小程来自于一所211院校,在学校时他担任过两年的学生会干部。当他拿到这家中型企业人事助理的offer时,他没有太兴奋,他觉得这是意料中的事。
>
> 经过一段时间的培训,领导将招聘模块的初筛工作交给了他。在有如茫茫大海般的简历库中,搜索公司各岗位匹配人选的简历,再通知求职者面试时间地点。这项工作周而复始,也略显单调,这让小程很是恼火:搜索简历,电话通知,这些简单的琐事不是中专生就能完成的吗?杀鸡焉用牛刀?何须他名校出来的高才生来做此等小事?这项工作做了不到5天,他就跑到领导办公室抱怨,要求换工作职责。而领导摆在他面前的却是一份不到20%的实际到面率名单。小程却一个劲地辩解,他已全部电话通知好,求职者没来是对方的原因,与他无关。
>
> 不少职场新人面对工作也是这样,眼高手低,觉得自己的能力远远超过了工作职能,看不上眼前的"小事"。可工作达不到预期要求时,遇到领导的责问,却会条件反射般地找出各种借口或强调客观原因,推卸责任。复杂的工作做不好,简单的事情又不愿意做,如此有了几次经历,领导又怎会将重要艰巨的任务放心交给这样的员工呢?

> 职场和学校不一样，经常在处理简单细小工作的时候，往往通过细心观察、善于总结，就能够发现行业的特性和共同点，这也是快速了解行业和岗位的一种手段。即便是有能力，也请放低姿态，从小事做起，多去学习别人的长处和经验，以谦虚的态度请教前辈，拉近和同事的距离，并得到他们的认可，作为一个团队的一分子，你才能快速融入到这个团队中去。当遇到问题，也不要总以"我是新人"为借口，给自己找理由，推卸责任，搪塞领导和同事。作为过来人，他们早已洞悉一切。所以这时，你只需勇敢承认错误，尊重领导和同事，并诚恳请求他们的帮助，获得谅解。当你做到这些，你的职场行为也更为成熟了。

（二）提升专业度，打造自身优势

1. 掌握独特专业优势技能

想要在职场站稳脚跟，甚至获得领导的青睐，成为团队的核心成员，除了必须具备满足岗位要求的专业知识和技能，还需要有独特的、适用于岗位的优势技能。这个优势知识和技能掌握的人越少，对你就越有利，例如获得一些专业上非常重要的资质证书等。在专业领域，你需要得到公司甚至本行业的认可。如果你是一名专业财务人员，可以从提升专业能力导入，去争取获得 ACCA（特许公认注册会计师）、CPA（注册会计师）、CIA（国际注册内部审计师）等相关证书；如果还有余力，可以研究一下全面预算管理，如何从财务报表体现企业内容，来理解你公司所在的行业、商业模式、业务逻辑等。

2. 将专业知识、通用能力、个人才干融合在一起，打造专属自己的核心竞争力

在部门团队中，领导选择你、需要你，是因为你能给他提供价值，而这个价值能够保证他完成他的工作任务，这样，从整个组织的层面、整体的绩效和发展的目标才能够达成。

与组织整体的绩效目标相比，个人发展需求通常会往后排，所以有人说"我上级水平不够""不给我安排我擅长的工作"，又或者说"不给我安排重要的工作"，如果你理解了组织的逻辑，你就会发现，这都很正常，上级会有他的全局考虑。何况，我们能够控制的也只是我们自己，谁也没有办法将上级头脑中的观念换成你所喜欢的观念。

3. 乐于知识分享

作为团队成员之一，唯一需要考虑的是，为了达成上级给你布置的工作任务，你在努力的过程中，能发现自我、修炼自我、完善自我，用自己最擅长的方式去做，验证自己以往所学到知识和技能的效果，并从中体现自己的价值。

体现价值，打造核心竞争力的方式除了自己应用，还可以有意识地输出，然后再用输出倒逼更有效的输入。什么意思呢？简单来说，就是你将你所拥有的知识和技能分享给其他同事。

举个例子，作为一名销售，因为个人兴趣爱好，学会了 PPT 制作、心理学等知识。看上去这些知识与销售技能没有直接关系，但在你的销售总结中，你充分利用学到的心理学知识，将客户购买心理、具体行为、心理和习惯进行详细分析对比，再运用 PPT 制作方法，将总结做得更加有说服力，更加美观，可视性更强，同时还可以将你会的知识教给

同事。此外，由于你有了真正的实操，你就会对自己有了一个新的判断，如何将所掌握的知识和技能更好地融合到工作中，帮助你产生更多与众不同的见解。在这个充分应用、有意识输出并倒逼输入的过程中，能够产生的效果不仅是个人知识体系和能力的进一步完善，你成功在领导和同事面前展示了才能，获得了上级和同事的认可和信任，更为自己打造核心优势奠定了基础。

二、工作中的情商和智商

（一）要做事，先做人

初入职场，与其急于体现自己的能力，还不如先学习如何做人。新人到一个单位打打杂是常有的事，可有的人抱怨声、吐槽声不绝于口。殊不知，这恰恰就是观察磨砺一个人心性的一种途径。从这些琐事上，你的领导和同事们就能看出你的心性如何。从这个意义上讲，打杂这事儿一点都不小。

还记得前几年，网上一条转发近8000多次、被网友热议的关于实习生拒绝订盒饭的微博吗？

网友"易小术"发了一条这样的微博："前几天和央视某主任聊天，他说一周前来了几个实习生，青春洋溢让他有种想培养成才的冲动。前天开策划会，他对其中一位实习生说，麻烦你开完会给大家订盒饭，按人头，我请客。该实习生认真地说，对不起，我是来实习导演的，这种事我不会做。主任瞠目结舌。他问我，到底怎么了？现在的实习生都这样吗？"

这件事情，让大家将目光聚焦在了职场新鲜人身上，有不少网友纷纷跟帖，吐槽身边的刚从大学毕业的实习生太过自我、目的性强、不懂人情世故。归根结底，还是他们的心态的问题。作为公司新进的职场新人，端正态度是首要的。从工作内容上来看，买盒饭、端茶倒水从来不会被认为是一件比较低贱的工作。

对于新人，在工作中生活中，经常会随时随地被考核到观察力、反应力、洞察力，甚至情商、逆商等，也就是说，他的为人处世从小的细节中可以看出来。

> **案例**

Pendy 新到一家公司做的是普通销售工作。尽管初入职场，但她的热情开朗的性格让她很快结识了一些公司同事。

一天下班时突然下雨，正要回家的同事看见没带雨伞的 Pendy 在门口发愁，于是捎上她一同去了地铁站。看，这是一件多么稀松平常的事。

第二天一大早，同事在自己的办公桌上看到放着一包红枣和一张字条，是 Pendy 留的。字条洋洋洒洒几百字，大致意思就是致谢。让同事感动的是，就是这么一件举手之劳的小事，她也会很正式地表达感谢，并回赠礼品。

在之后的工作相处中大家还发现 Pendy 有很多细节做得非常好。

她去添水时，总会主动帮周围同事的水杯都添满；加班订盒饭时，总是她主动帮大家订餐，并牢牢记住了同事各种喜好和忌口的菜肴；和她一起出门走在大马路上，她总是让自己走在外边，其他人不论男女或年龄大小，都被她保护在里面安全的位置；两人合打一把雨伞时，小个子的她总是抢着举伞，举得高高的，自己一半身子在雨中，只为让别人淋得更少；从外地出差或旅游回来，她总会给同事和客户带上一些精致的手信……

很快，她高情商影响到的销售业绩也彰显出来了，以前公司难啃的"骨头"，一个个都被她啃了下来，还很自然与客户成了非常要好的朋友，有些客户的年龄甚至和她妈妈差不多，合同一签就是几年。很快，她的职位上来了，收入也成了公司销售中最高的，短短时间已经成为"销售一姐"。

这，就是高情商、重细节的典范。这也正应了那句话：心态决定行为，行为决定习惯，习惯决定命运。

【思考与讨论】
1. 工作中，情商、智商哪个更重要？
2. 有情商，还需要智商吗？

（二）多动脑多思考，脑子不动会生锈

1. 工作中需要提高思考力吗？

职场新人有一个这样的普遍特点：自己不动脑筋，凡事都要问领导"这样可以吗？""这样对吗？"这种特点表现出凡事自己没有判断力，思考力体系缺乏完整性和完善性。

当你第一次这样问，领导还可以接受：嗯，你还在摸索中，但是当你第二次、第三次甚至第四次，一碰到要做决策时就跑来如此问领导，领导还会耐心地答复你吗？要么会得到一连串的质问："为什么你要这样做？""除了这种方式还有其他方式吗？""你具体会怎么做？""这样做会有哪些可能发生的结果？"……要么是直接拒绝"你自己决定"，但不论得到哪种答复，都会使你在领导心中工作能力项大大减分。

2. 什么是思考力？

思考是由大脑、意识、思维、思考对象构成，在思维的"定向"作用下，对思考对象的属性（时间属性、空间属性等）进行的思维活动，其中，思维活动的强弱由心理能量决定。

思考力就是智商吗？智商是一个人掌握新知识、新技能的基础，而思考力与智商相比，具有更复杂的内在结构。思考是思维的一种活动，思考力则是在思维过程中产生的一种作用力。在物理学上，力具有三个基本要素：大小、方向、作用点。事实上，思考力同样也离不开三个最基本的要素：大小、方向、作用点。

首先，思考力取决于思考者掌握的关于思考对象相关信息量的多少（大小），如果没有相关的知识和信息量，就不可能产生相关的思考活动（这里所说的知识量指的是与思考对象相关的知识量——即有针对性地收集关于思考对象的信息）。

其次，思考的方向取决于思考的价值目标以及围绕着目标形成的思路。也就是说，思考要有目的性，漫无目的地思考难以产生强有力的思考力。

最后，思考必须找准作用点——必须把思考活动集中在特定的思考对象上，并把握其

中的关键,这样的思考活动就会势如破竹,如果找不准思考的着力点,就会精力分散、思维紊乱,出现胡思乱想、东一榔头西一棒的现象,思考就会停留在事物的表面上浮光掠影,无法深刻认识和把握事物的本质。

3. 如何提高思考力

(1) 深度思考,广学博闻。提高深度思考力,需要时时刻刻细心观察、勤于思考、持之以恒,举一反三,旁征博引。刨根问底,尽力穷究根源。让浅层次思考变为深入、全面、系统、复杂的思想。见多自然识广、博闻当然强识。深度思考是离不开勤奋的。需要眼耳口鼻舌、手脚身心脑并用,勤思考、多行动。因此,多学习各种新知识,善于总结、归纳知识点,多实践,多与他人交流沟通,当别人的知识与自己的知识相融合后,你会有更多的理解和见识。凡是有思想的人,都是通过不断与有思想的人深入交流从而不断给自己的大脑注入鲜活血液的。

(2) 养成勤于思考的良好习惯,习惯成自然。凡事多问自己几个为什么,不断反问自己三个问题,即:是什么?为什么?怎么样?尤其是回答为什么时,要站在自己的角度,站在领导的角度,站在用户的角度,站在销售的角度,站在竞争对手的角度,全方位多角度主动思考。这样当你有机会表达自己观点时,呈现的结果自然也就不同。

(3) 紧抓每一个问题,死磕到底。首先,对你面对的问题要有个清楚的概念,概念清楚了,就明白所面对问题的界限在哪了。其次,寻找问题的根本原因,多问为什么,寻找问题的根源,找到问题的关键。再次,从批判性思维角度,反思这件事的合理性、可行性,确定问题所在。最后,思考怎么做,找到解决问题的方法,选择最优的方案。

所谓思考力,其范围很宽,而如果当你面对每一个问题,都能围绕是什么、为什么、怎么做来思考,那么,你的思考力会提升得很快。

(4) 主动表达观点。当新人还在用"我觉得""我认为"这样的句型表达观点时,你自己多思考,多调研,获得更多数据和案例,用数据和事实来说话,表达你的观点,那这个时候的你,就已经开始摆脱"职场新人"的做事风格,初具职场思维了。

三、付出不亚于任何人的努力

(一) 什么是"付出不亚于任何人的努力"?

这一观点是日本稻盛和夫先生在他所著的《六项精进》中提出的。稻盛和夫在27岁时创办了京都陶瓷株式会社(现名京瓷 Kyocera),52岁创办第二电信(原名 DDI,现名 KDDI,目前在日本为仅次于 NTT 的第二大通信公司),这两家公司又都在他的有生之年进入世界500强,两大事业皆以惊人的力道成长。

稻盛和夫在《六项精进》一书中指出,热爱是点燃工作激情的火把。无论什么工作,努力钻研,比谁都刻苦,每一天都竭尽全力,拼命工作,锲而不舍,持续不断,精益求精,只要全力以赴去做,就能产生很大的成就感和自信心,而且会产生向下一个目标挑战的积极性。想拥有美好的人生,前提条件就是要"付出不亚于任何人的努力"。做不到这一点,企业经营的成功,人生的成功,都是空中楼阁。除了拼命工作之外,不存在第二条通向成功之路。成功的人往往都是那些沉醉于所做工作的人。

（二）为什么要"拼命工作"？

稻盛和夫在《六项精进》中表示，"拼命工作"的原因有以下四点。

第一，自然界存在的前提，就是一切生命都拼命求生存。这是自然界生存的规律，人类在地球上生存，也必须认认真真、竭尽全力。

第二，只要是你喜欢的工作，再努力也不觉得辛苦。拼命工作是辛苦的事情，辛苦的事情要一天天持续下去，必须有个条件，就是喜欢上了自己的工作。

第三，全力投入工作就会产生创意。当你每天都聚精会神、全身心投入工作的时候，低效的、漫不经心的现象就会消失。不管是谁，只要喜欢上自己的工作，只要进入拼命努力的状态，他就会考虑如何把工作做得更好，就会探索更好的、更有效的工作方法。

第四，拼命工作可以磨炼灵魂。从早到晚辛勤劳作，就没有空闲。古话说："小人闲居不为善。"人这种动物，一旦有了闲暇，就会动不正经的念头，干不正经的事。但如果忙忙碌碌，专注于工作，通过这样的修行，整理自己的心绪，磨炼自己的心志，造就纯粹而优秀的人格。

稻盛和夫提出这一观点，他自己也正是这样做的。自1959年他27岁时创立京瓷公司，稻盛和夫几十年一直是京瓷研发带头人。他发现，一旦发疯地投入工作之中，对某个目标有强烈的渴望，就会在脑海里形成一个意象，身边的任何一个新事物都会坚定地指向那个意向，这时，智慧之井也会向你洞开。

做任何一件事情，如果能坚持多年如一日地深入其中，付出不亚于任何人的努力，发现工作中更多的乐趣和精彩，这时你就具有了匠人精神。

案例

著名导演大卫·贾柏拍摄过一部关于很有名的全球最年长三星大厨小野二郎的纪录片，名为《寿司之神》，这部纪录片中的男主角——世界上唯一以85岁高龄奋战在一线的米其林三星大厨小野二郎和他的寿司备受关注，其中有一个原因是：日本首相安倍晋三宴请奥巴马，吃的便是"寿司之神"小野二郎家的作品。

值得花一辈子排队等待的美味

小野二郎的寿司店位居银座办公大楼地下室，许多世界各地的食客慕名而来，只为品尝"寿司第一人"超过五十年的寿司功夫。这家不起眼的小店，曾经连续两年获得美食圣经《米其林指南》三颗星最高评鉴，被誉为"值得花一辈子等待的美味"。世界名厨吃过之后，都会惊叹这么简单的东西，味道竟会如此有深度。如果按照吃饭快的人一餐15分钟计算，这家寿司店应该算是世界上最贵的餐厅，但吃过的人都觉得值回票价。

小野二郎坚持不好吃就不能端上桌，并且一定要比上次更美味才行，他也总是先试吃才上菜。一般食客都是一个月之前预约，并且只有寿司吃。

职人精神　重复的坚持

小野二郎每天都重复同样的程序，甚至会固定从一个位置上车，他不喜欢假日也不喜欢旅行，假日对他来说很漫长，他只想尽快回去工作。

"一旦你决定好职业,你必须全心投入工作中,你必须爱自己的工作,千万不要有怨言,你必须穷尽一生磨炼技能,这就是成功的秘诀,也是人家敬重的关键。"

"一直重复同样的事情,以求精进,总是向往能够有所进步。我会继续向上,努力达到巅峰,但没有人知道巅峰在哪里。即使到我这年纪,我就是爱捏寿司,这就是职人的精神。"

这个老人已经85岁了,居然还不想退休。其拼命的态度甚至赶超年轻人。其职人之道就是每天重复同一件事,所有细节都必须认真检查,他总是想办法把寿司做得更好。

这里的重复不是每天重复昨天,不是不求精进,十年只做一件同样的事情,他的坚持是不断追求精益求精,不断地想办法提高手艺。他的师傅曾对他说寿司历史悠久,已经没有可改进的地方了,但是他没有完全地重复师傅的手艺,而是创造出了当时不存在的寿司菜色。这种创造来源于对工作的激情,所以他会在梦里捏寿司,点子曾多到半夜会惊醒。

精益求精的态度

为什么口碑这么好?让我们一起来看看他是怎么精益求精的。

(1) 米饭。从最好的米贩子那里买到米。煮饭的锅的盖子重到要用两只手抬,上面放一大锅水,米要用很大的压力来煮。

(2) 鲔鱼。每一条鲔鱼都有自己的味道,他从专门的鲔鱼供应商那里采买。鲔鱼供应商也专门卖鲔鱼,不好的鲔鱼他不会买进。

(3) 虾。虾供应商只卖虾。

各个供应商都是各自领域的专家,他们建立了一种互相信赖的关系。

每种食材都有它最美味的理想时刻,这对把握寿司的美味很困难,需要多年的经验来培养嗅觉,寿司上桌后也必须马上吃掉。

在上寿司的过程中,他会仔细观察顾客。他针对顾客性别调整寿司的大小,女士会小一点;如果客人用左手,下一个寿司就会放在左侧。

为了避免章鱼吃起来像橡胶,他会按摩章鱼30分钟,有时是40分钟、50分钟……

他的儿子小野祯一说:"要一直向前看,超越自己,始终努力,精益求精。这就是他教给我的。"

我们学到了什么

我相信十年只干一件事一定会成功,像虾供应商只卖虾,鲔鱼供应商只卖鲔鱼,寿司店只卖寿司,坚持是基础,在坚持的基础上不断地精益求精的精神值得人敬佩。

花一些时间去尝试适合的职业,然后花一辈子的时间投入其中,我们要学习的就是小野二郎美食背后永不妥协的信念和态度,他在用心做他的"寿司"。

——案例来源于里旭Lixu微博《寿司之神:职人的精神》

【思考与讨论】

1. 读了这个案例,你对职场有何新的认识?
2. 从匠人、职人的角度思考,你认为自己缺的是什么?

第九章 大学生创业概述

【本章概述】

主要介绍了大学生创业准备、大学生创业意识与能力的培养以及大学生创业流程三个方面。从树立观念、知识准备、必备能力以及心理素质四个方面阐述了大学生在创业前应具备的基本素质,在此基础上提出了大学生应具备的创业意识与能力,结合创业流程图,从而更好地开展创业实践活动。

【内容要点】

1. 了解大学生创业需要做哪些准备;
2. 培养大学生的创业意识与能力,熟悉大学生创业的一般流程。

导入案例

扎实的创业准备实现成功创业

何叶丹是浙江财经大学东方学院2014届金融学专业的一名毕业生。她个头不高,出身农家,既不是"富二代",也不是"官二代"。就是这样一位普通的小姑娘,在迈出大学校门一年多的时间里就创造了上千万元的年营业额,并获得教育部部长的高度评价。在大学生就业形势非常严峻的今天,作为90后何叶丹是如何创造这一奇迹的?她的成功创业又给当今大学生创业带来了哪些启示呢?

1. 用金融学经营农场

还没毕业,何叶丹就开始参与农场经营,并特别注重融资和财务管理问题。"在我们那里,农场主对于财务报表方面不怎么重视,差不多每季度或者半年才做一次。我接手农场后每个月都会做财务报表,这样可以很好地进行资金控制。"何叶丹说,财务预算报表很重要,"有了这个,除天灾不能预测外,下一阶段的销量、管理费用等基本上都可以预测得到。"

大学生职业生涯规划与就业创业指导

何叶丹说，由于大学所学的扎实知识都能运用于实践，因此，她所经营的农场资金链通畅，很少遇上资金短缺等问题。

2. 看准目标不畏艰险

"近年，国家明确支持发展家庭农场，我觉得机会来了。"何叶丹说，这一年，尽管还在海宁读书，但她还是回到老家富阳，通过土地流转承包了200多亩地，开办起喜乐家庭农场。

何叶丹承包了竹山，但2014年一场突如其来的干旱让鞭笋绝产，冬笋也损失严重，直接导致当年这两批笋几乎没有赢利。她没有因此退却，而是在一番分析后，赶快造起了蓄水池等设备，防止来年再次出现同样的情况。

"这次教训，让我懂得了做事要未雨绸缪。"何叶丹说，在她的不懈努力下，她的农场成为2014年"首批省级示范性家庭农场"。2014年年底，她还为自己的家庭农场注册了公司。

3. 转变思路大获丰收

2015年上半年，何叶丹启动了130亩稻蛙共生项目。"刚准备蛙稻共养的时候，我信心十足，具体实践起来，其实是非常辛苦的，但为梦想买单嘛，我也就豁出去了……"何叶丹说，刚开始，她也因为没经验，不了解蛙的习性，死了不少蛙。面对这种情况，她没有灰心，而是到处查资料，请教专家，终于走出困境，成为当地小有名气的农场主。

（资料来源：浙江文明网）

【思考与讨论】
1. 大学生创业前需要从哪些方面做好准备？
2. 成功的创业者一般都具有哪些素质？

第一节　大学生创业准备

激情孵化梦想，创业成就未来。对于大学生创业，有这样一个比喻：与其1000个人去抢坐一个"工作"的座位，为什么不干脆给自己造一把椅子坐？社会在声声唤着"疏导、分流"大学生就业压力，并且各级政府开始给予创业大学生各方面的支持，大学生自主创业成为新生代一种重要的就业方式。

创业是指一个人或一个团队通过发现和识别商业机会，组织各种资源提供新的产品或服务，并承担各种风险以创造价值的过程。创业是一个创建企业的复杂过程，企业所需具备的各种要素自然也就成为创业的要素。作为大学生，我们不应当是盲目地行动，对创业所面临的种种风险了解得越全面，准备得越充分，就越有可能成功。而创业准备是创业者进入创业实践前所经历的物质力量的聚集过程。它为日后的创业实践奠定物质和思想基础，也是创业前的"模拟"演练。创业准备充分与否，对创业者事业的成败起着决定性的作用。大学生创业前必须做好充分的准备。

一、树立正确的创业观念

创业观念是指人们在创业方面的思想意识,即人们对创业的意义、目的和行为的看法。包括以下几个方面:

(一)转变观念,树立自主创业的就业理念

创业观念就是要求创业者对创业有一种新的认识,要有一种新的观念,要适应就业从计划经济到市场经济的自主择业、双向选择的观念转变。

(1)思想决定理想,意识决定行动和速度。大学生的就业思想和对创业的认识、对人生的理解,决定了大学生的品质。

(2)大学生立志创业,勇气、激情不可缺少。信心比金钱更重要,自信心比外援更重要,这是一种内在的动力。

(3)大学生要增强创业意识,调整心态,树立信心,把自主创业当作大学生挑战人生的一个择业选择。

(二)创新创业理念

创新创业是推动"大众创业、万众创新"采取切实有效的措施,实现经济社会发展和进步的重要途径,有利于扩大就业和增进民众福祉。政府把支持青年特别是大学生创业作为促进就业的重要内容,形成了"政府促进创业、市场驱动创业、个人自主创业"的良好局面;同时加大扶持力度,完善资金支持、税费减免、户籍迁移等优惠政策,激发创造活力,规范市场秩序,建立创新创业人才评价激励机制,努力营造能创新、敢创业、创成业的良好氛围。大学生应树立创新创业理念,艰苦奋斗,在创新创业中实现价值、奉献社会。

(三)服务理念

创业的同时要拥有一种服务社会、服务人民的理念,通过你的产品,以团队服务的方式去造福于民,取信于民,让人民满意、社会满意,从创业中实现自己的社会价值。

(四)情怀担当理念

不要将赚钱作为创业的唯一目标。创业的根本应该是用一种情怀去做对社会有意义的事情,主动担负起当代大学生应有的社会责任。

(五)找准定位,尽早规划自己的职业生涯

(1)对于大学生来说,进入了高校就等于一只脚跨入了社会,等待自己的就是确立发展目标,规划职业生涯,并付诸实践。

(2)大学生要选准适合自己的创业目标,就是要把职业生涯规划作为实现成功创业的一个首要环节。确立自己未来的发展方向,找准自己就业创业的行业和职业,规划好自己想要达到的既定目标。

(3)大学生要树立自立自强、积极进取、敢闯敢干、敢为人先的思想和观念,坚信"人人可创业,处处能成才","勿以事小而不为",切忌"眼高手低"的心态。

二、创业的知识准备

创业知识是指与创业目标直接联系和发挥作用的知识体系,是人们长期的社会实践及社

会分工的产物,在形式上表现为某种性质和类别的学科知识。可以说创业知识就是对某一领域内事物发展规律的概括和总结。大学生创业前应认真做好以下几个方面的实务知识准备。

(一)管理知识

在市场经济条件下,公司成败的关键在于经营。在日益复杂激烈的市场竞争中,创业者不能仅凭经验和直觉去经营企业,必须运用有效的经营管理知识来武装自己,指导经营活动。企业管理的核心问题是企业的决策机制和执行机制,通俗来讲就是"听谁的""谁去做""怎样做"的问题。在几人合股的企业中,若开始没有界定清楚彼此的权利与义务关系,在经营过程中很容易引起争执,严重的还会造成创业者反目成仇。因此,在合资创业前,创业者应签订合资协议书,共同讨论企业经营的目标与范围、管理制度的细节、各分管领域股东的酬劳计算、利润分配、亏损补偿等方案。另外还要做好企业停止营业时财产处理等方案,以免日后产生纷争。

(二)金融知识

金融即资金的融通,它涉及如何获得发展所需资金等各个方面的问题。一个创业者,无论有多强的经营能力,如果没有资金,那就什么也干不成。所以无论是在创业初期,还是在创业过程中,筹集发展所需要的资金都至关重要。获得资金主要有以下几种途径。

(1)利用自己的储蓄或向亲友借款。

(2)与他人合伙,由合伙人出资,获取资金。

(3)向银行贷款,必要时可以用自己的财产如房屋等作抵押。贷款之后应按期向银行返还贷款。

(4)租赁融资。租赁业是一个新兴产业,当需要添加设备或者更新设备,所需金额较大而又一时无法凑足时,可以向有关租赁公司租用设备。

(5)一些有条件的企业可利用资本市场通过股票、债券来融资。

(6)一些中小企业,特别是高新技术企业,在其创建初期或发展中可通过风险投资获得资金。除了以上这些融资的方式外,还有其他的方式,可以根据实际情况进行选择。

(三)商业知识

创业知识实质上是一种商业行为,创业者通过自己的投资创业行为,将一定的商业理念付诸实现,取得一定的经济利益,但是同时也需要承担相应的商业风险。

1. 市场调研知识

在现代市场经济条件下,如何充分掌握市场、把握市场的最新发展动态,及时调整经营的方向和策略,对于创业活动有着极为重要的影响,这就要求创业者充分利用市场调研分析的知识和方法,深入了解市场容量与未来趋势等问题,包括目标领域现有规模、发展状况、开拓能力、客户情况、竞争形势及营销策略的可行性,并对市场份额及市场走势作出合理的预测,进行准确的市场定位。创业项目市场研究的方法包括问卷调查、访谈调查、网络调查、资料查阅调查等,其中问卷调查具有标准化、量化、易于统计的特点,是最常用和最重要的定量研究方法。

2. 财务知识

创业者要充分了解经营状况,就必须掌握一些账目管理的基本知识,翔实记录收入支出、进货销货及成本核算等。如何在创业的不同阶段筹集资金，如何以最低的财务成本获取足够的资金，如何合理运用资金，如何控制资产负债比率，如何保持现金流动，如何掌握企业扩张的节奏等，对于大学生创业者而言都是非常重要的问题。创业者在进行融资理财的过程中，必须针对自己企业的规模，充分了解企业融资风险，切忌过分求大。

3. 商务谈判知识

对于大学生创业者来说，商务谈判是一个既重要又棘手的问题，在创业的过程中，可能涉及的谈判内容包括筹资类谈判、采购类谈判、合作类谈判、销售类谈判、竞争类谈判、劳资类谈判、团队内部谈判等。

在谈判的准备中，我们必须设定清晰的谈判目标，了解谈判对手的相关信息，并拟订相应的谈判计划，选择谈判的方式，设想如何打动对方。在谈判的过程中，要注意发挥自己的优势，争取在谈判中占据主动地位，同时充分展现个人的个性和风格，赢得对手的信任或欣赏。要始终记住谈判的目的，在适当的时候结束谈判，巩固谈判结果，以及商定后续谈判或工作的内容，谈判结果不要拘于口头或者意向，应尽量以备忘录或者协议予以确认。

4. 税收知识

税收是国家凭借政治权力参与社会分配、取得物质财富的一种手段。其中包括国税、地税。税收具有强制性，即国家依靠国家权力，按照法律规定强制征收。纳税是政府调节经济的重要杠杆。依法纳税是纳税人的义务。我国的税种主要有以下几种：①增值税。②消费税。③营业税。④企业所得税。⑤城市维护建设税。⑥印花税。⑦车船使用税。⑧关税。

5. 法律知识

创业者一般应对《公司法》《合同法》《劳动法》《反不正当竞争法》《产品质量法》《商标法》《消费者权益保护法》等我国法律条文有所了解，并聘请律师作为自己的法律顾问。

相关链接

创业宝典之观念、智慧、知识

＊观念

1. 自己当老板的人能成为百万富翁的概率，比工薪阶层的概率要大 4 倍。
2. 有了赚钱的机会，你自己最好当老板，开一家公司将是你成为百万富翁的起点。
3. 投资赚钱最重要的是观念，观念正确就会赢。
4. 不应把鸡蛋放在一个篮子里，除非你有亏不完的钱，否则就不要把所有的宝都押在一个地方。
5. 理性、科学地判断，选择好的投资项目是投资成败的关键一环，尤其是对于资本有限的中小投资者而言。
6. 你的投资开始得越早，你获得的回报就越多，也就越容易达到你的投资目标。

＊智慧

1. 如果你既无权势又无金钱，那就得运用谋略。

2. 商人可以没有资本，但不可以没有头脑；可以没有市场，但不可以没有韬略。
3. 一个人事业要成功，必须具备力量、胆量、肚量3个条件。
4. 有进有退，有所不为，也是生财之道。
5. 无论是在兵战中还是在商战中，后发制人都是以劣胜优、以弱胜强的良谋。
6. 流行之中创独行，众行之中求反行，未识之时求先识，都有之中寻空缺。

* 知识

1. 财富竞争归根到底是人才的竞争。而人才的竞争实质上又是知识和智能的竞争。金钱珠宝都是身外之物，只有知识才是世上最重要的东西。
2. 你有好的理念、好的思路，你就能迅速获得所需要的资源，财富就会滚滚而来。
3. 网络财富提醒我们：靠知识发财的时代已经迫在眉睫。
4. 今后大家都得靠知识致富，财富将属于拥有最前沿知识的人才。
5. 钱是一个数字，重要的是人的观念转变。许多人害怕风险，担心失败，不敢走出固有的生活，也就不会有收获。

三、创业的必备能力

能力是指人们顺利完成某种活动所必需的个性心理特征。能力一般包括一般能力和特殊能力。一般能力即智力，是指以思维能力为核心，包括观察力、记忆力、想象力和注意力等多种能力要素的有机结合。特殊能力也叫专业能力，如写作能力、绘画能力、市场营销能力等均属特殊能力。经营管理能力属于特殊能力，是保证创业获得成功的主要因素，包括开拓进取能力、善于学习能力、团结协作能力、创新能力、人际交往能力、把握商机能力等。

（一）开拓进取能力

永不满足、不断突破自我是创业者最基本的也是最核心的人格素质。强烈的进取心，既是创业能力、经营能力形成的基础，也是现代企业家综合素质构成的基本要素。远大空调有限公司总裁张跃曾说："我把多年来的经历和感悟归纳起来，得出一个结论，就是企业家素质应该包含以下内容：一高、二强、三多、四稳。一高是境界高；二强是欲望强、耐力强；三多是多才、多艺、多兴趣；四稳是原则稳固、方向稳当、作风稳健、情绪稳定。"具有极强的生存意识，胸怀必胜的信念，敢拼敢搏，奋勇向前，从而创造出自己所期望的价值，是创业者最为可贵的品质与能力。

（二）善于学习能力

知识经济时代，科学技术突飞猛进，企业环境复杂多变。在这样一个日新月异、难以把握的时代，创业者要想把工作做好，就必须具有好学的精神，善于学习。学习经营管理知识、科学技术知识，学习社会学、心理学、经济学等一系列相关学科。同时，还要善于从自己及别人的成功和失败中吸取经验教训。这样，才能跟得上时代的步伐，以系统的思路、全新的理念去经营好企业。

（三）团结协作能力

当前市场竞争激烈，自主创业"万事开头难"，创业者要处理的事情面广量多，仅靠一个人的力量很难有效地处理各类情况。因此，大学生在创业时可以联络几个有着共同理想的同学、师兄师姐，形成一股合力，共同面对挑战。优势互补的团队是自主创业的基础。有了优势互补的创业团队，既能有效进行技术创新与经济管理，又能保证创业团队形成最大的合力，从而在市场竞争中取胜，达到企业所追求的目标，推动企业向前发展，取得创业成功。

另外，员工的职业素养和向心力如何，也是企业成长的关键。有的大学生创业者常常抱怨自己创业团队的员工流动性高、学习意愿不强、工作态度不积极等，这其中很有可能是管理出了问题。要避免这些状况，即使只是三五人组成的小公司，老板也应将员工的招募、训练与管理视为最重要的任务，而员工应征进来后，老板也应至少花1~2周进行训练，从旁辅导再逐渐放手，让员工走上一线岗位。同时也可制订一套工作章程，确定员工的权利义务，将福利、升迁、分红、奖惩制度等说明清楚，这样做有助于降低员工的流动率，并提升公司对客户的服务品质。

（四）创新能力

创新能力是知识经济时代保证企业可持续发展的源泉之一。创业者只有保持不断创新，才能使企业在未来市场竞争中占有一席之地。这种创新的具体要求如下。

（1）能及时适应市场变化，调整经营方向，不断推出能满足消费者潜在需求的新产品、新服务项目，使企业在竞争中处于领先地位。

（2）能动员全体员工积极创新，做员工创新的倡导者、激励者、协调者和组织者。

（3）能将观念创新和理论创新体现在企业组织及管理领域内，以形成一种创新的组织文化，推动企业的全面创新。

（五）人际交往能力

妥善处理人与人之间的关系，并与他人和谐共处、共同发展。生活和工作中需要与许多人交往，这就难免发生矛盾。大学生只有具备人际交往能力，善于处理各种人际关系，才能在工作中充分施展自己的才能。在人际交往中，要以我们民族善良、诚实的传统美德来善待他人，"将心换心""以诚相待"，学会尊重他人，要换位思考，多为他人设身处地着想，这样才能得到他人尊重；要学会既能做大事，又能做小事的本领，学会处理具体问题时既坚持原则又不失灵活。

（六）把握商机能力

什么是商机？能够满足一种需要或是能够增加满足的需要，都可能是商机，它只会在某一个特定的阶段出现，稍纵即逝。那么，大学生在创业时应如何把握商机呢？把握商机需要独具慧眼，即看到事物表象之下潜在的需求或市场。

> **相关链接**
>
> 创业宝典之如何把握商机
>
> 某大学生在帮朋友买书的时候，王府井书店科技图书的热销给他留下深刻的印象。
>
> 经过简单的市场调查，他发现科技书店在家乡是片空白，于是开始自己创业。但书店开起来之后并不像他想的那样火爆，他再次来到王府井书店进行详细的调查，回去后调整

了经营思路。通过吸引农民来买书和政府组织的送书下乡活动，他发现农村市场的广阔，现在他的科技书店办得红红火火。

这是个很典型的把握商机的案例：买书的时候观察，其实就是在做市场调查；再后来举办送书下乡活动，就是市场测试；看农民买什么书，是在进行市场细分。这是一个完整的市场调研、市场分析、市场策划的过程。企业本身是一个生命体，它需要不断地培植、成长，不是抓住一个机会就能使一个企业不断地繁荣，而是不断地在经营过程中发现一些新的商机，才能给企业不断地带来新的增长点、引爆点。

把握商机贵在争分夺秒。拿破仑有句名言："我的军队之所以打胜仗，就是因为比敌人早到5分钟。"打仗是这样，商战也是如此。创业中抢得先机，获胜的筹码就会增加很多。

SARS流行期间，不少药店的体温计脱销。某卫校毕业的学生张某发觉这就是一个绝好的商业机会，于是立即寻找体温计的进货渠道。在到处找不到现成货源的情况下，他在网上查资料时得到启发，利用"体温计""厂家""供货"等复合搜索方法，轻松查到了某仪器厂有体温计现货出售的信息。经过几番联系，加上利用快速的网上汇款功能，仅仅四天便拿到了16000只普通水银体温计和1000支电子体温计，净赚2万元，当别人纷纷效仿他时，体温计在当地市场却已基本饱和。而尝到利用信息技术快速寻找商机甜头的小张看到SARS过后，人们的健康观念转变很大，各大读书网站上健康类书籍一度名列畅销书排行榜前列，于是利用刚刚赚到的2万元申办了一家健康与教育畅销书销售网站，专门销售人们喜欢看的健康类书籍，以及教育书籍和学生模拟试卷。高考和中考前夕还和有关学校的局域网进行了一项"浏览教育畅销书销售网，免上网费"的营销活动，几天的时间净赚3万多元。

商海中有人挣钱，有人赔钱，创业难、赚钱难是多数人的体会。小张成功的例子告诉我们，步别人的后尘很难挣到大钱，提高赚钱的能力，利用现代化信息载体抓住"比别人早到5分钟"的商机，才能在激烈的商战中稳操胜券。

资料来源：(伍祥伦等主编的《大学生就业指导与创新创业教育》)

四、创业必备的心理素质

现代社会市场竞争日益加剧，创业者面临的各种挑战越来越多，这就要求创业者有较强的心理素质，成功的创业者一般具备如自信独立、富有挑战精神、富有责任感、善于团结协作、勇于承担风险等心理素质。大学生在校期间需要主动与辅导员、各科任课老师进行沟通，锻炼自己的心理承受能力，也可以通过心理辅助、采取心理测评等手段来考查自己的心理素质，以便有针对性地进行培养。

（一）创业意识

创业意识是人对客观世界的创业活动自觉、能动的反映。人的创业意识表现出来的胜任特征有：正确的自我评价、自信、自我控制、值得信赖、良知、适应力、成就驱动力、承诺、建立关系、合作、团队能力。其表现出来的敏锐性特征有：察觉情感、主动、乐观、了解他人、服务导向、协助别人发展、善用多元投资、政治敏感、影响力。创业意识包括企业家意识、创新意识、独立意识、风险意识和问题意识等。

（二）创业思维

创业思维指创什么业和怎样创业，其基本表现形态实际上是一种最原初的、带有表象性的创业成果。对于创业思维而言，知识的储备是极其重要的，知识既是创业思维的必要前提，又是创业思维的制约因素，借助必要的知识储备，而面对无穷多的创业思维对象时，就能够把无穷变成有穷，把有穷变成创业的方向。

（三）创业志趣

创业志趣是在创业意识和创业思想活动中，由创业兴趣、创业乐趣升华而来的，是人们从事创业实践活动的重要动力。在教育教学改革过程中，大学生应当不断激发创业志趣，使自己的思维方式和行为方式在创业方向上形成一种定格。

（四）创业人格

创业人格属于创业心理的价值范畴，是个体从事创业活动所应具备的动机以及由此引申出来的心理活动和特殊品格，是活生生的人的内在和外观的各种稳定的心理特征整合而成的独特的整体。

从内涵与外延相结合的角度看，创业人格的特征主要包括：对事物的好奇心、忍受模糊的准备、成就动机和抱负水平、敢冒风险、自信、精力集中、自我激励与调适、合作意愿。这八个方面相辅相成，都是创业人格的基本构成要素。

相关链接

创业宝典之如何增强你的自信力

某日，一个士兵骑马给拿破仑送信，由于马跑的速度太快，在到达目的地之前猛摔了一跤，那马就此一命呜呼。拿破仑接到信后，立即写封回信，交给那个士兵，吩咐士兵骑自己的马，迅速把回信送去。那个士兵看到那匹强壮的骏马，身上装饰得无比华丽，便对拿破仑说："不，将军，我这一个平庸的士兵，实在不配骑这匹骏马的。"拿破仑回答道："世上没有一样东西，是法兰西士兵所不配享有的。"

创业心理是由现实的创业意识、创业思维、创业志趣和创业人格升华而成的一种精神境界，并高度浓缩成对创业实践的反思、检讨和批判。

创业精神应由胆、识、行三个方面的内容构成。"胆"，即胆略勇气，就是不怕危险，不怕困难，敢于奋起的气魄。"识"，即远见卓识，就是对社会需求、社会发展规律的敏锐感受和准确理解。"行"，即积极行动，艰苦奋斗。

胆、识、行三者的关系是共同依存，缺一不可的。

【思考与讨论】
1. 你认为一位优秀的创业者需要具备哪些方面的心理素质？
2. 你具备哪些创业方面的知识储备？
3. 谈谈创业能力准备对于成功创业的意义。

大学生职业生涯规划与就业创业指导

第二节　大学生创业意识与能力培养

在社会体制转型和全球教育变革的大背景之下，当代中国的教育正面临着市场化、全球化、信息化等诸多的挑战。在整个教育体制中，就业是教育质量的导向，决定着高等教育发展的方向。近年来，随着就业形势的日益严峻，大学生就业难的问题引起了各方关注。因此，党的十八大明确提出，要加大创新创业人才培养支持力度。习近平总书记多次做出重要指示，要求加快教育体制改革，注重培养学生创新精神，造就规模宏大、富有创新精神、敢于承担风险的创新创业人才队伍。大学生创业教育已经构成高等教育系统工程中的重要组成部分。

一、大学生重在树立创业意识

创业意识是指一个人根据社会和个体发展的需要所引发的创业动机、创业意向或创业愿望。创业意识是人们从事创业活动的出发点与内驱力，是创业思维和创业行为的前提。需要和冲动构成创业意识的基本要素。创业意识是创业的先导，它构成创业者的创业动力，由创业需要、动机、意志、志愿、抱负、信念、价值观、世界观等组成，是人进行创业活动的能动性源泉，正是它激励着人以某种方式进行活动，向自己提出的目标前进，并力图达到和实现它。

鼓励大学生自主创业，既能解决自身就业难的问题，还能为社会拓展就业渠道，更重要的是能满足大学生自我实现的需要。因此，现代大学生应强化创业意识，主动适应社会与时代发展的现实需要。

（一）大学生创业意识的现状

美国的大学生创业热潮始于1983年美国得克萨斯州立大学奥斯汀分校的两位MBA学生举办的第一届商业计划大赛，从此美国许多高校都开始举办自己的创业计划大赛。创业大赛为美国的经济发展做出了不可忽视的贡献。据不完全统计，美国最优秀的50家高新技术公司有46%出于麻省理工学院的创业计划大赛。

我国大学生创业大潮来得较迟。1998年9月，清华大学举行中国首届大学生创业计划大赛，迈出了我国大学生创业探索的步伐。1999年3月，清华大学学生科技创业者协会举办了第二届创业大赛，这次大赛诞生了一些学生公司。2000年4月，教育部为鼓励大学生创业出台了一项政策：大学生、研究生可以休学、保留学籍，创办高新技术企业。清华大学专门为学生创业开辟了清华创业园，复旦大学专门拨出100万元用于资助大学生创业，并与张江高科技园区合作为学生设立了1000万元的创业基金。之后，全国一些高校也先后组织了自己的创业大赛。

中国大学生创业优势明显。首先，年龄优势被大众看作大学生在创业道路上最强有力的基石；其次，知识经济时代为拥有"知识"的大学生提供了广阔的创业舞台；再次，大学生创业者文化水平较高，他们大多善于自主学习和分析领悟，也能较快接受新鲜事物；最后，国家与各级政府为大学生创业提供贷款优惠、税收减免、法律保护等支持，极大地保障了大学生创业者的权益。"政策优势"是大学生创业的大优势，但总体来说，我国大学生大多数仍缺乏创业意识、缺乏风险和竞争的市场意识、高校创业教育滞后、创业教育师资缺乏、创业实践条件严重不足、政府对大学生创业的资金和政策扶持不够。

（二）重在树立创业意识

每个人都有创业意识这种潜质，这种潜质是隐性的，需要我们去唤醒。

1. 自主创业意识

作为一个创业者，必须有自主观念。任何创业者都必须坚信不是命运主宰自己，而是自己主宰命运，都能够自己选择自己的道路，对自己的行为负责，这就是创业者的意识。不安于现状、不满足于已有的成绩，向着更新、更高的目标挺进，是树立自主创业意识的开始。勇于创新、敢冒风险、大胆进取、不怕艰险、坚定的必胜信念、锲而不舍的韧劲，都是自主创业不可缺少的精神意识。

2. 竞争意识

创业必然面临竞争。大学生创业只有树立竞争意识，才能在现代社会竞争中立于不败之地。满足于比上不足，比下有余，是无法创业的。竞争使创业者变得精明强干，使创业者寻求新的答案，使创业者不至于沾沾自喜并自以为无所不能。

3. 拼搏意识

凡是称得上伟大、壮丽的事业，都是在经过一番艰苦卓绝的拼搏之后才得以成功的；同样，安逸、懒惰和舒适，造就不出令人敬佩的成功者。勤劳致富、守法致富光荣，是创业意识所倡导的社会风尚。那些敢于向命运挑战，敢于向艰苦恶劣的条件抗争，用自己的智慧和勤劳的双手创造美好生活的创业者，应该受到全社会的尊敬和赞扬。可以肯定，当自主创业意识在我们的社会生活中形成浓厚氛围的时候，离实现振兴目标的日子也就不远了。

4. 风险意识

俗话说："一分风险，一分财富。"风险意识是中国企业在国际接轨中应着重增强的一种现代经营意识，也是创业者急需培养和增强的一种重要的创业意识。创业是充满风险的。大学生创业者对可能出现和遇到的风险准备和认识不足，是我国当前群体创业活动中的一个普遍现象。这种创业风险意识的缺位，突出表现在以下4个方面：在心理准备上，表现为对创业可能出现和可能遇到的困难准备不足；在决策上，表现为不敢决策，盲目决策，随意决策；在管理上，表现为不抓管理，无序管理，不敢管理；在经营上，表现为盲目进入市场，随意接触客户，轻率签订商务合同。这种没有风险经营意识的做法，恰恰是创业者无正确风险经营意识的典型表现。正确的做法是要从害怕风险、不敢迈步之中解放出来，敢于到市场经济的大潮中劈风斩浪，在商海的历练和锻打中学会规避风险，化解风险，使自己成熟起来，成为商海的精英和栋梁。

5. 开拓意识

传统的应试教育只注重传统知识和应试技巧，而忽视了学生创新能力的培养。大学生为了应试而学习，抑制了开拓创新意识的形成。杨振宁教授曾指出："美国的教育比较重视启发式，中国的教育比较重视灌输式。"这种灌输式教学虽然较好地开发了人们的记忆力，但它却忽视了人的观察力、想象力和思维能力的发展，从而导致学生开拓创新意识不强。

创业是一个发现和捕获机会并由此创造出新颖的产品或服务并实现其潜在价值的过程。创业的两个核心概念是新颖和价值。创业的前提就是要创造出新颖的产品或服务，就是要开拓创新，最主要的是培养大学生的开拓创新意识。因此，大学生要树立终身教育和素质教育的观念，加强通识学习，注重文理交叉，拓宽知识面。同时，要积极参加实践课程学习、劳动实践和科技文化服务活动，提高创新能力和实际动手能力。

6. 合作意识

所谓合作，是指社会活动中，人与人、群体与群体之间为了达到互动各方都有某种益处的共同目标而彼此相互配合的一种联合行动。合作在科学研究领域已经成为一种趋势。美国社会学家哈里特·朱克曼对1901—1972年的286位诺贝尔奖获得者的统计发现，与别人合作研究的有185人。在诺贝尔奖设立的第一个25年，合作比例是41%，在第二个25年，合作比例是65%，在第三个25年，合作比例是79%。同样在创业领域，合作具有十分重要的意义。有的创业者个人很有能力，但是不善于将自己的能力转换为外化组织能力，结果整个运作就变成创业者个人的"独角戏"，创业者不得不独自支撑整个企业的运转，企业的其他人员爱莫能助，缺少的就是合作和团队精神。学会合作是21世纪人才的必备素质。美国哈佛大学心理学教授乔治·郝华斯博士多年的研究表明，一个人事业的成败在于人品的优劣。"与同事真诚合作"是成功的九大要素之一，而"言行孤僻，不善与人合作"排在失败的九大要素之首。为此，培养大学生的合作意识应渗透到大学教育的方方面面，从校园文化活动到社会实践，甚至可以开设专门团队训练课程。

7. 法律意识

法律意识是创业者关于法的各种现象的感知、情绪和意志的总和，包括创业者对法律规范和法律行为的把握、评价与态度，也表现为创业者对法律现象的理解和认识。创业者增强法律意识，不仅可以使自己的企业合乎市场经济规律，合法经营健康发展，减少不必要的权益纠纷，而且能运用法律知识得到法律保护。

创业教育要重在创业意识的培养、创业动机的确立和创业心理品质的养成，使大学生形成正确的创业思想，具有创业的胆量、勇气和创新精神，自主创业。

二、大学生创业能力的培养

面对日趋严峻的就业形势，在大学生中开展创业教育，树立大学生正确的职业理想和择业观念，开发创造性思维，提高综合素质和创业能力，对于大学生参与社会竞争，具有很强的现实意义。高校毕业生大多在20～25岁之间，这个年龄的人具有强烈的求知欲和好奇心，他们要独立地、有主见地处理自己的事情，依赖父母的心理逐渐消失，社会责任感和道德感明显增强，同时又处在人生重大转折和突变时期，有很大的可塑性，是开发潜力、发展创造力的最佳时期。

（一）创业能力的内涵

创业能力的内容可分为专业能力和社会能力。

1. 创业专业能力

专业能力是指从事某一领域的创业活动所需要的专业知识应用能力，主要包括：创业相关的管理、财务、营销等相关知识的自主学习能力、操作能力、经营管理能力、信息处理的能力、推理总结的能力、反省创新的能力等。

2. 创业社会能力

创业社会能力是指在社会中充当某一创业角色时所具备的活动能力，包括观察能力、捕捉机会的能力、表达能力、组建团队的能力、组织协调的能力、决策应变的能力、适应环境的能力、心理承受的能力、求新求变的能力等。

（二）创业能力的特性

创业能力是个体具备的创业素质的中心结构，它直接影响着个体创业实践活动的效能。它作为能力的一种，当然具备能力的一般内涵，也是以治理为核心的，直接影响活动效率的个体心理特征。但它又有自己的独特性。

创业能力是在创业者个体心理主导下形成并发挥作用的一种操作系统。

创业能力是一种以智力为核心的较高层面的综合能力。

创业能力是一种运用创造性思维求新、求变、求异的探索能力。

创造能力有很强的社会实践性。

（三）创业能力的特征

1. 创业能力的启动，源于创业意识的驱动性

创业意识是个体创业的动力机制，它在相当程度上决定着一个人是否敢投身于创业实践活动，支配着人们对创业实践活动的态度和行为，规定着态度和行为的方向和强度，而这些又直接关系着创业能力的形成。

2. 创业能力的作用，受创业心理的调节性影响

有十种心理品质创业者应特别注意：独立性、敢为性、克制性、合作性、周密性、外向性、适应性、坚韧性、道德感、义务感。

3. 创业能力的运作，有赖于创业知识的整合性

创业知识包括三个方面：专业知识、经营与管理知识、综合知识。尤其是有关与社会发生关系、处理社会实际问题的技能技巧的综合性知识，对创业能力的作用是至关重要的。

4. 创业能力的外化表现，体现为创业计划的可操作性

创业计划是个体创业基本要素的外显和创业能力外化的存在。其可操作程度既是创业能力与任意性行为的体现，也是衡量创业能力水平高低的量化尺度。

（四）创业能力的形成

1. 调控机制——培养良好的创业心理品质

（1）独立性。著名的思想家马斯洛认为"有创造性的人是属于自我实现的人"。一个能够实现自我的人具有极强的独立性，他敢于展现自我，实现自己的想法。

（2）进取性。进取可以看作是主动积极性的持续，有胆识、有魄力的人喜欢用自己的头脑去思考，而且勇于去追求自己梦想的人。

（3）求异性。创业者具有极强的求异追求，是其积极进取、蓬勃向上、富有生命力的源泉。

（4）敢为性。有人形象地把商场比作战场，商业就是商战。战场是很残酷的，短兵相接时，只有那些具有敢为性、勇往直前的人才能胜利，才能成功。

（5）坚韧性。创业的道路上既有成功，也有失败，无论是面对成功还是失败，创业者都要充分发挥坚忍不拔的品质，凭顽强的毅力去承受失败的打击。

2. 能源机制——构建立体化创业知识结构

知识本身是个体创业基本素质的重要组成部分，美国管理学专家彼得·德鲁克认为："在现代经济中知识正成为真正的资本与重要的财富。"这在一定程度上反映了现代知识经济的特点。

3. 整合机制——通过创业活动形成创业能力

无论是树立创业意识，培养创业心理品质，还是系统构建创业知识网络，都要通过创业活动这一过程才能整合提升自身的创业能力。

（五）如何捕捉创业机会

创业难，发掘创业机会更难。有一些人将创意点子的产生，归因于机缘凑巧，所谓"无心插柳柳成荫"。不过，研究创意的专家认为，创意只是冰山的一角，没有平日的用心耕耘，机缘也不会如此凑巧。所谓的机缘凑巧或第六感的直觉，主要还是因为创业者在平日培养出的侦探环境变化的敏锐观察力。

发掘创业机会（表9-1）的方式，大致可归纳为以下七种。

表9-1　过去50年中几个大趋势和因此带来的创业机会

趋势	创业机会
婴儿潮	纸尿裤、玩具、儿童服装、幼儿教育
个人云计算	互联网、电子出版物、电子通信技术
肥胖人士增多	减肥行业的兴起、健身俱乐部、健康食品
双薪家庭	儿童托管教育、家政服务业
亚健康人群增加	健康保健食品、健康设施建设、健康娱乐产品、心理咨询
空巢老人	心理咨询、养老产业

（资料来源：孙洪义. 创新创业基础［M］. 北京：机械工业出版社，2016.）

1. 由分析特殊事件来发掘创业机会

例如，美国一家高炉炼钢厂因为资金不足，不得不购置一座迷你型钢炉，而后竟然出现后者的获利率要高于前者的意外结果。再经分析，才发现美国钢品市场结构已产生变化，因此，这家钢厂就将往后的投资重点放在能快速反应市场需求的迷你炼钢技术上。

2. 由分析矛盾现象来发掘创业机会

例如，金融机构提供的服务与产品大多只针对专业投资大户，但占有市场七成资金的一般投资大众未受到应有的重视。这样的矛盾，显示提供一般大众投资服务的产品市场必将极具潜力。

3. 由分析作业程序来发掘创业机会

例如，在全球生产与运筹体系流程中，就可以发掘极多的信息服务与软件开发的创业机会。

4. 由分析产业与市场结构变迁的趋势来发掘创业机会

例如，在国营事业民营化与公共部门产业开放市场自由竞争的趋势中，我们可以在交通、电信、能源产业中发掘极多的创业机会。在政府刚推出的知识经济方案中，也可以寻得许多新的创业机会。

5. 由分析人口统计资料的变化趋势来发掘创业机会

例如，单亲家庭快速增加、妇女就业的风潮、老龄化社会的现象、教育程度的变化、青少年国际观的扩展……这些必然提供许多新的市场机会。

6. 由价值观与认知的变化来发掘创业机会

例如，人们对于饮食需求、生活品质、生活方式认知的改变，造就了美食市场、健康食品市场、移动终端市场等新兴行业。

7. 由新知识的产生来发掘创业机会

例如，当人类基因图像获得完全解决，可以预期必然在生物科技与医疗服务等领域带来很多的新事业机会。

思考与活动

1. 列举创业者和职业经理人的异同。
2. 从今天开始养成每周或每天记录三个问题的习惯，并从问题中寻找创业机会。
3. 小手印游戏。游戏规则：（1）每一位学生在 A4 空白纸上画上自己的一个手印。（2）写出你认为最需要的五种创业能力。（3）按照重要性来排序。（4）说明其理由。

第三节　大学生创业流程

一、确定目标

管理大师彼得·德鲁克说："企业的目的是创造和留住顾客。"这句话道出了创业的关键——找到你的顾客。有了顾客，才会有收入，才会有利润，这是企业生存的必要条件。

但是，这个世界上的产品和服务种类繁多，同一个产品也往往有不同的商业模式，到底应该从哪里下手呢？

(一)灵感激发——创意

一个好的创业项目,常常来自一个简单的创意。但机会的来临,往往是有方向可循的(图9-1)。

1. 关注环境变化

变化就意味着机会。环境的变化,包括宏观环境、微观环境的变化,这些因素将会给各行各业带来良机,人们透过这些变化,就会发现新的前景。例如,随着经济条件的改善,人们需要越来越多的职业教育培训、家政服务、研学旅游等产品和服务,这些领域的创业机会就将越来越多。

2. 关注"低技术"行业

低技术行业往往盈利模式十分成熟,也十分清晰,尤其适合没有什么技术储备的创业。像餐饮、旅游、住宿、家政、培训、快递等行业,并没有太多的技术含量,社会对其的需求却相当稳定。这些行业里有着大量的创业机会。

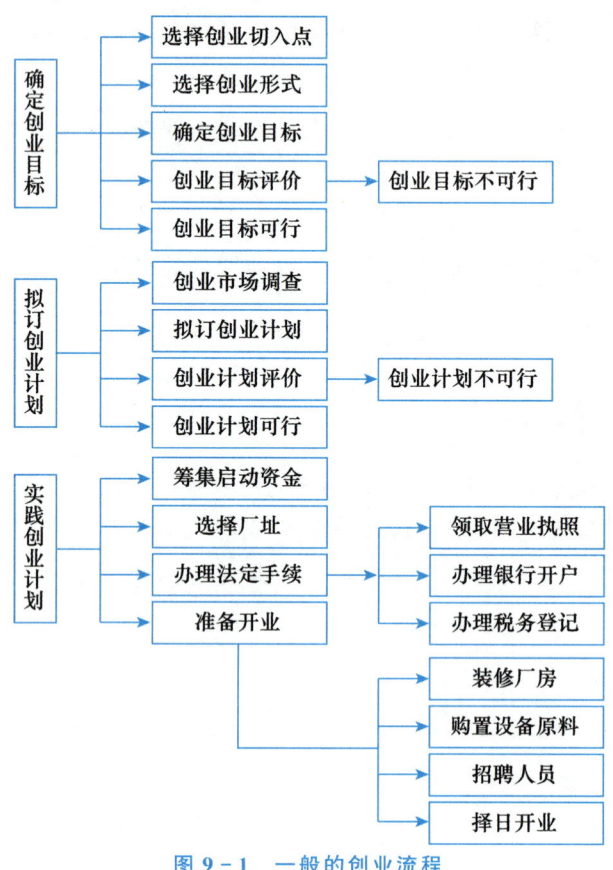

图 9-1 一般的创业流程

(资料来源:伍祥伦,等.大学生就业指导与创新创业教育[M].北京:科学出版社,2017.)

3. 在细分市场上找机会

共同的需要容易认识,基本上已很难再找到突破口。而实际上每个人的需求都是有差异的，如果我们时常关注某些人的日常生活和工作，就会在细分市场中发现机会。在寻找机会时，应将顾客分类，如政府职员、菜农、大学教师、小学生、退休职工等，认真研究各类人员的需求特点。

4. 着眼于那些"未被满足的需求"和"没有被很好满足的需求"

生活中会遇到很多苦恼，这是因为需要的服务或产品没有人提供，或者提供的产品不能完全满足需求。如果有人能提供解决的办法，实际上就是找到了商机。例如，双职工家庭，没有时间照顾小孩，于是有了家庭托儿所；没有时间买菜，就产生了送菜公司。

5. 需求还可以创造

没有电脑，就没有人们对电脑的需求。新技术和新产品在不断创造出新的需求，这也是经济发展的一大动力。如果我们有好的发明、技术，或者一个新的服务的创意，好好加以利用，就有机会开辟一个新领域。

（二）明确创业目标

有了创意，不要着急去做，要耐心地花费一点时间将想做的事情考虑清楚，这就是明确创业目标。在明确创业目标时，需要回答以下几个问题。

（1）你将经营什么？这不是容易回答的问题。回答该问题的方法多种多样：产品定义列出你提供的产品或服务；技术定义强调你的技术能力；市场定义按你当前和潜在的顾客限定你的经营；概念性定义使人们能判断你经营的是什么，以及怎样使它成为什么。

（2）你的经营理念是什么？这是你生产、经营的基本哲理和观念。

（3）你的产品和服务是什么？你的经营基于你销售的产品。

（4）你的顾客是谁？你当前的顾客基础和你选择要服务的目标市场能进一步帮助你确定经营定义。

（5）顾客为什么从我们这里买？每一种经营都有很多的竞争者，因此，你的顾客和潜在顾客对产品和服务有广泛的选择余地。

（6）是什么使我们的企业同我们的竞争对手区别开来？什么是你不寻常的经营特色？按照你的市场眼光，如果你能把自己与竞争对手区分开来，就形成了强大的优势。

相关链接

下面的创业轮廓将帮助创业者明确自己的创业目标。

1．企业名称及建立的日期：

2．企业形式：

☐个体　　　　☐有限责任公司　　　　☐股份有限公司

3．企业的主要顾客：

☐个人　　　　☐团体　　　　☐公共机关　　　　☐其他（简述）

4．目前的产品和服务：

5．企业的五个最主要的竞争对手：

（1）_____

(2) _____
(3) _____
(4) _____
(5) _____

6. 可能的竞争来自：

(1) 其他公司

(2) 技术平台创新

(3) 行业人员

(4) 其他

7. 企业的竞争地位：

☐弱　　　　　☐较弱　　　　　☐平均水平　　　　　☐较强　　　　　☐强

8. 对企业的产品或服务的需要在递增/递减：

9. 企业可能引进的产品或服务：

10. 企业可能进入的市场：

11. 本企业的与众不同之处：

12. 当前企业最大的营销障碍：

13. 企业最大的营销机会：

14. 企业的总体经营目标和增长计划：

创业轮廓一旦明确，下一步就是写出任务陈述书。美国女童子军的前首脑弗兰西斯·海塞尔本对写出任务陈述书的理由有过精辟的论述："我们不断向自己提很简单的问题。我们的职责是什么？顾客是谁？顾客考虑的价值是什么？我们确实为了一个理由：帮助女孩儿发挥她的最高潜能……最要紧的是做出区别。因为当你清楚你的任务时，团体目标和运作目标会油然而生。"

根据填好的经营定义单，标出其中的关键词，把它们记在下列分类中你认为应该属于的那一类中，写出对你经营最重要的单一目标，再把结果简化成一两句话，这样，就能得到一份精确反映你经营目的的报告。

相关链接

下面是任务陈述书范例。

顾客：企业小老板。

产品或服务：税务与管理或咨询。

市场：本地（半径3千米内）。

经济目标：赚钱、利润、稳定的收入基础。

信念、价值和理想：独立，关心团体，要形成区别，创造好生活。

特殊能力：帮助企业小老板，使之总收入最大，保持低成本，运用信息。

对雇员的关心：提供合理的报酬与利益；使他们工作中有自由，尽量减少监督。

任务陈述：为本地企业小老板提供税务与管理咨询服务，帮助他们成长，为我们雇员提供有益的工作环境。

（三）创业项目分析

虽然你已经考虑和写下了你创办企业的构想，但是你还需要对它进行分析，进一步了解其可行性和风险。你需要知道它是否能使你的企业具有竞争力和盈利。我们知道企业以盈利为基本目的，企业要成功，首先，销售要成功，也就是说先要做好市场（外部因素）；其次，要控制成本（内部因素）。分析企业项目的一种方式是进行SWOT分析，先对其进行阐述。

1. 内部分析：优势与劣势

SWOT从观察内部的优势与劣势开始。优势是指你的企业的长处，如你的产品比竞争对手的好，你的店铺的位置非常有利，或你的员工的技术水平很高等。劣势是指你的企业的弱点，如你的产品比竞争对手贵，你没有足够的资金按自己的愿望做广告，或你无法像竞争对手那样提供综合性的系列服务等。在进行内部分析时，可以制作如表9-2所示的表格。

表9-2 内部分析：优势与劣势

因素	优势	劣势
获利能力		
销售与市场营销		
质量		
顾客服务		
生产力		
财力		
财务管理		
运行		
生产与分配		
员工的发展		
其他		

（资料来源：伍祥伦，等. 大学生就业指导与创新创业教育［M］. 北京：科学出版社，2017.）

2. 外部分析：机会与威胁

考察企业运行所处的外部环境。机会是指周边地区存在的对企业有利的因素，如你想制作的产品是否越来越流行；附近没有和你类似的商店。因为附近正在新建许多新的住宅小区，使得潜在顾客增加等。威胁是指周边地区存在的对你企业不利的因素，如在该地区有生产同样产品的其他企业，原材料上涨将导致你出售的商品价格上升，或者你不知道你的产品还能流行多久等。这些因素是你不可控制的，但如果知道它们将怎样影响你，你可以预先采取防备行动。可以制作如表9-3所示的分析表格。

表9-3 外部分析：机会与威胁

因素	机会	威胁
当前顾客		
潜在顾客		
竞争		
技术		
政治气候		
政府及管理机关		
法律		
经济环境		
其他		

（资料来源：伍祥伦，等. 大学生就业指导与创新创业教育［M］. 北京：科学出版社，2017.）

3. 风险分析及应对措施

任何一个营业中的企业每天都面临着一定的风险，小企业自然也不例外。风险可定义为损害、伤害或损失的机会。对于刚刚创业的小企业来说，这种损失相当严重。小企业虽然"船小好掉头"，但它由于"本小根基浅"，故只能"顺水"，不能"逆水"。因此，大学生在创办企业时应该充分预估各种可能的风险，并制订风险应对措施，把风险损失限制在企业所能承受的最小范围内。创业风险主要有以下几个方面。

（1）技术风险。

技术风险包括研制的产品原型能否变成合格成品，形成批量生产，产品的技术寿命是否会缩短，是否会提早退出市场，专门支持的配套技术是否成熟等。例如，美国的TRITIUM公司在风险资本的帮助下于1998年年初开始进军免费网络服务领域，采取类似网络零点公司的技术。但TRITIUM公司一时无法解决在技术上遇到的难题，即廉价宽带技术问题，在挣扎了半年之后，后劲不足，终于支撑不住，只好宣布无限期停业。

（2）管理风险。

我们创业的大学生大多是专业技术人员，他们在专业技术上各有特长，并对技术研发情有独钟，但他们对管理的细节不感兴趣，也不熟悉。因此，可能发生诸如决策风险、组织风险和生产风险等。建议学生们多找合作伙伴，取长补短，形成团队。另外，关键人员的流失也会给企业带来致命的危险。如你开办一家餐厅，那么餐厅生意好坏很大程度上取决于厨师的厨艺，因此，你应该想办法雇请厨艺好的师傅并长期留用他。

（3）市场风险。

市场风险包括新产品推出到被顾客完全接受的时间是否会拖得过长，市场接受力有多大，潜在进入者的竞争威胁等。企业可能由于生产成本高、缺乏强大的销售系统或新产品用户的转换成本过高而常常处于不利地位，严重的可能危及企业的生存。

(4) 外部环境变化所带来的风险。

外部环境包括国家的产业政策、经济发展趋势，这些都在随时发生变化，给企业经营带来一定的风险。另外，一些突发事件或自然灾害也会带来很大的风险。例如，美国发生的"911事件"，对中国的小型出口企业就带来了相当大的打击。在创业时应当多研究国家的产业政策，尽量避开那些政策限制性行业。经济条件允许的时候应当尽量为企业的财产购买保险，或加入一些资助性的组织，以降低突发事件带来的风险。

二、制订创业计划书

创业计划书是创业者计划创立业务的书面概要，用以描述与拟创办企业相关的内外部环境条件和要素特点，为业务的发展提供指示图和衡量业务进展情况的标准。俗话说"凡事预则立，不预则废""没有创业计划就无法融资"，这是被广泛证实的事实。在创业之初，当你征询潜在的投资者、向银行申请贷款、准备聘用高层管理人员、准备同某供应商建立长期合作关系时，对方一般会要求创业者提供创业计划。这个时候，创业者必须拿出事先准备好的创业计划，这样才能节省时间，提高效率，达到事半功倍的效果。

（一）创业计划书的编写原则

创业计划书也称商业计划书，是具体说明投资意向的书面文件。一份好的计划书必须充分展现创业者对于企业内外环境的熟悉程度及实现计划书的信心，必须包括所有重要的经营功能，对环境变化的假设与预测也必须一致，要做到这些，在编写计划书时要遵循以下几点原则。

（1）坚持以市场为导向。任何一个企业的利润都来自市场对产品与服务的需求，没有依据明确的市场需求分析所撰写的创业计划书必将是空洞的。因此，创业计划书必须坚持以市场为导向的观点来编写，通过市场调查充分显示创业者对于市场现状的掌握与未来发展预测的能力。

（2）展现竞争优势与投资利益。创业计划书不仅要将经营、管理方面的资料展现出来，而且要充分展示创业者所具备的竞争优势，同时还要明确指出投资者的利益所在，以及显示出创业者创造利润的强烈愿望。

（3）展现经营能力。创业计划书的"管理团队"部分要充分展示创业团队的经营能力与丰富的经验背景，并显示创业团队对于该产业、市场、产品、技术及未来运营策略已有的信心和对创业成功的把握。

（4）内部逻辑一致。创业计划书通篇都要做到前后基本假设或预测相互呼应，前后逻辑一致。例如，财务预测必须根据市场分析与技术分析所得到的结果而进行各种报表的规划，人员的配备也要依据经营规模的变化而变化。

（5）真实明确。创业计划书内的数字必须是通过调查而来的，不能凭空想象，尽量做到客观、真实。

创业者一般容易高估市场潜力或投资回报而低估经营成本和风险，创业者要尽量列出客观可供参考的数据与文献资料，明确指出企业的市场机会与竞争威胁，并要以具体的资料、数据作证。同时还要分析可能的解决危机的方法，此外，创业计划书要明确说明各种分析所采用的假设条件、财务预测方法与会计方法、市场需求分析所依据的调查方法与事实依据。

（6）完整性。创业计划书一般包括执行摘要、企业描述、市场营销、营运、管理、财务、主要风险、收获策略、项目进度表时间检查点、附录和参考资料十个方面的内容。但其内容、用词要以简单明了为原则，文字通畅、表达准确、排版规范、装帧整齐，对于非相关资料尽量不列出来。

（二）创业计划书的主要内容

一份完善的创业计划书，应该详细描述公司的目标、为实现目标将要采取的各项战略方针、公司的组织结构和公司运营需要的资金等。

（1）执行摘要。摘要是全部计划书的核心所在，是创业计划的精髓。摘要简要介绍了计划内容，将所有的信息置于不同的视角之下，总长度不能超过三页。摘要通常在整个商业计划完成后开始撰写，这样才能够将每一章节的特点部分包括到摘要中。由于摘要是人们阅读计划的第一步，甚至可能是阅读的唯一部分，因此它必须展现出整个计划的质量水平，必须是整个计划的完美缩影。

摘要部分的陈述内容要简单介绍企业自身、市场机会、财务需求、未来预测和企业相关的特殊研究或技术，要符合评估者或投资者的阅读习惯。如果这些信息阐述得不够简明、清楚、充分，或只是简单地总结该计划，读者也许会将整个计划置于一旁而并不给予资金。

（2）企业描述。首先，要确定具有特殊意义的企业名称（如家族名称或技术名称等）。其次，要通过企业现状和未来发展趋势来展现行业背景。再次，要详尽地阐述这个新创企业，预测其潜力。所有的重要方面都要加以定义并使其可理解，图表等材料也要包括在其中。最后，深入讨论这一新创企业在竞争中的潜在优势，包括专利、版权和商标，以及特殊技术和市场优势等。

（3）产品或服务介绍。这一部分应该包括基于市场的产品或服务的提出、新的产品或服务解决了消费者的何种需求或者填补了哪一部分市场的空缺、突出产品或服务的特色。比如服务类创业应陈述其服务的流程。科技类创业应向读者介绍新技术如何解决市场上现存的问题，带来何种便利。

（4）创业团队。赢得融资支持经常不是因为创意或市场，而是投资人认为创业团队为开发创意做了更充分的准备。创业团队通常包括企业创建者和关键管理人员。创业计划书应该提供每个创业团队成员的个人简介。个人简介应该显示出该成员为何能够胜任，为何能对企业成功做出特殊贡献。另外，打造一个优秀的团队，应该明确的是团队成员要互补，并且有能力、愿意承担多重责任。

（5）市场概况。一般而言，创业者需要先从宏观的大环境下展开思考：所提出的产品或服务的行业变革驱动因素有哪些？政治和社会环境因素是否会对创业者的产品或服务带来导向性的影响。基于这样的市场环境，再从微观的角度分析市场规模、市场增长速度、行业和产品在成长周期中所处的阶段、购买者的数量和规模、竞争对手的情况。

（6）商业模式。商业模式是商业计划书中一个十分重要的部分，也是投资者极为关注的部分。商业模式是用简要的语言来描述创业项目，从开始筹备、生产经营到盈利的一个完整的商业逻辑。其包括客户细分、价值主张、渠道通路、客户关系、收入来源、核心资源、关键业务、重要伙伴和成本结构。

（7）市场营销计划。营销计划是产品或服务到达用户的有效桥梁，是为了制订策略，能在未来控制和应对市场环境的变化，获得持续的客户和销售额。营销是一种战略性的思考，以创造力为中心，注重建立持续性的销售系统，关心用户需求和企业的可持续发展。营销计划主要包括产品构思及设想、市场调研、市场定位和用户选择、营销策略制订和销售预测。

（8）生产运营计划。生产运营是一个选择厂址、购买原材料、组织生产产品或服务的过程。无论是工业类还是创意类产品，创业者都应该从以下几个方面思考：新产品或服务的成本结构是怎么样的？如何保证产品或服务的质量？如何保证原材料或物料的供应？

（9）财务计划。创业计划书中的财务部分展示了这项事业的潜在活力。在这一部分，有三种基本财务报表需要呈现：预计资产负债表、利润表和现金流量表。

①预计资产负债表是依据当前的实际资产负债表和全面预算中的其他预算所提供的资料编制而成的，反映企业预算期末财务状况的总括性预算。预计资产负债表可以为企业管理部门提供会计期末企业预期财务状况的信息，它有助于管理部门预测未来期间的经营状况，并采取适当的改进措施。预计利润表是以货币为单位，全面综合地表现预算期内经营成果的利润计划。该表既可以按季编制，也可以按年编制，是全面预算的综合体现。它是利用本期期初资产负债表，根据销售、生产、资本等预算的有关数据加以调整编制的。编制预计资产负债表的目的在于判断预算反映的财务状况的稳定性和流动性。如果通过预计资产负债表的分析，发现某些财务比率不佳，必要时可修改有关预算，以改善财务状况。

②利润表是反映企业一定会计期间（如月度、季度、半年度或年度）生产经营成果的会计报表。企业一定会计期间的经营成果既可能表现为盈利，也可能表现为亏损，因此，利润表也被称为损益表。它全面揭示了企业在某一特定时期实现的各种收入、发生的各种费用、成本或支出，以及企业实现的利润或发生的亏损情况。利润表是根据"收入－费用＝利润"的基本关系来编制的，其具体内容取决于收入、费用、利润等会计要素及其内容，利润表项目是收入、费用和利润要素内容的具体体现。从反映企业经营资金运作的角度看，它是一种反映企业经营资金动态表现的报表，主要提供有关企业经营成果方面的信息，属于动态会计报表。

③现金流量表是反映一定时期内（如月度、季度或年度）企业经营活动、投资活动和筹资活动对其现金及现金等价物所产生影响的财务报表。这份报告显示资产负债表及损益表如何影响现金和等同现金，以及根据公司的经营、投资和融资角度做出分析。作为一个分析的工具，现金流量表的主要作用是决定公司短期生存能力，特别是缴付账单的能力。现金流量表是反映一家公司在一定时期现金流入和现金流出动态状况的报表。其组成内容与资产负债表和损益表相一致。通过现金流量表，可以概括反映经营活动、投资活动和筹资活动对企业现金流入流出的影响，对于评价企业的实现利润、财务状况及财务管理，能比传统的损益表提供更好的基础。

（10）公司管理。投资者在对创业计划书进行风险评估时，公司的性质、管理制度、组织机构、股权划分、薪酬体系都会影响其判断。创业者在撰写这个部分的时候，不仅仅需要包括公司成立相关的所有要素的介绍，如公司的组织结构、各部门的功能和职责范围、各部门的负责人及主要成员、公司的薪酬体系等，而且要使投资者相信创业者具备良好的领导能力，能够保障组织的良好运转。

（11）风险预测及应对。创业者在创业开始阶段会对要承担的风险和可能获得的利益进行评估，只有面对的风险是他们所能够承担的时候，他们才会投入到创业实践中来。

风险应对是创业者在风险评估的基础上，选择最佳的风险管理技术，采取及时有效的方法进行防范和控制，用最经济合理的方法来综合处理风险，以实现最大安全保障的一种科学管理方法。常用的风险应对方法有风险避免、风险自留、风险预防、风险抑制和风险转嫁等。

（12）项目进度表时间检查点。在制订项目进度计划时，在进度时间表上设立一些重要的时间检查点，这样一来，就可以在项目执行过程中利用这些重要的时间检查点来对项目的进程进行检查和控制。这些重要的时间检查点被称作项目进度表时间检查点。

这种方法在管理层中用得最多，主要是列出项目的关键节点及这些节点完成或开始的日期。编制进度以前，根据项目特点编制项目进度表时间检查点，并以该项目进度作为编制项目进行计划的依据。编制进度计划后，根据项目特点及进度计划项目进度表时间检查点，并以此作为项目进度计划的主要依据。项目进度一般是项目中完成阶段性工作的标志，标志着上一个阶段结束、下一个阶段开始，将一个过程性的任务用一个结论性的标志来描述，明确任务的起止点。一系列的起止点就构成了引导整个项目进展的项目进度表。

（13）资本退出。投资者都对风险收益格外关心。在撰写创业计划书时，创业者应该提供资本退出方案，也就是说创业者需要呈现给投资者，在什么时候他们的投资将退出，并且届时能获得回报。资本退出的形式有首次公开上市（IPO）退出、并购退出、回购退出和清算退出。

（4）附录和参考资料。创业计划书的最后一部分并不是强制要求的，但这一部分可以展示一些不适合编入计划主体部分的内容，包括图表、蓝图、财务数据、管理团队成员简历，以及其他任何部分的支撑材料。具体编写哪些内容的决定权在企业家手中，但是，所有的内容都必须与材料相关或支持其他材料。

三、实践创业计划

确定好了创业目标，经过了先期的论证评估分析，制订了创业计划书之后，创业者就可以着手创建企业了。

创办新企业要注册登记，如同增加人口办理户口一样。根据我国的法律规定，新办企业必须经工商行政管理部门核准登记颁发营业执照，并获得有关部门颁发的经营许可证，如卫生许可证、环保许可证、特种行业许可证等。企业只有领取了营业执照，才算有了"正式户口"般的合法身份，才可以正式开展各项法定的经营业务。

（一）管理企业

1. 企业战略管理

企业为了适应未来环境的变化，把战略的思想和理论应用到企业管理当中，寻求长期生存和稳定发展而制订的总体性和长远性的谋划，就是企业经营战略管理。

一般来讲，企业战略管理包含四个关键要素：

（1）战略分析，即了解组织所处的环境和相对竞争地位。

（2）战略选择，即进行战略制订、评价和选择。

（3）战略实施，即采取措施发挥战略作用。

（4）战略评价和调整，即检验战略的有效性和可控可操作性。

2. 企业组织管理

随着中国经济走向历史发展的快车道，市场竞争形势发生了重大变化，其中很重要的一方面，就是企业的成长发展不再是依赖个人的力量，而是依靠团队和组织的力量。而团队组织力量的形成，除战略规划、目标设置、计划编制方面的要素外，建立科学严谨的企业组织管理体系应是企业长期不变的信条。

3. 人力资源管理

遍布世界各地的著名快餐店麦当劳是一个靠人才起家的典型连锁企业。除麦氏兄弟外，克罗克等人对企业发展也起到了举足轻重的作用。加强人力资源管理，对创业成功具有重要意义。

人力资源管理涉及以下主要内容。

（1）人力资源规划。通过对人力需求和供给的预测，制订人员计划、晋升计划、人员配置与调整计划、培训开发计划和报酬计划等。规划的原则一般有三个：①尽可能少用人；②因事设人；③长远打算。

（2）人员招聘。首先，确定用人标准，以便迅速、准确、有效地招聘、选拔和录用符合工作需求的合格人员。其次，着手招聘事宜，可通过笔试、面试或具体操作等途径，来招揽自己所需要的人才。不过，值得注意的是，创业者必须注意招聘的道德和规范，坦诚地对待每一位应聘人，以此来换取竞聘者的信任，使新招聘到的员工能与自己长期合作。

（3）绩效评价。绩效评价是对员工一段时间内的工作表现和工作业绩做出评价的过程。它是人力资源管理中很重要的一环，与员工的挑选、培训、职务升降、工资报酬等有着密切的联系。作为创业者，在对员工进行绩效评价时，应注重三大原则：①建立绩效标准；②公正、公开评价；③及时反馈评价结果。

（4）薪酬管理。创业者应明确创业组织各项工作所需的技能、学历和工作的难易程度等，从而判断承担每项工作的员工的相对价值，以此作为薪酬管理的依据，制订公平、合理的薪酬政策。要根据绩效评价的结果，并运用合理的福利、晋升及其他激励机制，使员工变得更有积极性和创造性。

（5）协调劳动关系。运用各种手段，对管理者与被管理者、员工与雇主、员工与员工之间的关系进行协调，避免不必要的矛盾和纠纷；按照国家法律法规要求，维护员工的各种合法权益不受侵犯，保证相关劳动法规在组织里的正确实施。

（6）培训与开发。通过分析，明确从事组织中某项工作所需的技能、知识和素质等，依据这些条件和要求制订员工的培训计划，有针对性地设计和安排培训内容与方法，提高员工的工作能力、知识水平和发展潜能，最大限度地使员工的个人素质与工作需求相匹配，进而促使员工的工作绩效提高。

4. 企业财务管理

不论是创业者还是守业者，财务管理的基本内容都是由企业资金运转的内容和形式所决定的。企业在生产经营过程中，都要经过资金投入、生产产品或经营商品、回收资金的运转过程，而创业中的财务管理内容则更为复杂、具体。

（1）资金筹集的管理。其主要包括资金筹集的必要性，对资金成本和投资风险的评价，资本金的筹集和管理，企业债权、债务的管理。

（2）流动资产的管理。其主要包括现金和存款的管理、应收和预付款的管理、存货的管理、低值易耗品的管理。

（3）固定资产的管理。其主要包括资产折旧管理、新的投资项目的管理。与固定资产相对的就是无形资产，无形资产是指企业拥有或者控制的没有实物形态的可辨认非货币性资产，如货币资金、应收账款、金融资产、长期股权投资、专利权、商标权等，因为它们没有物质实体，所以表现为某种法定权利或技术。

（4）成本费用的管理。其主要包括生产成本、资金使用成本、管理成本、企业策划成本、广告成本等方面的管理。

（5）销售收入、利润、税务和分配的管理。这里要强调的是，在进行财务管理时，一定要强化税后利润的概念，自觉将依法纳税纳入财务管理日程。

（6）财务报告与财务说明。其主要包括资产负债表、损益表、财务状况变动和账务情况说明书的管理，此外还有财务分析。

5. 企业营销管理

影响企业营销活动的因素一般有两大类：一类是企业不可控制的环境因素；另一类是企业可控制的营销因素。企业可控制的营销因素很多，美国密西根大学教授麦肯锡把它概括为四大因素，即麦肯锡著名的"4P"组合：产品（product）、价格（price）、分销渠道（place）、促销（promotion）。所谓产品，是指满足市场需求的有形的物品及无形的服务、组织、观念或它们的组合；价格就是为本产品制订价值的货币尺度；分销渠道是指产品从生产者向最后消费者或产业用户移动时，直接或间接转移所有权所经过的途径；促销就是考虑如何将适当的产品，按适当的价格，在适当的地点通知目标市场，包括销售推广、广告、培养推销员等。

6. 企业文化管理

企业文化是指企业在发展中形成的一种企业员工共享的价值观念和行为准则。成功的大型企业一般采用自己独特的文化来管理并影响自己的企业。

企业管理的最高境界就是全面提升企业的核心竞争力，其中包括企业的决策能力、组织能力等。加强企业文化管理，正是从员工价值观的共识、彼此的默契、能力的提升等多个方面提高企业的核心竞争力的。企业文化具有可塑性,并非是企业天然具有的,可通过大力提倡,逐步塑造而形成。企业文化一旦在员工中达成了共识,就不会轻易改变,并将长期发挥作用,悄然无声地渗透到企业的各项工作和员工的各种行动中。企业应针对自身状况,投入财力和人力,大力发展优秀的企业文化,来促进企业的繁荣和成长。

(二)企业经营战略

1. 种子期的企业经营战略

(1)开发企业组织能力。从人力资源开发与管理者角度来看企业发展,企业组织能力就是指一个企业实现其战略目标的能力。简单来说,可以从以下几个方面来进行衡量:①员工的思维模式,即员工是否有意愿为完成企业的战略目标而努力工作;②员工的能力,即员工是否具备完成工作任务的能力;③员工的治理方式,即企业能否为员工提供一个充分发挥才能的环境。实际上,有效的能力是上述三个方面因素共同作用、相互平衡的结果,不可忽视任何一个方面。开发企业组织能力也正是现代企业人力资源管理的核心所在。

(2)同供应商建立战略联盟。既让供应商在整个产业链中开展其专业化的活动,又利用其发展来推进自己。

(3)适应快速变化的市场环境。因为对未来要发生的变革不可能全部做出预测,企业必须敏捷、快速地调动公司的资源,对竞争对手的行动和新的技术发展态势等做出适当反应。速度、灵活性和创新精神在此时显得十分珍贵。

2. 成长、成熟期的企业经营战略

(1)竞争战略的选择。哈佛大学商学院著名的战略管理专家迈克尔·波特提出,基本竞争战略有三种——成本领先战略、差异化战略、集中化战略。企业必须从这三种战略中选择一种,作为其主导战略。要么把成本控制到比竞争对手更低;要么在企业产品和服务中形成自己与众不同的特色,让顾客感觉到你提供了比其他竞争者更多的价值;要么致力于为某一特定的目标市场、某一特定的产品种类或某一特定的地理范围服务。这三种战略在架构上差异很大,成功地实施它们需要不同的资源和技能。在选择竞争战略时,对不同产品的生产规模进行成本分析是十分必要的。如果是小批量生产,采用产品差异化或集中战略是有利的;若是大批量生产,则采用成本领先战略为好。

(2)产品结构的调整。当企业进入成熟期后,产品的特色正在逐渐减少,价格也会逐渐下降,因此就需要进行产品结构分析,淘汰部分亏损和不赚钱的产品,将企业的注意力集中于那些利润较高、用户急需的项目和产品,努力使产品结构更趋合理。

(3)工艺和制造方法的改进与创新。随着企业的逐步成熟,新产品开发将越来越困难。因此,企业应为进一步降低成本而在工艺和制造方法革新上下功夫,在产品销售渠道等方面进行改进,以期能获得较多的利润。

(4)用户的选择。在企业进入成熟期后,企业扩大销售额比较容易的方法就是使现有用户扩大使用量,这比寻求新用户更为有效。因为扩大用户往往会引起剧烈的竞争,而对现有用户增加销售,可以用提高产品等级、扩展产品系列、提供更高质量的服务等方法来

实现。因此，企业应努力保住一些重点老客户，以有效扩大销售额。

（5）开发国际市场。有条件的企业可努力开拓国际市场，以扩大资源利用范围。当国内市场趋于饱和后，尤其应当重视国际市场。

3. 再创业

（1）最诚恳、最真挚地对待帮助过你的人。对于在你创业初期或创业过程中帮助过你的人，一定要永远以最诚恳、最真挚的方式对待他们，尤其是那些给你提供了创业资金等帮助的人。在你失败的时候，千万不要躲避、隐瞒甚至欺骗他们，应如实地把你情况告诉他们，力争得到他们的理解和谅解，也要有勇气正确面对现状，要向他们承诺其债权永远有效，并一定能及时偿还。请求这些人的理解是你走出创业失败困境的第一道关口。

（2）恳请朋友帮助你分析你的处境。"不识庐山真面目，只缘身在此山中。"再冷静的创业者，在失败的时候，往往也难以清醒地对待自己的处境。这个时候，你没有必要仍然只相信你自己，请朋友来帮助你，分析你目前的处境并提供对策，是你渡过难关、重振雄风的又一法宝。

（3）整理剩余资源。创业失败之后，你还有些什么？这是你必须面对的严酷现实。固定资产、现金、商标、专利、土地、专有技术、公共关系和客户等，这些都是创业的宝贵资源，是你可以翻身再创业的前提条件。你必须十分清楚，资源的重新组合就是你再创业的前期投入。

（4）反思你失败的原因。一次创业失败后，一般不可能马上就有再创业的机会。但你应该积极反思失败的原因，总结经验教训，未雨绸缪，积极为日后再创业做好思想和经验准备。

（5）抓住身边的机会。以最短时间控制自己的失败情绪，努力学习新的创业理论、别人的成功经验和能够掌握的新知识，这将有助于你开始新的创业实践。应做一个有心人，随时观察、捕捉身边的创业机会。当机会来临时，就趁势而上，积极有为，切莫与它失之交臂。

思考与活动

1. 对你所确定的创业项目，运用 SWOT 原理分析它的可行性和风险性？
2. 撰写一份适合你自己的创业计划书。

附录

案例汇编 1

石××同学职业规划书

职业目标：成为一名优秀的新闻记者。

一、自我认知

（一）测评结果

1. 职业兴趣：社会型、现实型

特点：重实践、责任感强、善于交流。

2. 职业性格：主宰型（外向、直觉、情感、判断）

特点：注重关系，具有很强的责任心和开拓精神，但喜欢意气用事。

3. 职业能力

专业对口，具有较好的写作能力，做事有责任心，敢于尝试和冒险，不怕失败。

4. 职业价值观：管理型、创造型

（二）360 度评估

1. 自我评价

优点：做事认真，富有责任心和爱心，重视与别人的关系，实际、有条理。

缺点：处事敏感，做事儿比较急。

2. 家人评价

优点：认真仔细，有上进心，懂得照顾他人，节俭朴素，善于听取家人的意见。

缺点：有时做事缺乏耐心，不太善于和他人多交流。

3. 老师评价

优点：有目标，主动性强，对待学习态度认真。

缺点：有点内向，管理能力有待加强。

4. 朋友和同学的评价

优点：乐于帮助别人，重视人际关系，学习非常认真，生活中细致、善良，意志顽强，在逆境中不失斗志。

缺点：有时候太在意结果，做没有把握的事情时犹豫不决。

（三）自我认知总结

我是一个积极向上、乐于助人的人，意志顽强，在逆境中不失斗志，有稳定平和的心态，善于吸取别人的经验，有自己的主见，能够有效地和别人协作，并且和他人建立起友好和睦的人际关系，有非常强的责任意识。但同时我也是一个有时会粗心大意，做事过于急躁的人。

二、职业分析

（一）记者职业认知

记者是一种以及时、真实、有效、客观、公正的态度为大众传播消息的一种职业，所需的基本素养包括理论素养、能力素养、道德素养、业务素养、知识素养。

（二）SWOT 分析

S——优势：做事认真、踏实、有毅力，逻辑推理能力较强，有较好的语言表达能力，有较强的竞争意识和危机意识，乐于与同学交流合作，富有团队精神，拥有良好的人际关系。

W——劣势：对于传媒类行业的内在要求、潜在规则了解不深，且此方面人脉积累还任重道远；对行业内的专业化道路选择方向不明确，缺少明显具有优势的知识结构。

O——机遇：文化传媒行业已成为我国热门行业。学校老师师资力量强，能够学到更多的新闻专业知识，打下扎实的基础。

T——威胁：文化传媒行业对人脉、经验有很高的要求，但这两样都需要时间积累。即将走向工作岗位的毕业生缺乏社会实践经验，用人单位对毕业生的要求提高，用人条件苛刻且整体待遇水平不高。

三、行动方案

（一）在校期间

大学总目标：培养各方面能力，考取湖南大学新闻传播学硕士研究生。

大一探索期：适应大学生活，多锻炼自己。

大二定向期：初步确立自己努力方向以及提高与专业相关的技能。

大三准备期：进一步拓展实践，并为考研做准备。

大四冲刺期：努力考研，并且多多实习，提高社会经验。

（二）工作后的四个阶段

学习阶段：工作开始可能情况不熟，能力不足。

掌握阶段：熟悉情况，处理得当，协调好人际关系。

进步阶段：不断地适应工作环境，知错就改，积极进取。

晋升阶段：不断攀升，运用自如，有所创新。

四、结语

没有规划的职业生涯，就像在大海中没有航标灯的航船。厘清自己的计划，因为没有人比自己更清楚自己想要的是什么。只有计划是"我的目标"时，才会珍惜和为之努力；只有当自己做好决定的时候，才会全力以赴。

（注：石××同学系湖南商学院新闻学专业2016级学生，本职业规划书为该同学参加该校第三届职业生涯规划大赛的参赛作品，文字方面有适当删减和修改。）

附录

案例汇编2：职业认知与职业选择

梦想属于有准备的人

唐敏是一家上市公司的HR人员。回顾唐敏的求学及择业经历，大家可能会羡慕她如此顺利。其实，"功夫在诗外"，唐敏在求职的道路上的确没走什么弯路，但在求职之前，她却积极进行了科学的职业生涯规划，这或许就是她成功的原因吧！

一、自我认知

唐敏从小在都市环境中长大，工人家庭出身，有较广泛的知识面，具有一定的创新精神、分析和解决问题的能力，同时又有较强的人际协调能力和领导能力。在本专业（生物技术专业）的学习方面比较优秀，主持过大学生创新创业课题。生物技术专业的人才需求主要体现在尖端，高层次的人才就业前景好。毕业生的主要就业方向是各类生物制品公司，其中大部分是生物制药、酒水饮料食品、保健品企业等。由于对管理学科有浓厚兴趣，她从大学二年级开始利用周末时间选修工商管理。她还承担了多项社会工作事务。在大三那年，唐敏决定考研，有生物技术方向的导师主动要她去考其名下的研究生，这是个非常难得的机会，但她觉得自己的兴趣点似乎不是待在实验室里做研究。是应该继续研究自己的本专业生物技术，还是往管理类方向发展？唐敏感到两难。于是她走进了学校的心理教育中心，在咨询老师的帮助下，唐敏进行了一次较为全面的职业测评，测评结果如下。

（1）16PF人格测试。唐敏的16PF人格测试得分高的为乐群性、稳定性、兴奋性、聪慧性、恃强性、有恒性、世故性、自律性。唐敏认为描述符合自身的特点，对她的情况做了很好的梳理。

（2）MBTI职业性格测试。唐敏的测试结果为ESFJ型（务实贡献型）。E表示喜欢和别人沟通；S表示关注具体的事实和细节；F表示关注事情对人的影响，擅长了解他人的价值观和需要；J说明有计划性、条理性，喜欢职责明确、期望清晰的工作角色和任务。一般而言，技术研发者比较适合的类型应该是NT型，而唐敏不是这个类型。唐敏认为测评的结果和自身情况吻合，并谈及如果研究生阶段在实验室度过，会让自己很有压抑感，而如果选择管理类专业，更多地与人、与社会接触，会觉得乐在其中。

（3）职业兴趣（SDS）探索。唐敏的霍兰德职业兴趣测试结果为ESC，E表示企业型，S表示社会型，C表示事务型，而研究型得分低。这说明唐敏内心喜欢竞争、交际，看重社会义务和社会道德，对发挥领导才能的工作更渴望更有兴趣。针对这个发现进一步展开了探索。通过仔细的分析，唐敏在统筹规划、管理能力、竞争压力、工作环境和氛围等方面与测试结果基本一致。并表示自己是个注重细节、支配欲强的人，对流程的每一步都力求精确。通过MBTI职业性格测试和SDS霍兰德职业兴趣测试，唐敏的测试结果均显示她并不是适合研究方向的类型，而是偏向于管理方向的类型。

（4）价值观探索。唐敏的选择是：成就感、同事关系、工作环境、管理权力、生活方式。这表明唐敏渴望自己的工作能得到别人的认可，注重自我的提升和成就感，渴望拥有一定的权力；她希望获得的工作内容是能给予别人帮助，并希望同事之间关系融洽，大家

219

都有积极的道德观念和社会服务意识。

（5）能力探索。通过排序的方法，唐敏认为自己最擅长的技能依次为：人际沟通能力、领导能力、为别人提供鼓励和支持的能力、善于发现和记录等。排在前三位都是人际技能，这说明唐敏认为自己最大的优势在于人际沟通。而排在前列的几乎没有从事研究性工作的能力。

（6）生活态度的探索。生活方式是个人或群体维持日常生活和进行社会交往的方式、模式所集合的一种特殊形态。唐敏期待自己拥有一种什么样的生活方式呢？唐敏选择的前五种分别是：利他、传统、流动、教育、领导。她并没有选择和科研相关的独立、创造这两种生活方式。针对这个问题，咨询老师做了进一步的询问。唐敏描述自己在工作和生活中是个爱热闹的人，喜欢和大家在一起组成团队，不喜欢单打独斗，也不太适应默默做事情的生活学习方式；倾向于按一定的程序来做事情，步步为营，不出差错。

（7）测评综合分析。通过对人格、职业性格、职业兴趣、价值观、能力等方面的探索和全面分析后，可以发现唐敏在人际方面不但有兴趣，而且有较强的能力，这些与人交往的能力在她的日常生活和学习中也得到了充分的验证。唐敏热情友善，做事情有规划、有条理，机智得体，注重细节，能为他人提供无微不至的关怀和照顾，对社会性的工作表现出了很大的热情；同时也看重成就感，注重沟通与合作，在待人接物上世故精明，为人处世的态度主动、果断。咨询老师请唐敏针对测评的结果谈谈自己的理解。唐敏认为，这些测评对于自身的评判是准确的，自己是个贡献型的人，所以也感觉比一般人累；重视和渴望收到来自他人的正面反馈，从某个角度来说还有些依赖别人的评价，在心理上难以接受负面反馈；很想做事情能做得很好成为模范，有些完美主义的倾向。经过一系列的探索之后，唐敏对自身也有了更全面的认识，她认为自己更适合往管理类方向发展。同时咨询老师也提醒她，在职业规划的过程中，要综合考虑各种因素，努力寻找最合适自己的，但同时也要认清适合不等于完全匹配。人是可以为了顺应成长而适应环境和社会文化的。唐敏表示明白和理解。当咨询老师问及目前该如何努力时，唐敏认为首先要考上一所名校的管理类专业，这样就有了好的人脉资源，现在的同学有可能就是将来的工作伙伴和人际关系网络等。经过这一番梳理，唐敏觉得目标清晰了很多，让自己头脑很清醒，她表示会朝着目标努力前进。

二、职业认知与选择

大三的第二个学期，唐敏开始积极备战跨专业考研。通过严密的学习计划和认真的复习，唐敏考取了长沙一所985高校的研究生，专业为行政管理。从研二开始，颇有前瞻意识的她便开始考虑自己的就业方向。唐敏认真做了一份环境资源探索报告。在报告中，她将社会环境资源的探索分成了三个部分来描述，一是将社会环境和专业分析相结合，即分析了行政管理这个专业的过去、现在和将来，并详细查了这个专业的发展历史，尤其描述了该专业目前在社会中的地位和未来的发展趋势。二是将该专业的社会环境与行业环境分析相结合，阐述了影响专业生存发展的外在环境、发展现状、优势、问题和发展前景。三是将社会环境探索与企业环境分析相结合。另外还分析了环境资源的助力和阻力问题，如人际关系和门路等。这份报告再一次体现了唐敏的策划能力与观察分析的能力。另外，唐敏还制订了规划并采取行动。从网络媒体的资料、从业人员的经验各方面进行了相关行业、职业和具体岗位的了解。

研三时，唐敏参加了一个职业生涯俱乐部，"虽然学校也有就业指导中心，但这里完全不一样，讲师都是大企业的 HR，和市场联系更加紧密。刚开始是讲授如何面试、如何写简历等基础内容，慢慢地，就有市场、销售等多个领域的资深人士来授课，我们渐渐了解到企业的架构、各个领域的职能，自己也能对号入座，看自己更适合进入哪个领域了"。参加俱乐部的都是还未毕业的在校生，大家来自不同学校，有着相似的年龄、相近的想法，在一起能分享到很多宝贵的经验，既能帮助他人，也能帮助自己。

临近毕业的时候，适逢唐敏现在就职的公司推出人力资源管理实习生计划，唐敏把简历寄了过去。很快，唐敏进入公司实习。本来对方是不打算留用实习生的，但唐敏出色的表现打动了公司，3个月后，她成为了其中正式一员。至今，她在那里已经工作一年多了。"回想起来，一切都很顺利，除了运气，未雨绸缪、早做规划也很重要"。唐敏笑着给出了自己的建议。

参考文献：

[1] 喻瑶，艾波，王剑. 一例大学生职业选择困惑的案例报告 [J]. 健康研究，2011 (3)：194-197.

[2] 堂娜·邓宁. 你的职业性格是什么 [M]. 北京：电子工业出版社，2009：122-127.

案例汇编3：职业规划决策与管理

我的未来不是梦

湖南师范大学物理与信息科学学院2004级通信工程专业谢××

题记：大学就像一个万花筒，五彩缤纷，色彩斑斓，使身在其中的人容易陶醉，容易安逸；它也像一个布满道具的大舞台，只要你够聪明，够胆识，便可创造无数美丽的神话。对于渴望幸福、渴望成功的大学生，四年之后，谁是英雄，谁能把握住未来，关键就在于对自己的人生、职业是否有一个好的规划。怀着对未来的思考，我在此认真地勾画自己未来的蓝图，希望它能时刻鞭策自己。

一、自我认识

1. 性格：性格决定成败。本人活泼开朗又不乏稳重，喜欢运动。在意识到外向的性格更能适应现代竞争激烈的社会时，我正努力使自己更加开朗活泼。但我仍然珍惜独处的时间，它给了我思考生活的空间。

2. 优缺点：金无足赤，人无完人。

学习上，本人比较勤奋、刻苦，但不够积极主动，知识面不广；生活上，勤俭简朴，严于自律，但好的生活习惯如运动不能坚持，且粗心大意，丢三落四；工作上，认认真真，勤勤恳恳，能学习别人好的工作方法，能力仍需提高；思想与认识上，有自知之明，上进心强，愿意接受先进的思想和知识，注重完善自己的人格，不随大流。

二、职业目标

先做IT行业中的软件人才、项目分析师，再做IT管理人。

21世纪，英语将越来越普及，电脑、互联网则是人类获取信息与联系外界的最重要的工具，能应用英语和电脑将会成为人类生存的两大基本技能。目前，我国IT业迅速发展，人才需求量增大，选择此行业有广阔的前景，同时，我是学通信工程的，由通信工程向软件工程转行有一定的优势。此外本人对电脑和英语都有浓厚的兴趣。

三、环境分析

1. 经济环境分析。

前不久，瑞士洛桑管理学院公布的60个国家和地区的国际竞争力排位结果显示，2004年我国国际竞争力在60个国家和地区中居第24位，比2003年前移了5位。

从总体上看，我国经济正在宏观调控中朝着又快又好的方向发展，国际竞争力进一步增强。但也要认识到，眼下宏观调控所取得的效果还是阶段性的，经济运行中的突出矛盾和问题还没有从根本上解决。

我国入世前信息技术产品进口关税平均税率为13.39%。从2005年将开始实现零关税，还将取消有关国外企业必须向我国转让技术、增加出口配额等市场准入限制。从总体上看，这将有利于改善出口环境，增加我国信息技术产品的国际市场份额，有利于降低国内企业的原材料采购成本，有利于开拓我国企业在国外的发展空间。电信服务业的开放与发展，将带动电信终端设备生产增长。以信息技术为中心的高新技术是世界各国争夺的制高点，发达国家为占据我国信息技术产品市场，将在技术方面对我国实行更加严密的封锁和控制。以"技术换市场""以市场换市场"的限制措施取消后,我国获得国外先进技术的难度将增大。随着我国信息技术产品市场需求的增长,境外产品的进口将大量增加,市场的争夺方式将趋于多样化。同时,由于信息技术产业的许多核心技术和高新技术大多都掌握在发达国家手中,我国信息技术产业将面临激烈的竞争与挑战。

2. 市场分析。

赛迪顾问研究认为,2004 年中国 IT 市场继续保持良性的发展。总体规模达到了 4083.1 亿元,增长幅度为 17%。软件和信息服务仍然是 IT 市场发展的热点,软件的市场规模为 49.7 亿元,信息服务占市场规模的 26.8%,成为 IT 市场拉动力量。这几年软件和信息服务的整个市场规模占市场总额的三分之一左右。以下几方面的因素是拉动 2004 年 IT 市场发展的重要因素:一是供需方面。2004 年各行业以及企业对 IT 采购日趋谨慎,IT 企业自身的产品策略、行业策略在这一年更为谨慎、理智。二是竞争的中心由中心城市往农村乡镇区域市场拓展。三是在信息市场中随着计算机、通信 3G 融合趋势的加强以及 MB、数码照相机等市场的迅猛增长,再加上宽带网络的不断普及,手机用户不断增长,自主创新将仍然是中国 IT 市场的主旋律。

赛迪顾问在 2004 年的调查后认为,未来五年中国 IT 市场整体增长会达到 15.8%,2005 年 IT 市场增长接近 20%,会有一个冲高的表现,市场规模大概为 4800 亿元,五年总投资会超过 3.3 万亿元,相当于过去十年 1.7 万亿元的两倍,这是一个令人振奋的数字。在整个 IT 的投资中,我们可以看到,尽管软件和信息服务在过去五年的增长分别是 19.8% 和 23%,表明它们在加速地增长,而且它们的总比重到 2019 年大概占整个 IT 市场的 40%,总投资将超过 3000 亿元,但在全球软件和信息服务中的比重仍明显不足。这一状况仍然是制约我国整个 IT 产业、效率(包括应用效率)提高的最主要因素。

无论如何,我们今天已经真切地感受到在产业链每个环节上所带来的深刻变化。IT 发展的步伐从来没有停止过。信息化整合创新与数字化的融合体验,将是中国未来 IT 市场的主题,也是 IT 企业竞争的焦点。

此外,从产业大国向产业强国迈进,包括从产业的追随者到产业领导者的转变,要求企业必须具备自主知识产权。同时,我们的企业应当具备国际化能力,具备参与全球市场竞争的能力,这是今天也是未来更是所有 IT 企业的现实和面临的挑战。

3. 人才现状与需求。

IT 行业正在快速发展,各国对 IT 人才的需求剧增,而与此同时 IT 人才的培养远远落后于 IT 的发展。有关专家指出,我国的 IT 队伍存在严重的结构失衡,既缺乏高级 IT 人才,更缺乏技能型、应用型信息技术人才,缺乏大批能从事基础性工作的技术人员。IT 人才的缺乏已经制约了我国 IT 产业的发展。据统计,中国电子信息产业规模已居世界第三位,早就超过了爱尔兰、印度两国,但 2000 年软件出口总值,中国为 2 亿美元,印度则是 57 亿美元,爱尔兰达 85 亿美元。IT 业的竞争不仅是资本、技术实力的竞争,更是人才的竞争。我国 IT 教育普遍存在的情况是层次单一、内容滞后、理论与实践脱节。目前我国在 IT 人才培养方面,主要是依靠高等院校,其中大量是本科生,少量是硕士生,博士生则更少。据不完全统计,全国高校设置的计算机专业约有 400 多个,电子信息工程专业约有350多个，通信工程专业有250多个，还有图书情报等专业。然而，目前社会对于IT人才的需求量远远大于高等院校的供给量。据了解，我国现有软件企业27000家，从业人员80万人，未来几年中，国内市场每年对计算机软件人才的需求为20万人，而目前国内高校每年毕业的软件人才仅4万人。不仅缺乏高级软件人才，而且缺乏高级硬件设计人才，更缺乏复合型高级人才。所谓复合型IT人才有两种类型，一种是既精通软件又精通硬件的基础理论和设计技能的人才；另一种是既精通软硬件基础理论和设计技能，同时又精通其他学科（既指自然科学也指社会科学）领域的基础理论和应用知识的复合型人才。这两种人才具有深厚的IT底蕴、扎实的IT基础，外语和计算水平比较高，团体合作精神比较好。目前最受欢迎的是信息安全人才、网络人才、软件人才。信息安全涉及国家的政治安全、军事安全、经济安全等多方面，因而信息安全专业的人才备受关注。随着网络覆盖面、应用面的拓展，网络人才的需求量会越来越大。软件项目管理、软件开发、软件质量认证和评测以及各类软件应用人才仍将大受欢迎。

我国加入WTO后，国际化IT教育标准与教育体系将走进中国，IT人才培养应与国际接轨。国际软件产业需要的人才知识结构主要包含三个方面的内容：程序设计技能、英语水平和软件工程的实践经验。

四、SWOT分析

1. 如何成为软件人才。

一个合格的软件开发人才，至少应当精通一门当代主流程序设计开发工具，目前来说主要是C++和Java等，当然掌握的开发工具越多越好。

当代的软件人才，必须有良好的英语能力，能够熟练阅读软件专业领域的英文资料，编写英文软件的开发文档，以及熟练地进行软件专业领域资料的中英文对译工作。

软件人才必须成功地完成过软件开发任务，接受过包括系统分析、设计、编码、调试和维护等全过程的实际工作的训练，并具备相应的实践经验。

软件人才成才要素：①学习和应用强势知识；②把事业建筑在强势知识上；③学好基础知识，扬长避短；④不仅学习新知识，还要向错误和失败学习；⑤提高表达能力；⑥提高管理能力。

2. 我的劣势（weakness）。

（1）自己接触电脑较晚，对有关电脑的知识了解不多，对IT行业也知之甚少，目前无专业知识，不会主流程序开发工具。

（2）应用英语能力低，不能熟练阅读软件专业领域的英文资料。

（3）创新思维不够。

（4）表达能力有待提高。

（5）管理能力有待提高。

3. 我的优势（opportunity）。

（1）对电脑和英语有良好的兴趣。

（2）本人是学通信工程的，专业的学习可为将来在IT行业的发展打下一定的基础。

4. 职业生涯决策与管理。

（1）方法。

①通过阅读报刊多了解有关电脑和 IT 行业的知识；通过上机操作掌握实际操作技能，精通一门当代主流程序设计开发工具。

②通过广泛阅读，多听多说英语，全面提高应用英语的能力。

③在不断的学习中，注意发现更好的学习方法，提高学习的能力，培养创新思维。

④通过广泛阅读和写日记，提高写作水平；通过多与人交流，提高说话水平。

⑤通过实际工作，培养管理能力。

（2）方案。

①每周阅读一本有关电脑、IT 行业的杂志，多与同学、老师交流，向别人请教。先学好 C++，再学 Java。

②每天阅读一篇英语文章，积累 10 个新词汇和 5 个典型句子；每天听英语磁带 30 分钟，朗读英语至少 20 分钟；每周一篇英语日记，并进行修改。

③训练自己从不同的角度看问题，以不同的思维思考同一问题。

④每个月读本文学书籍，每天一篇日记，积极参加演讲这一类的活动。

⑤学两门管理学课程：国际项目管理协会（PML）研制的"项目管理知识体系"（PMBOK）、美国卡内基梅隆大学工程研究所（CMU/SEI）研制的"软件能力成熟度模型"。在学校里，积极参与班级管理；在工作中，从基层做起，提升人格魅力。

五、目标分解

1. 大学本科学习阶段（2005—2008 年）。

（1）以优异的成绩毕业，获得相关证书；

（2）很好地掌握专业知识，会运用；

（3）努力学习，考取北京航空航天大学的软件工程系；

（4）有一定的组织管理水平。

学习上最重要的是要培养自己的思考能力、创造能力、学习能力。我要变被动为主动，不再像中学那样跟着老师走，而是自己主动思考问题，充分利用学校里的人才资源，从各种渠道吸收知识。如果遇到好的老师，我要主动向他们请教，或者请他们推荐一些课外参考读物。除了资深的教授以外，大学中的青年教师、自己的同班同学都是我的知识来源和学习伙伴。除了学好专业知识外，我还要多翻阅其他方面的书籍，拓宽自己的视野，以适应这个多元化的社会。

俗话说，身体是革命的本钱，生活中我要积极锻炼身体，养成良好的生活习惯。此外我要培养和发展广泛的兴趣爱好，要学会打乒乓球、排球和篮球，如果时间和精力允许，还要学画画，丰富大学生活，开放思想，实事求是。关心国家发展也是一个优秀大学生必备的素质。积极参加学校、学院、班级的活动，提高活动能力。

2. 研究生学习阶段（2008—2010 年）。

（1）在导师的指引下，深层次地学习专业知识，注重向专业知识的深度发展，并确定自己的强势知识，发展强势知识，突出自己的优势。

(2) 通过报刊、网络等途径及时了解国家以及国际环境，关注 IT 行业的发展动态。

(3) 进一步开放思想，培养与发展创新能力。

(4) 找一家具有一定知名度的公司做兼职，并通过此次机会进一步了解社会，为将来的工作做准备。（所选公司待定，依据当时的知识水平和当时的社会环境而定。）

3．工作初级阶段（2010—2012 年）。

在此阶段，由于对社会了解不够，工作经验不足，要脚踏实地，一步步地做。依据自己的学识和对社会环境的分析，选择几家有发展前途的公司投档，全力以赴争取进入其中一家。在公司里要虚心向领导、老员工学习，领悟该公司的精神与文化，多与同事交流，建立良好的人际关系，做事要积极主动，为在公司的发展打下坚实的基础。观察并发现同事中具有特殊才能的人；观察领导的管理方法，不断思索，不断学习，为以后做管理者做准备。

4．工作发展阶段（2012—2015 年）。

在掌握技术和对公司的管理与运作非常了解后转向管理，从项目经理做起。在工作之余不忘参加一些相关的培训班给自己充电。

现代社会瞬息万变，我知道自己的目标在实施过程中会困难重重，但为了能撑起自己的一片天空，为了不让人生留下遗憾，我将为实现自己的职业理想而努力奋斗。我知道这篇规划中有很多缺陷和不足，但我将会依据实际情况做出修改，希望大家给出宝贵意见。

案例汇编4：大学生就业典型案例解析

最近一段时间，关注大学生就业情况的人都会注意到下面这几个事例。对于这些发生在我们身边的非"典型"事例，我们访谈了多位职场专家，进行了分析，并提出一些建议，希望以此能给正在积极找工作的大学生们提个醒，如果您有类似的想法或是"遭遇"，那么行动前再想一想，看看还有没有更好的解决办法。求职的路上需要勇气、力量，也需要智慧和别人的经验。

案例一：方向缺失症——毕业生免费陪人聊天

症状： 上周五有媒体报道说，某大学光华管理学院金融专业去年的毕业生高健因为找不到工作，开始自谋出路，在学校做广告，免费陪人聊天。他希望通过这样的方式来起步，以咨询作为将来的发展方向，自己做自己的老板，开创自己的事业。谈到自己找不到工作的原因，高健分析说，一是因为自己当时在学校的成绩不是很好；二是因为自己的性格过于内向，在学校期间，基本不和老师交流。在他看来，自己在招聘面试的过程中很"老实地交代"了自己学习成绩，这反倒让他失去了很多不错的工作机会。而且经过一年找工作的经历，他原来内向的性格已经有所改变。他认为，自己之所以敢于选择"陪人聊天"的行业起家创业，是由于自己懂得一些基本的心理学知识，也愿意把自己求职失败的经历告诉他人，让其他人从中有所借鉴，对他们的求职有所帮助。另外，他坚信咨询行业是个很有前途的行业。据高健自己说，目前，他每月的生活费还在靠父母接济。

诊断： 从目前大学生的就业现状分析来看，高健毕业一年没有成功就业根本不足为奇。因为很多大学生都存在着与他相同的问题。但他之所以受关注，可能是因为他毕业于名校。其实，现在这种双向选择就业的方式，学生能否就业，在什么性质的公司就业，已经跟他毕业于哪个学校没有多大关系了。企业现在选人也更务实，它们只选对的、选合适的。

前一段时间，有机构做了个关于海归人才就业的调查报告，结果发现71%的海归人才回国后，平均需要花费6个月的时间才能找到一份工作。海归的就业都这样了，那国内学校毕业的人，一年内找不到工作也就很正常了。

另外，目前高健"陪人聊天"根本不算是创业，创业需要考虑目标客户、市场定位、资金、商业模式多方面因素，而他现在所做的这种完全免费的服务，充其量也就是增加了自己的阅历。

对策： （1）继续找工作，把找工作当作自己目前最大的工作来做。

（2）找工作之前，要仔细分析企业，不能再盲目寻找。

（3）拓宽就业思路。自己究竟想干什么，要有个清楚的想法，不要一条道走到黑。学金融的可以到企业做财务工作，不见得非要进银行业。

（4）机遇到处都有，要放下名校学生的架子，给自己一个合理的职业定位。

案例二：死心眼儿症——为女友就业竟1万元"卖女友"

症状： 近日，为使女友与自己到一个公司工作，某学院一名大四学生贴广告要"卖女友"，并承诺付报酬1万元。广告内容说：他是一名大四学生，现已与某油田公司签约，但未能把女友"捆绑"到该公司,他十分懊恼。因他深爱着他的女朋友,想和她永远不离不弃地在一起,现寻求大四"月老"一名,利用大四招聘"捆绑式签约"的方法,将他的女友"捆绑"到某油田公司,他愿意拿出人民币1万元作为酬劳。

经了解,这位石油勘探专业的学生,因其女友所学的专业不在某油田公司的录用范围内,所以他毕业时不能将其"打包",为其解决工作问题。该同学表示,本学期开学后,他一直为女友工作的事张罗着,曾几次与某油田公司方面沟通这件事情,但一直无法落实。"只要有人能将我女朋友的工作与我安置在同一个城市,我愿意用金钱酬谢。如果通过最后的努力还不能达到目的的话,她就只能到私人企业打工了。"

针对这一"卖女友"广告,有就业指导中心的老师说,偶尔有这种"捆绑式"分配"带"人安置工作的现象出现。这主要是由于有些专业学生的就业形势非常好,各个公司都来争抢,有时一些单位会同意该专业学生提出的"带"人要求。也曾听说有些帮别人"带"人的学生可能会收点钱。

诊断: 这种"捆绑"式的找工作形式,在很大程度上方便了学生就业。这也许是企业想吸引人才所开的一个绿灯,但这样是否能招聘到合格的人才就需要多做考虑了。最可怕的是,如果学生都利用这样的政策,先解决了节骨眼上的就业问题,然后待时机成熟了之后,撒腿走人,企业的损失就可想而知了。

有些行业现在的薪酬待遇很不错,是很多年轻人向往的原因之一,但有的位置相对比较偏远,很难吸引那些希望到大城市就业的大学生,所以采取"捆绑"式的措施也是一种没有办法的办法,这样可以保证企业有新鲜的血液补充进去。

"上有政策,下有对策。"这些学生的这种做法实在令人瞠目结舌,如果说"捆绑"不需要什么证明似乎还容易操作,如果"捆绑"需要提供一些类似证明的话,岂不是就成了人们茶余饭后的谈资?

对策: 选择到私人企业有什么不好,现在就业观念还这么保守不见得是个好事情。而且私人企业也有发展得很好的,关键是要先选择对自己未来有发展的行业、职业,最后再考虑企业。

案例三:自贬身价症——起薪零工资,企业不愿要

症状: 近期有机构对职场人第一份工作的调查内容显示,职场人第一份工作的工资呈明显的下降趋势。尽管各城市居民平均工资呈上升趋势,然而大学毕业生首份工作的工资水平却无法与几年前同日而语,更有学生迫于无奈提出"零工资"就业。

在参与调查的5296名大学生中,69.2%都表示如果暂时找不到工作,愿意在一家相对理想的单位零工资就业。谈到原因,主要还是集中在积累经验上。在这近七成愿意暂时零工资就业的大学生中,又有近八成表示之所以可以接受零工资就业,是想先积累工作经验,骑驴找马。也有一成的人寄希望于能够在工作中体现自己的价值,使雇主看到自己的长处,从而能够获得该单位宝贵的工作机会。

诊断: 有趣的是,有70%的企业表示不接受零工资的求职者,主要原因还是因为这些企业清楚零工资是违反劳动法的行为。在职场人看来,大学生零工资就业会带来种种问题,其中尤以三个问题最为突出。一是可能会被黑心雇主钻空子,滥用廉价劳动力。二是会加剧大学生贬值,容易造成恶性竞争,扰乱就业市场。三是违背劳有所得的原则。

另外大家普遍比较担心由此带来的自身权益的威胁,诸如雇主以此为借口,降低员工的薪酬水平,不能保障员工的基本福利等。另外,他们认为这也会造成零工资就业学生与其他同事之间的不公平竞争。

对策:零工资就业绝不是大学生解决就业问题的捷径,大学生就业问题的解决需要政府、社会、企业、学校以及大学生自身的共同努力。政府、社会、企业应该给大学生创造更好的就业环境,学校应该给学生提供更多的就业信息和就业推荐,大学生自己更是要从大一开始,一方面为自己制订职业规划,另一方面积极参与社会实践,为职场生涯做好充分的准备。

案例汇编 5：简历样本

姓名：喻××

学校和专业：湖南商学院人力资源管理专业

TEL：136×××××××××

E-mail：××××@163.com

求职意向	市场营销；选拔、招聘、培训专员；企业文化工作者
学习背景	湖南商学院·人力资源管理专业　　本科　　GPA：2.07/4 • 专业知识、实践能力、综合素质领跑于本专业并带动同学共同发展 • 大三、大四课程演讲、案例分析、企业模拟等实践教学时一般担任本专业表现最为优秀的团队组长和演讲者 • 组织拍摄学院首部校园DV剧《再见》并担任编剧、导演 • 在班上担任过班长、团支书、心理委员职务，并极力推行班干部轮换制度 • 为专业主任指定的人力资源管理协会创始会长，组建并带领团队服务人管、发展人管、营销人管。独家承办的模拟招聘会成为学院首个社团组织的院级精品活动 • 在学院担任过组宣干事、FLY学习交流协会会长、人力资源管理协会会长、院辩论队队长、学生会副主席、学工办网络信息中心主席等职务
工作经历	联重混凝土机械分公司·销售代表助理　　大三暑假 • 同联重混凝土机械分公司的贵州销售代表全程参与六盘水、六支、安顺等地的拜访客户、建立客户关系管理、产品营销、公司品牌宣传工作（日均完成公司规定的半周工作量） 张家界小背篓文化传播公司·总经理助理　　大三暑假 • 参与小背篓管理层的部分决策，服务并管理在小背篓实习的导游团队 湖南威蓝电脑有限公司·校区代理　　大二下学期、大三上学期 • 主动联系四大电脑城的电脑公司协商合作有关事宜，最终确定和第三大电脑公司合作，负责海尔、华硕、戴尔笔记本营销以及以技嘉、AMD、金士顿、先锋为主打配置的组装电脑销售和校区售后服务工作。团队（8人）销售200余台电脑、个人销售30余台 张家界彩鸿广告公司·员工　　大二暑假 • 主要为制作、安装工作，多是一些简单繁杂、工作时间长的体力活 长沙乐易科技公司·校区代理　　大二下学期 • 负责以消费打折为主要功能的易乐卡长沙高校校园销售，团队（12人）销售120张，同期相比位于长沙校园销售前列，个人销售50余张

续表

获奖情况	**湖南商学院　　2012—2016 年** • 第二届校园淘宝大赛——商人潜质金奖（1/N，N≥25） • 第八届"九鼎杯"、第一届心理辩论赛亚军（各系一支队伍） • 学习单科奖——企业文化（1/68） • 专业英语竞赛团队二等奖 • 模拟招聘会优秀——组织个人奖（5/N，N≥150） • 社团积极分子（5%） • 院优秀学生干部（3%） • 国家励志奖（省教育厅颁发）
个人能力	MBIT：ENFP 倡导者——激发者、以人为本 团队角色：智多星、凝聚者 九型人格：3 号——实干家、目标感强 五大才干：个别、完美、战略、竞争、行动

大学生职业生涯规划与就业创业指导

案例汇编 6：从象牙塔到职场的转变

湖南商学院优秀毕业生案例

我叫张××，女，共产党员，湖南长沙人，金融专业1202班的学生，曾是财政金融学院外联部部长，在招生就业指导处担任两年学生助理，2015年暑假代表湖南商学院加入湖南省教育考试院高招组协助高考录取工作。在校期间获得三好学生称号、优秀学生干部、优秀团员干部、第十一届挑战杯湖南省大学生课外学术科技作品竞赛三等奖、省级优秀毕业生等荣誉称号。在校期间考取期货从业资格、证券五门高级资格、教师资格、会计从业、银行从业等国家级证书。在学习和学生工作方面都一直起着模范带头作用，是同学和老师都称道的优秀学生。

大四期间，一直以严谨的态度和积极的热情投身于择业与就业的浪潮中，虽然有过失败的辛酸，但最终迎来了成功的曙光。在日益激烈的社会竞争中，充分地认识到成为一名德才兼备的优秀青年的重要性。无论在任何时刻都要相信自己，对自己有信心，那么所有问题都会迎刃而解。生活就是不断解决问题的过程，是每个人都要经历的，在哪里跌倒就在哪里爬起来，才能成为一名强者。

一开始面临毕业和就业的问题，大多数情况下是没有思路的，一个个招聘会，一次次笔试面试，虽然有所成长，但仍然没有实质性的收获。就业最为重要的是根据自身的条件及目标，去找准适合自己的行业范围及预期的就业地域。创业、考公务员、进企业该如何选择，如何取舍都要结合自己的实际情况来考虑，以免大海捞针，找准定位将会事半功倍。

2016年年初，有幸接到长沙银行的入职通知。作为一名初入职场的实习生，面对工作压力和考核任务，想过逃离也想过放弃，虽然每天朝九晚五地工作，实际上晚上还有会议和考试需要加班。有时候单位活动还要排练节目等。在工作单位不像在学校自由，同时也充满着挑战与竞争。想要有成长和进步，就必须要承担更多的压力及努力，自己的休息和娱乐时间可能大部分都要自觉进行专业知识等的学习。

有人说：最成功的事情不是找到一份你喜欢的工作，而是在有挑战的工作中你能够喜欢上它。其实做好一件事情并不难，能够一直把这件事情坚持做好就是成功。在工作中，认真负责，坚持不懈，勇于挑战，做好事情不出问题就能够脱颖而出。在一年多的时间内，从新入行的小柜员，准备考试后转正，再到现在业绩遥遥领先的中层干部，秘诀就在于不断学习、不断进步的工作态度。在单位考取多项证书提升自己的竞争力，参加各项活动结交更多优秀的同事，报名湖南大学研究生研读进行学历提升，不论何时何地都保持乐观上进的心态，一步一步踏实前进。

在今天的年轻人中，有许多人热衷于"小聪明"，憧憬于"轻轻松松发大财"。有的人把"努力工作""拼命劳动"看作无能，他们甚至对积极工作的人抱以冷笑和鄙视。对这样的人，我想问一句：难得来这世上走一回，你的人生真的有价值吗？我深信通过艰苦的工作可以磨炼自己的人格，可以修身养性。无论如何，必须得喜欢上自己的工作。要把"被分配的工作"当成自己的天职，抱有这种心境非常重要。如果你还不肯抛弃"工作是别人要我做的"这种不恰当的意识，就无法从工作的"苦难"中解脱出来。

稻盛和夫在他的《干法》一书中强调：只要喜欢了，就能不辞辛劳，不把困难当困难，埋头工作。只要一心一意埋头工作，自然而然就能获得力量。有了力量，就一定能做出成果。有了成果，就能获得大家的好评。获得好评，就会更加喜欢工作。这样，良性循环就开始了。要在工作中寻找快乐"热爱工作""把工作当乐趣"，话虽这么说，但做起来就像僧人艰苦修行一样，并非易事。所以，若只是当苦行僧，一味强调吃苦耐劳而没有快乐，那也很难持之以恒。因此，还必须要从工作中寻找快乐。

大学毕业，未来的路还很长，希望各位学弟学妹能够在母校深厚的文化底蕴中不断学习，珍惜宝贵的时间，勇于攀登，创造属于自己的辉煌！

案例汇编 7：就业权益

签订"三方协议"注意事项及常见法律问题

2016年长沙某大学应届毕业生小张与某单位签订了三方就业协议做核算会计，在小张的印象中在签订就业协议上有一个条款，如果违约需要交纳3000元违约金，2017年毕业后，小张与公司签订了劳动合同，为期5年。正式工作以后，因为业务上的一些原因，小张向公司提出辞职，在经过了一系列烦琐的手续之后，最终人力资源部告知小张需交纳3000元违约金。人力资源部解释说，当初小张进入公司占用了公司的招聘名额，给小张提供了一个就业机会，这个违约金属于就业协议违约金，必须交纳，否则办不了离职。人力资源部进一步说只要签订了就业协议，无论什么时候离职，都必须交纳违约金。

小张觉得劳动法都没有规定违约金，也不应该交纳违约金，于是向律师咨询：自己需要交纳违约金吗？自己签订的劳动合同有什么用？如果自己不交违约金会有什么后果？如果公司坚持要求交纳违约金，那自己是不是可以先拿回户口和档案，可以和其他公司签约？自己是不是有权要求单位开具离职证明？

【案例分析】小张在2016年与单位签订了三方就业协议，属于小张未毕业前与单位签订的"实习协议"，该协议从小张2017年7月与公司签订了劳动合同时起就已失效，公司是不能以就业协议来收取违约金的。即使单位按"劳动合同"找小张要违约金的理由也不成立，小张完全可以不用交纳违约金。如果单位因为小张不交纳违约金而扣着其档案与户口，小张可以带上劳动合同到劳动局监察大队去投诉或申请劳动仲裁。

【法律条款】根据2008年开始实施的劳动合同法的规定，在我国用人单位和劳动者只有在两种情形下约定违约金。这两种情形是：

《劳动合同法》第二十二条规定：用人单位为劳动者提供专项培训费用，对其进行专业技术培训的，可以与该劳动者订立协议，约定服务期。劳动者违反服务期约定的，应当按照约定向用人单位支付违约金。违约金的数额不得超过用人单位提供的培训费用。用人单位要求劳动者支付的违约金不得超过服务期尚未履行部分所应分摊的培训费用。用人单位与劳动者约定服务期的，不影响按照正常的工资调整机制提高劳动者在服务期期间的劳动报酬。

《劳动合同法》第二十三条：用人单位与劳动者可以在劳动合同中约定保守用人单位的商业秘密和与知识产权相关的保密事项。对负有保密义务的劳动者，用人单位可以在劳动合同或者保密协议中与劳动者约定竞业限制条款，并约定在解除或者终止劳动合同后，在竞业限制期限内按月给予劳动者经济补偿。劳动者违反竞业限制约定的，应当按照约定向用人单位支付违约金。劳动者为用人单位从事保密业务，在解除劳动合同后，劳动者答应一定年限内不到与原单位存在竞争的岗位上工作，单位支付保密费。如果劳动者违约，劳动者支付违约金。

除了这两种情形外，任何其他形式的违约金都是违法。

《劳动合同法》第二十五条：除本法第二十二条和第二十三条规定的情形外，用人单位不得与劳动者约定由劳动者承担违约金。

因此，对于刚刚毕业的大学生来说，除了公司专项培训的违约金外，不用交其他的违约金。因为其他的违约金天然无效。另外，如果这种培训是边工作边培训的，违约金也无效。

【注意事项】

1. 正确区分协议期、试用期和见习期这三个时期，这直接关系到毕业生的权益维护。

协议期：是从毕业生与用人单位签订就业协议书开始，一直持续到签订劳动合同之后或者双方终止协议为止。在协议期内，双方已经确定了工作意向，但未建立正式的劳动关系。

试用期：主要针对劳动合同，毕业生与用人单位签劳动合同的时间应在试用前，而不是试用合格后。过去一些单位为了逃避责任，在试用期内，往往不与毕业生签订劳动合同。一旦试用期满，就找种种借口辞退。根据有关规定，试用期与劳动合同的期限应一致。

合同中约定了见习期的，不再另行约定试用期，毕业生见习期为6个月至12个月，自报到之日起计算。

2. 就业协议在毕业生到单位报到、用人单位正式接收后自行终止。

3. 填写用人单位名称时，务必注意它与单位的有效印章上的名称是否一致，如不一致，协议无效。学生填写自己的专业名称时，要与学校教务处的专业名称一致，不能简写。

4. 试用期与见习期的时间。外企、合资企业、私企一般采用试用期，根据合同期的长度，可以有1个月或3个月不等，通常试用期为3个月，不得超过6个月。国家机关、高校、研究所一般采用见习期，通常为一年。试用期和见习期通常只取其中之一，将另一项划去。

5. 违约金。由学生和用人单位双方协商确定。不少单位为了"留住"学生，指定高额违约金，以此约束学生。学生可在协商中力争将违约金降到最低，通常违约金不得超过5000元。

6. 现行的毕业生就业协议属于"格式合同"，但"备注"部分允许三方另行约定各自的权利义务。毕业生可将签约前达成的休假、住房、保险等福利待遇在备注栏中说明，如发生纠纷，可以及时向法庭举证，维护自己的合法权利。

7. 签订"就业协议"时，必须严格按照规定的步骤。等用人单位填写完毕、盖章后再到学校就业指导中心盖章。对于违约现象，协议中写明为"甲乙双方必须全面履行协议，一方解除协议不当或违反本协议条款规定的，应承担相应的违约责任，并向对方支付违约金人民币_____元"。大学生要明白，不能把违约当儿戏，一旦给用人单位造成损失，必须承担法律责任，并且会影响自己的诚信记录。

8. 毕业生协议书通常备注事宜。录用条件：双证（毕业证和学位证）、职业资格证和身体健康状况。违约金：3000元至5000元。

9. 劳动合同内容：劳动合同期限；工作内容；劳动保护和劳动条件；劳动报酬；劳动纪律；劳动合同终止的条件；违反劳动合同的责任。

案例汇编 8：大学生创业计划书

项目名称					
所处行业					
联系方式		联系人		电话	
主要联系人		手机		E-mail	
项目摘要	（简要列举项目的定位及发展目标，可供快速了解项目的精髓）				
商业模式及收入来源	（介绍项目的产品与服务，以及市场及收入来源）				
项目满足及解决的问题	（说明项目所达到的经济或社会效益，或其解决了什么样的产业或社会问题）				
行业状况及业内发展潜力					
竞争对手	（列举几个主要的竞争对手或潜在的竞争对手）				
未来客户	（列举未来客户所属行业，主要说明最终用户，亦可补充上下游合作伙伴）				
项目发展现状	（目前项目的状态，即将进入什么阶段）				
目前的投资人	（说明项目已有的投资人，如无投资人，请说明目前本项目团队自己已经投入多少资金）				
项目运营及团队架构	（说明目前项目运营架构）				
项目骨干简介	成员一：（姓名、年龄、籍贯、学历、技能、工作经验、项目担当） 成员二： 成员三：				
项目 SWOT 分析	优势				
	劣势				
	机会				
	威胁				
项目主要风险	（项目实施可能出现的风险及拟采取的应对、控制措施）				
目标评估价值	（对项目进行估值）				
资金需求	（说明项目需要的融资金额及大致用途）				
退出机制	（说明对投资者有什么样的退出方式，以保证投资者或本项目的长远利益）				
资金使用计划	20××年		20××年	20××年	备注
资金需求					
预计收入					
预计用户数					

案例汇编 9：创业计划书目录模板

目　录

1　执行摘要 ·· 1
　1.1　公司简介 ·· 1
　1.2　行业与市场 ·· 1
　1.3　目标与任务 ·· 1
　1.4　投资与财务 ·· 2
　1.5　组织与人力 ·· 2
　1.6　关键制胜因素 ·· 3
2　产品与服务 ·· 4
　2.1　产品与服务理念 ·· 4
　2.2　产品与服务描述 ·· 4
　2.3　产品原理介绍 ·· 5
　2.4　产品与服务优势 ·· 10
　2.5　产品与服务市场前景 ·· 11
3　行业与市场 ·· 12
　3.1　行业背景分析 ·· 12
　　3.1.1　行业现状描述 ·· 12
　　3.1.2　行业发展方向的预测 ·· 13
　　3.1.3　驱动行业发展因素 ·· 15
　3.2　市场细分 ·· 16
　3.3　市场消费心理 ·· 17
4　竞争分析 ·· 17
　4.1　优势（strength） ··· 18
　4.2　劣势（weakness） ·· 18
　4.3　机遇（opportunity） ··· 19
　4.4　威胁（threat） ·· 19
　4.5　顾客分析 ·· 19
　4.6　竞争对手分析 ·· 20
5　营销策略 ·· 22
　5.1　竞争战略 ·· 22
　　5.1.1　市场定位 ·· 22
　　5.1.2　市场竞争策略 ·· 22
　5.2　价格策略 ·· 23

6	**组织结构与人力资源配置**	**24**
	6.1 公司性质	24
	6.2 团队愿景	24
	6.3 创业团队介绍	25
	6.4 组织结构	26
7	**投资与财务**	**28**
	7.1 投资与财务计划的条件假设	28
	7.2 融资方案与成本预算	28
	7.2.1 公司成立初期融资解决方案	28
	7.2.2 成本预算表	29
	7.3 一年预计财务报表	30
	7.4 收益分析	31
	7.4.1 收入预测	31
	7.4.2 客源数量	32
	7.5 预计资产负债表	32
	7.6 预计利润表及现金流	33
	7.7 投资利润率	35
	7.8 投资回收期	36
8	**风险分析**	**36**
	8.1 风险分析	36
	8.2 总体风险应对措施	39
	8.3 风险投资的退出	40
附件：		**41**
	1. ××市××项目问卷调查及结果	41
	2. ××项目问卷调查	42

（资料来源：××大学××项目创业团队）

参考文献

[1] 金树人. 生涯咨询与辅导[M]. 北京:高等教育出版社,2007.

[2] 里尔登,等. 职业生涯发展与规划[M]. 北京:高等教育出版社,2005.

[3] 钟谷兰,杨开. 大学生职业生涯发展与规划[M]. 上海:华东师范大学出版社,2008.

[4] 魏卫. 职业规划与素质培养教程[M]. 北京:清华大学出版社,2008.

[5] 李宋岚,葛新辉. 大学生职业生涯规划与就业指导[M]. 长沙:湖南大学出版社,2015.

[6] 来斓. 大学生职业发展训练手册[M]. 杭州:浙江大学出版社,2007.

[7] 黄俊毅,等. 大学生职业生涯规划[M]. 北京:清华大学出版社,2010.

[8] 彭贤,马恩. 大学生职业生涯规划活动教程[M]. 北京:清华大学出版社,2010.

[9] 田禾. 大学生职业生涯规划与就业指导[M]. 北京:人民邮电出版社,2010.

[10] 曾羽. 职业生涯规划与就业创业指导[M]. 北京:高等教育出版社,2012.

[11] 刘元园,吕宪栋. 大学生职业发展及就业指导[M]. 天津:天津大学出版社,2013.

[12] 王哲,刘敬东. 大学生职业生涯规划与学业指导[M]. 北京:机械工业出版社,2013.

[13] 张文勇,马树强. 大学生职业规划与就业指导[M]. 北京:科学出版社,2006.

[14] Richard S. Williams. Performance Management[M]. London:International Thomson Business Press,1998.

[15] Spencer L M,Spencer S M. Competence at Work[M]. John Wiley & Sons,Inc.

[16] 王德胜. 职业生涯发展与规划[M]. 北京:北京邮电大学出版社,2010.

[17] 埃德加·沙因. 组织心理学[M]. 北京:中国人民大学出版社,2009.

[18] 周文霞. 职业生涯管理[M]. 上海:复旦大学出版社,2006.

[19] 张彦忠. 大学生职业生涯发展与规划[M]. 北京:中国人民大学出版社,2015.

[20] 郭寒宇. 大学生职业发展与就业指导[M]. 武汉:武汉大学出版社,2010.

[21] 大学生就业与创业课题研究组. 大学生就业与创业指导[M]. 北京:中央民族大学出版社,2013.

[22] 大学生职业生涯规划与就业指导服务课题研究组. 大学生职业生涯规划与就业指导[M]. 北京:北京航空航天大学出版社,2013.

[23] 赵慧娟. 大学生职业生涯规划[M]. 北京:北京大学出版社,2014.

[24] 陈旭辉,杜明. 大学生职业生涯规划与就业指导[M]. 沈阳:东北大学出版社,2016.

[25] 何利平. 大学生职业发展与就业指导实用教程[M]. 长沙:湖南师范大学出版社,2015.

[26] 刘贵书,等. 大学生职业生涯规划与实践指导[M]. 长沙:湖南师范大学出版社,2015.

[27] 古典. 超级个体[EB/OL]. 得到 APP 专栏,2017.

[28] 李笑来. 财富自由之路[M]. 北京:电子工业出版社,2017.

[29] 古典. 你的生命有什么可能[M]. 长沙:湖南文艺出版社,2014.

[30] 马德林,施平,于南.大学生职业生涯教育的目标与体系探析[J].南京审计学院学报,2010(2):99-104.

[31] 何春岐,郭海明.影响大学生职业生涯规划的因素探究[J].齐齐哈尔大学学报(哲学社会科学版),2015(7):146-148.

[32] 张雷,等.高职学生职业发展与就业指导[M].北京:现代教育出版社,2012.

[33] 康崇垚.大学生职业生涯规划与就业指导[M].北京:九州出版社,2018.

[34] 王德炎.大学生就业指导案例[M].成都:西南交通大学出版社,2010.

[35] 王海棠.大学生就业指导教程[M].北京:北京大学出版社,2009.

[36] 林永和.大学生就业指导[M].北京:北京工商大学,2005.

[37] 刘珍杰.大学生职业发展与就业指导[M].北京:中国电力出版社,2009.

[38] 郑雪.人格心理学[M].广州:广东高等教育出版社,2009.

[39] 梁艳.求职就是那么简单[M].北京:人民邮电出版社,2009.

[40] 黄传颂.1分钟打动面试官[M].北京:电子工业出版社,2010.

[41] 赵楠.无领导小组讨论与结构化面试[M].广州:广东经济出版社,2013.

[42] 韩宇.和你一起面试[M].北京:中国市场出版社,2008.

[43] 王红茹.送房、送户口、送钱,主流二线城市上演"抢人大战"[J].中国经济周刊,2017(31):33-38.

[44] 柳林汐.大学生就业维权意识培育研究[J].中国职工教育,2014(24):178.

[45] 孔繁晨.试论高校毕业生就业法律维权问题及对策[J].中国证券期货,2013(9):230.

[46] 罗潇.大学生就业维权意识培育新探[J].教育探索,2013(6):130-131.

[47] 王思思.大学毕业生就业权益自我保护研究[D].沈阳:沈阳师范大学,2013.

[48] 吴松强.毕业生就业权益自我保护的"五意识"[N].中国教育报,2007-08-29.

[49] 王思煜,龙家玘.思考力[M].广州:广东人民出版社,2009.

[50] 李家华,等.创业基础[M].北京:北京师范大学出版社,2014.

[51] 王卫东,黄丽萍.大学生创业基础[M].北京:清华大学出版社,2015.

[52] 张玉利,薛红志,陈寒松.创业管理[M].北京:机械工业出版社,2013.

[53] 邓基泽.大学生职业规划与就业创业指导[M].北京:中国农业大学出版社,2011.

[54] 刘万韬.大学生创新与创业教程[M].天津:南开大学出版社,2013.

[55] 王博泉,等.大学生就业与创业指导[M].北京:中国原子能出版社,2008.

[56] 黄海荣.大学生创新创业教育指导[M].上海:上海交通大学出版社,2016.

[57] 张斌,申仁洪.大学生创业基础理论与实践[M].北京:高等教育出版社,2013.

[58] 冀学锋.大学生职业生涯规划[M].长沙:湖南师范大学出版社,2006.

[59] 史蒂芬·柯维.高效能人士的七个习惯[M].北京:中国青年出版社,2015.

[60] 喻瑶,艾波,王剑.一例大学生职业选择困惑的案例报告[J].健康研究,2011(3):194-197.

[61] 堂娜·邓宁.你的职业性格是什么[M].北京:电子工业出版社,2009.